www.tredition.de

AF206894

Sr. Bischöflichen Gnaden
dem hochwürdigsten Herrn
Johannes Josephus Koppes

Bischof von Luxemburg

in
kindlicher Verehrung und dankbarer Liebe

Der Übersetzer

Henry E. Kardinal Manning

DAS EWIGE PRIESTERTUM

„Tu es sacerdos in aeternum" (Hebr V,6)

Autorisierte Übersetzung von E. M. Schmitz, Missionspriester,
Auflage 1884.

Neuauflage 2019

www.tredition.de

© 2019
Verlag und Druck: tredition GmbH, Hamburg

ISBN:
Paperback: 978-3-7482-3443-2
Hardcover: 978-3-7482-3444-9
e-Book: 978-3-7482-3445-6

Inhalt

Hochw. Kardinal Manning

Oratio S. Gregorri Magni, Anglorum Apostoli.

Deus, qui nos pastores in populo vocare voluisti, praesta quae-
sumus, ut hoc quod humano ore dicimur, in tuis oculis esse vale-
amus, per Dominum nostrum Jesum Christum, qui vivit et regnat
in unitate Spiritus Sancti Deus, per omnia saecula saeculorum.
Amen.

(Opp. tom. I. p.1400)

Einleitung

Indem wir der hochw. Geistlichkeit Deutschlands die Übersetzung dieses Werkes Seiner Eminenz des Kardinals Manning unverändert vorlegen, glauben wir hoffen zu dürfen, unseren deutschen Mitbrüdern im Seelsorgeramt einen Dienst zu erweisen.

Das Buch kann mit Recht eine Fundgrube genannt werden und dürfte wohl den Titel: „Liber aureus" verdienen. Es ist gewissermaßen das Testament eines Mannes, der am Ende einer langjährigen bischöflichen Laufbahn seinem Klerus, mit dem vereint er Not und Armut, Kampf und Widerspruch, Verdemütigung und Mühseligkeit getragen, in diesem Buch seine letzten Ermahnungs- und Trostworte niedergelegt.

Es soll das Buch aber nicht nur ein Trost, Wegweiser und Mahner sein für die in der Seelsorge Beschäftigten, sondern auch ein Betrachtungsbuch für Seminaristen und ein Handbuch für diejenigen, welche die verantwortungsvolle Arbeit übernehmen, Priesterexerzitien abzuhalten.

Wir geben das Buch in seiner Ganzheit, obschon Kapitel 18 und 19 speziell für England berechnet sind. Die darin enthaltenen Ermahnungen der Provinzialkonzilien von Westminster und die daran geknüpften Gedanken des hochwürdigsten Verfassers können für alle von Nutzen sein.

Möge das Buch in seiner deutschen Übersetzung allen Mitbrüdern im Seelsorgeamt reichlichen Trost und Kraft geben, besonders jetzt, wo, infolge des Kulturkampfes, in Deutschland unsere Verhältnisse denen Englands in so mancher Beziehung ähnlich geworden sind und wo so viele Priester, die in den seit langen Jahren verwaisten Pfarreien unter schwierigen Umständen das

Hirtenamt verwalten, in der Tat Missionare sind. Das Bewusstsein, dem deutschen Klerus diesen Dienst erwiesen zu haben, würde unsere Mühe überreich lohnen.

Brüssel im Juli 1884.

Der Übersetzer

Das ewige Priestertum

ERSTES KAPITEL

Die Natur des Priestertums

Insofern kein Akt erhabener sein kann als die Konsekration des Leibes Christi, kann es keinen höheren Ordo als den des Priestertums geben.[1] „Kein Akt ist erhabener als die Konsekration des Leibes Christi."[2] „Es gibt zwischen Bischof und Priester, was die Konsekration der hl. Eucharistie anbelangt, keinen Unterschied." Der hl. Johannes Chrysostomus findet die Heiligkeit des Priestertums, welche in Bischof und Priester eine und dieselbe ist, in der zweifachen Jurisdiktion über den natürlichen und den mystischen Leib Christi - nämlich in der Konsekrations- und in der Absolutions-Gewalt.[3]

Es ist Glaubenslehre, dass unser göttlicher Heiland die Apostel zu Priestern weihte, als er bei den Worten *„hoc facie in meam commemorationem"* ihnen die Gewalt zu opfern übertrug.[4] Ebenso ist es Glaubenslehre, dass, als er drei Tage später sie anhauchte und

---

1 Albertus M. in lib.IV. Sent. dist. XXIV. art. 30

2 Thom. Summa Theol. lib. III. in Suppl. q. 40 a. 4, 5.

3 De Sacerdotio, lib. III. § 4, 5.

4 Conc. Trid. sess. XX. c. IX. canon 2

sprach: „Empfanget den Hl. Geist", er ihnen die Gewalt loszusprechen gab.[1] In diesen zwei Gewalten war das Priestertum vollendet. Bis jetzt hatten die Apostel noch nicht die Pastoral-Autorität erhalten und auch noch nicht den Auftrag, der ganzen Welt das Evangelium zu predigen. Sie hatten nur die zweifache Jurisdiktion über seinen natürlichen und seinen mystischen Leib erhalten, mit der Gewalt, dieselbe durch Ordination auf andere zu übertragen; denn ihr Priestertum war das *„sacerdotium Christi ad Ecclesiam regendam a Spiritu sancto positum."*

Als sie später andere weihten, übertrugen sie einigen dieses priesterliche Amt in seiner ganzen Fülle - das heißt, mit der Gewalt, es wieder auf andere zu übertragen; anderen aber mit der Beschränkung, dass der geweihte Priester die erhaltene priesterliche Gewalt auf andere nicht übertragen könne. Dieses allein ausgenommen, ist das Priestertum des Bischofs und das Priestertum des Priesters ein und dasselbe, und dennoch ist, durch die göttliche Macht der Ordination, der Episkopat größer als das Priestertum. Dieser Unterschied aber ist göttlich und nicht mitteilbar. Der hl. Hieronymus sagt: *„Quid enim facit, excepta ordinatione, Episcopus quod presbyter non faciat."*[2]

Es ist Glaubenslehre, dass der Episkopat der von Jesus Christus eingesetzte Stand der Vollkommenheit ist. Es ist gleichfalls sicher, dass das Priestertum in diesem Stande einbegriffen ist. Was immer vom Priestertum wahr ist, das ist wahr vom Bischof und vom Priester. Dieses erklärt uns auch, warum im Anfang die Namen Bischof und Priester dieselbe Bedeutung hatten, und der eine mit dem anderen verwechselt wurde. Die Ermahnungen des hl. Paulus an den Timotheus und Titus galten für den Bischof und

---

1 Con. Trid. sess. XIV. c. III. canon 5.

2 S. Hieron. Epist. Cl. ad Evangelum, tom. IV. p.803

den Presbyter oder Priester.[1] Und das ganze Buch des hl. Johannes Chrysostomus *De Sacerdotio* bezieht sich ausdrücklich und gleichmäßig auf beide.

Der hl. Thomas sagt, dass die Priester an dem Priestertum unseres göttlichen Heilandes teilnehmen und dass sie sein Abbild sind. Erwägen wir also jetzt, was die Worte Priestertum Christi *(sacerdotium)*, Teilnahme an demselben *(participatio)*, Abbild desselben *(configuratio)* bedeuten.

1. Welches also ist das Priestertum des menschgewordenen Sohnes?[2] Es ist das Amt, welches er für die Erlösung der Welt übernahm durch die Aufopferung seiner selbst in der Hülle unserer Menschheit. Er ist Altar, Opfer und Priester durch eine ewige Konsekration seiner selbst. Dieses ist das ewige Priestertum nach der Ordnung Melchisedechs, das „weder Anfang der Tage, noch Ende des Lebens hat"[3] - ein Vorbild des ewigen Priestertums des Sohnes Gottes, des einzigen Friedensfürsten.

2. Unter dem Wort Teilnahme *(participatio)* versteht der hl. Thomas, dass, da das Priestertum Jesu Christi das eine, alleinige, immerwährende und universale Priestertum ist, alle Priester, welche im Neuen Bund geweiht sind, mit ihm vereinigt sind und an seinem Priestertum teilnehmen.[4]

Es gibt keine zwei Priestertümer, wie es auch keine zwei Sühnopfer gibt. Ein Opfer allein hat für immer die Welt erlöst und wird beständig im Himmel und auf Erden dargebracht; im Himmel von dem alleinigen Priester auf dem ewigen Altar, auf Erden

---

1 Theodoret. in Ep. ad Phil. I, 1.

2 „Proprie officium sacerdotis est esse mediatorem inter Deum et populum, in quantum scilicet divina populo tradit" - Summa S. Thomae P.III q. XXII. a.1. - „Et ideo Christus, inquantum homo, non solum fiut sacerdos, sed etiam hostia perfecta, simul existens hostia pro peccato, et hostia pacifica et holocaustum." - Ibid a. 2.

3 Hebr. 7, 3

4 P. III. q. LXIII. 6. et q. XXII. 5, 6.

von der Menge und der immerwährenden Nachfolge der Priester, welche mit ihm an seinem Priestertum teilnehmen; nicht nur als Stellvertreter, sondern in Wirklichkeit, sowie auch das Opfer, welches sie darbringen, nicht bloß eine Darstellung ist, sondern sein wahrer, wirklicher und wesentlicher Leib und sein Blut.

Dieses ist auch der Hauptgedanke des Briefes an die Hebräer. Das Priestertum des Alten Bundes war ein Schatten; das Priestertum des Neuen Bundes ist die Wirklichkeit. Es ist erfüllt in dem einen Priester und dem einen Opfer, welche beständig fortdauern in dem mit ihm auf Erden verbundenen Priestertum.

Diese Teilnahme aber hat noch eine andere und mehr persönliche Bedeutung. Die Aufopferung unseres Heilandes für uns legt uns die Verpflichtung auf, auch uns ihm gänzlich aufzuopfern. *„Christus ... victima sacerdotii sui et sacerdos suae victimae fuit ... Ipsi sunt Hostinae sacerdotes."* [1] Der hl. Ambrosius, von dem Opfer Abels sprechend, sagt: *„Hoc est sacrificium primitivum, quando unusquisque se offert hostiam, et a se incipit, ut postea munus suum possit offerre."* [2] Die Priester opfern das wahre Lamm und „das Blut, welches besser redet als Abel."[3] Jeder Priester opfert jeden Morgen dem Vater das ewige Opfer Jesu Christi auf; aber in dieser Opferhandlung soll er sich auch selbst opfern. Wenn er die Worte spricht: *„Hoc est corpus meum"*, soll er seinen eigenen Leib opfern; wenn er sagt: *„Hic est calix sanguinis mei"*, soll er sein eigenes Blut opfern, d. h. er soll sich selbst als ein Opfer seinem göttlichen Meister darbringen, mit Leib, Seele und Geist, mit allen seinen Fähigkeiten, Kräften und Neigungen, im Leben und im Sterben.

---

1 St. Paulinus, Ep. XI § 8 ad Severum.

2 De Abel. lib. II. c. VI, tom. I. p. 215

3 Hebr.12, 24.

Der hl. Paulus schreibt an die Philipper: „Und wenn ich auch ein Schlachtopfer werde über dem Opfer und Dienste eures Glaubens, so freue ich mich und frohlocke mit euch allen".[1] Es kann sein, dass er dies auch von dem Märtyrertum sagt, welches ihn erwartete; aber es wurde auch gesagt im Bewusstsein, dass er lange und täglich sich seinem göttlichen Meister aufopferte als ein Teilnehmer an seinem Leiden für die Erlösten.[2] Dieselben Worte könnte auch der hl. Johannes geschrieben haben, der immer das Verlangen nach dem Martyrium hatte, obschon er auf natürliche Weise starb; dasselbe ist auch enthalten in dem hl. Messopfer eines jeden Priesters, der sich selbst darbringt bei dem Opfer des Altares. Die Teilnahme des Priesters an dem Priestertum Christi erfordert auch von ihm eine Teilnahme am Gesetze der Selbstaufopferung, von welchem der Prophet schreibt: *Oblatus est, quia ipse voluit,* und der hl. Paulus, der von unserem Heiland sagt, dass er im Hl. Geist sich selbst als ein unbeflecktes Opfer dargebracht.[3] Und, wie der hl. Johannes sagt, „daran haben wir die Liebe Gottes erkannt, dass er sein Leben für uns dahingab: und auch wir sollen für die Brüder das Leben lassen".[4] Das Opfern des Leibes und des Blutes Christi erfordert von dem Priester einen Geist der Selbstentsagung und der Selbstaufopferung ohne Rückhalt. Das Gesetz der Nächstenliebe, welches alle Christen verbindet, im Notfall ihr Leben für ihre Brüder hinzugeben, und die Hirten, ihr Leben für ihre Schafe zu lassen, ist in besonderer Weise jedem Priester zur Pflicht gemacht in dem Selbstopfer der hl. Messe, welches das Opfer Jesu Christi ist.

3. Endlich bedeutet das Wort Abbild *(configuratio)* die Gleichförmigkeit des Priesters mit dem großen Hohenpriester. Der

---

1 Phil. 2, 17

2 2 Tim. 4, 6. 7. 8.

3 Hebr. 9, 14.

4 1 Joh. 3, 16.

hl. Paulus sagt, der Sohn sei *figura substantiae ejus* - d. h. die Gestalt oder das genaue Ebenbild des Wesens des Vaters. Der griechische Text lautet: „χαρακτήρ της ὑπαρξῆς τους, das Ebenbild seines Wesens".[1] Der Priester ist demnach die figura Christi, das genaue Abbild Christi, der χαρακτήρ oder das Wesen Christi, weil ihm das Bild seines Priestertums aufgedrückt und ihm eine Teilnahme daran gegeben ist. Er ist, wie der hl. Paulus sagt, *configuratus morti ejus* [2] - ihm ähnlich im Tode. In jeder Messe verkündigen wir „den Tod des Herrn, bis er kommt".[3] Und wir opfern uns selbst auf in Übereinstimmung mit ihm, der sich dem himmlischen Vater geopfert. Albert der Große und der hl. Thomas haben die volle Wahrheit gesagt, als sie behaupteten, eine größere Gewalt oder Würde als die Gewalt und Würde der Konsekration des Leibes Christi sei nie dem Menschen gegeben worden; und keine größere Heiligkeit und Vollkommenheit könne man sich denken als die Heiligkeit oder Vollkommenheit, die in dem Priester für einen so göttlichen Akt erfordert ist. Der hl. Thomas lehrt uns, dass die Weihe einen Charakter einprägt und dass dieser Charakter ein geistig und unauslöschliches Merkmal oder Siegel ist, durch welches die Seele ausgezeichnet ist, den Gottesdienst auszuüben und denselben andere zu lehren. [4] Das Priestertum Christi ist die Quelle aller Gottesverehrung.[5] Alle Gläubigen werden Christo ähnlich durch den Charakter, der ihnen in der Taufe

---

1 Hebr. 1, 3,

2 Phil. 3, 10.

3 1 Kor. 11, 26.

4 „Per omnia Sacramanta fit homo particeps sacerdotti Christi, utpote percipiens aliquem effectum ejus; non tamen per omnia sacramenta aliquis deputatur ad agendum aliquid, vel recipiendum quod pertineat ad cultum sacerdotii Christi; quod quidem exigitur ad hoc quod Sacramentum characterem imprimat." -Summa. S. Thomae P. III. q. LXIII. a. 6. - „Character proprie est signaculum quoddam quo aliquid insignitur, ut ordinatum in aliquem finem." - Ibid. a. 3. -"Character ordinatur ad ea quae sunt divini cultus." - Ibid. a. 4.

5 „Totus autem ritus Christianae religionis derivatur a sacerdotio Christi" - Ibid a.3.

und Firmung mitgeteilt wird; die Priester desgleichen in der Ordination.[1] In Christo selbst aber war kein Charakter, weil er das Vorbild aller Merkmale ist; denn Christus ist der Charakter oder die Gestalt des Vaters. In ihm ist alle göttliche Vollkommenheit, während der Charakter in uns nur eine teilweise Ähnlichkeit ist.[2] Das Merkmal, das wir empfangen, ist aufgedrückt, nicht auf das Wesen, sondern auf die Fähigkeiten der Seele - d. h. auf die intellektuellen und affektiven Fähigkeiten - und ist entweder aktiv oder passiv.[3] - Das Merkmal der Taufe ist eine passive Gewalt für den Empfang aller anderen Sakramente und für Gleichförmigkeit als Söhne mit dem Sohne Gottes. Der Charakter der Firmung ist eine aktive Gewalt für das öffentliche Zeugnis des Glaubens und für das Leben der Tätigkeit und Geduld als gute Soldaten Christi. Das Merkmal der Priesterweihe ist eine aktive Gewalt, welche zur Ausübung und Verwaltung des göttlichen Kultus befähigt.[4] Der priesterliche Charakter ist daher eine Teilnahme am Priestertum

---

1 „Pertinet autem aliquod sacramentum ad divinum cultum tripliciter: uno modo per modum ipsius actionis; alio modo per modum agentis; tertio modo per modum recipientis... Sed ad agens in Sacramentis pertinet Sacramentum ordinis.... Sed ad recipientes pertinet Sacramentum baptismi, ad idem etiam ordinatur quoddammodo confirmatio… Et ideo per haec tria sacramenta character imprimitur, scilicet per baptismum, confirmationem et ordinem." - Ibid. a. 6.

2 „Et propter hoc etiam Christo non competit habere characterem; sed potestas sacerdotii ejus comparatur ad characterem sicut id quod est plenum, et perfectum ad aliquam sui participationem." - Ibid. a. 5.

3 „Character est quoddam signaculum quo animo insignitur ad suscipiendum, vel aliis tradendum ea qua sunt divini cultus. Divinus autem cultus in quibusdam actibus consistit. Ad actus autem proprie ordinantur potentiae animae, sicut essentia ordinatur ad esse. Et ideo character non est sicut in subjecto in essentia animae, sed in ejus potentia." - Ibid. a. 4.

4 „Divinus autem cultus consistit vel in recipiendo aliqua divina vel in tradendo aliis. Ad utrumque autem horum requiritur quaedam potentia: nam ad tradendum aliquid aliis requiritur quaedam potentia activa; ad recipiendum autem requiritur potentia passiva. Et ideo character importat quamdam potentiam spiritualem ordinatam ad ea quae sunt divini cultus." - Ibid. a. 3. u. q. LXXII. a. 5.

Christi und die innigste Verähnlichung mit ihm in seinem Mittleramt. Endlich ist dieses Merkmal die Ursache und Quelle der sakramentalen Gnade, jedem der drei Sakramente, welche es aufdrücken, eigen und ihrem Zweck und ihren Verpflichtungen angemessen.

Das Wort „*character*" Merkmal bedeutet, dass das Sakrament ein Zeichen auf unserer Seele zurücklässt, vergleichbar dem Eindruck, den ein Siegelring auf dem Papier hinterlässt. Dieses natürlich ist eine Metapher, ähnlich der in der Apokalypse vorkommenden Metapher bezüglich der hundertvierundvierzigtausend Bezeichneten. Wenn der hl. Thomas sagt, der Charakter sei aufgedrückt, nicht dem Wesen der Seele, sondern deren Fähigkeiten, so meint er dem Verstand vermittels Erleuchtung und den Neigungen vermittels Liebe.

Es bedeutet also ein Werk des Hl. Geistes, des Erleuchters und Heiligmachers, an unserer Seele. Aber es bedeutet nicht nur das allgemeine und gleichförmige Werk des Hl. Geistes, wie in der Taufe und in der Firmung, sondern ein eigenes und besonderes Werk, hervorgebracht in der Seele derjenigen, welche durch die Priesterweihe an dem Priestertum Jesu Christi teilnehmen. Die drei Sakramente, welche ein Merkmal aufdrücken, schaffen und bilden jedes für sich eine besondere Verwandtschaft der Seele mit Gott: die Taufe macht aus uns Söhne; die Firmung Soldaten; die Priesterweihe Priester; und diese drei geistigen Verwandtschaften, einmal eingegangen, sind ewig und bleiben unauslöschlich. Ob im Licht der Glorie oder in der äußersten Finsternis, ob gerettet oder ewig verworfen, wir bleiben Söhne, Soldaten und Priester. Und an diese drei geistigen Verwandtschaften ist eine besondere und entsprechende Gnade des Hl. Geistes geknüpft. Darum sagt der hl. Thomas, dass der Charakter die formelle Ursache oder Quelle der sakramentalen Gnade sei.[1] Das Merkmal des Sohnes

---

1 P. III. LXIX, 10.

hat in sich alle Gnaden, welche nötig sind für das Leben eines Sohnes Gottes; das Merkmal der Firmung alle nötigen Gnaden für den Kampf eines Soldaten Jesu Christi, selbst bis zum Bekenner- und Märtyrertum; der Charakter des Priestertums hat in sich alle Gnaden der Erleuchtung, der Kraft und der Heiligkeit, welche nötig sind für das priesterliche Leben mit seinen vielfachen Verpflichtungen, Heimsuchungen und Gefahren. Dieses war es, woran der hl. Paulus den Timotheus erinnerte, als er schrieb: „Vernachlässige nicht die Gnadengabe in dir, welche dir gegeben worden durch die Prophezeiung mit Handauflegung der Priester."[1]

Solcher Art ist das Priestertum des Sohnes Gottes, die Konsekration und Aufopferung seiner selbst; und solcher Art ist dessen Mitteilung an seine Priester durch ihre Teilnahme an seinem Amt, durch ihre Nachbildung nach ihm und durch die Aufnahme des priesterlichen Charakters in die Fähigkeiten ihrer Seele.

ZWEITES KAPITEL

Die Gewalten des Priestertums

Der hl. Chrysostomus fasst alle Gewalten eines Priesters in diesen zwei zusammen: nämlich in der Konsekration des Allerheiligsten Altarssakramentes und der Lossprechung von der Sünde, oder wie wir theologisch uns ausdrücken, in der Jurisdiktion über den natürlichen und über den mystischen Leib Christi. Das Wort Jurisdiktion hat hier eine besondere Bedeutung. Gewöhnlich bezeichnet es die Autorität kraft welcher ein Priester seine ihm anvertraute Herde regiert durch die richterliche Gewalt des Bindens und Lösens von der Sklaverei der Sünde. Inwiefern

---

1 1 Tim. 4, 14

können wir also von Jurisdiktion über das Allerheiligste Altarssakrament sprechen? Jurisdiktion bedeutet die in der Ordination erhaltene priesterliche Gewalt; aber deren Ausübung ist suspendiert, bis der Priester die Erlaubnis erhält, diese seine priesterlichen Gewalten auszuüben. Diese Jurisdiktion erhält er von seinem Bischof, und sein Bischof vom Stellvertreter Jesu Christi, der allein die Fülle der Jurisdiktion über die ganze Kirche besitzt. Der erste und höchste Akt dieser Jurisdiktion besteht in der Konsekration und Darbringung des Allerheiligsten Altarssakramentes. Daraus entspringt der Ausdruck *Jurisdictio in corpus verum*, welche Worte dessen ungeachtet mannigfache Bedeutung haben.

1. Erstlich stellen sie uns die Demut unseres göttlichen Meisters vor. Die Menschwerdung war eine Erniedrigung, die viele Stufen hatte. Er vernichtete sich selbst, indem er seine Glorie verschleierte; er nahm die Gestalt eines Dieners an; er ward Mensch; er erniedrigte sich selbst - und das bis zum Tod -, um in Schande zu sterben. Wir haben hier sechs Grade von Verdemütigung. Und als genügten diese nicht, verewigt er noch seine Verdemütigung in der hl. Eucharistie und legt sich in die Hände seiner Geschöpfe und wird täglich auf ihr Wort herabgerufen,[1] um auf dem Altar gegenwärtig zu sein; wird von ihnen in die Höhe gehoben, hin und her getragen, und endlich wird er vom Würdigen sowohl wie vom Unwürdigen empfangen. In dieser göttlichen Weise unterwirft er sich der Jurisdiktion der Priester jetzt, wie er in den Tagen seines irdischen Lebens dem Gesetz unterworfen war und denen, welche mit Autorität bekleidet waren, selbst dem Kaiphas und Pilatus. Demut ist die Wurzel alles Gehorsams, und Geduld ist die Vollendung des Gehorsams. Die Darbringung seiner selbst ist ein fortgesetzter Gehorsam, seinen Priestern zum Gesetz und Beweggrund.

---

1 „Obediente Domino voci hominis." Josue X, 14.

2. Zweitens schließt diese Jurisdiktionsgewalt die göttliche Verwaltung ein, welche dem Priester über seine Herde anvertraut ist. Die Kirche wendet auf den hl. Joseph, den Nährvater des göttlichen Kindes, die Worte des Hl. Geistes an: „Wer seinen Feigenbaum hütet, der isst von seinen Früchten: und wer auf seinen Herrn Acht hat, gelangt zu Ehren." [1] Der Hüter des Allerheiligsten Altarssakramentes ist der Priester. Ihm ist der Schlüssel des Tabernakels anvertraut. Von ihm kann man sagen, wie von seinem Herrn und Meister gesagt wurde, dass „er öffnet und niemand schließt, er schließt und niemand öffnet." [2] Der Priester ist im wahrsten Sinne des Wortes der Bewahrer seines Herrn, und größerer Ruhm kann ihm nicht zuteilwerden; ein innigeres, vertrauteres und andauerndes Verhältnis kann man sich nicht denken.

Und diese Verwaltung ist zu gleicher Zeit eine Gewalt, das Brot des Lebens auszuteilen. Die Jünger haben es den Fünftausend in der Wüste gegeben. „Sie waren Diener Christi und Ausspender der Geheimnisse Gottes." [3] Und darin waren sie der Schatten und das Vorbild der göttlichen Wirklichkeit der hl. Kommunion, deren Ausspender wir sind.

3. Drittens zeigt diese Jurisdiktion die dem Priestertum eigene Gewalt. Die Worte, welche wir sprechen, sind nicht die unsrigen, sondern die seinigen; keine menschlichen Worte, sondern göttliche. Die Worte „Dieses ist mein Leib" haben nicht ihresgleichen, ausgenommen die Worte: „Es werde Licht." Diese haben das Licht geschaffen. Die anderen schaffen nicht, sondern sie rufen das menschgewordene Wort auf den Altar herab. Sie erheben das Brot und den Wein von der natürlichen zur übernatürlichen Ordnung. Dies ist keine schöpferische, aber eine allmächtige Gewalt.

---

1 Prov. 27, 18.

2 Apoc. 3, 7.

3 1 Kor. 4, 1

Das Brot und der Wein sind den Bedingungen oder den Gesetzen der Natur unterworfen, nicht mehr in ihrem Wesen, sondern in ihren wahrnehmbaren Erscheinungsformen. Eine göttliche Veränderung geht mit ihnen vor; und dennoch keine natürliche Veränderung, denn sie verschwinden in ihrem Wesen und bleiben dennoch in ihren wahrnehmbaren Erscheinungen. Eine derartige Veränderung gibt es nicht in der Ordnung der Natur, denn dort bleibt entweder das ganze natürliche Wesen mit seinen Erscheinungsformen, oder beides verschwindet zugleich. Hier aber bleiben die wahrnehmbaren Erscheinungsformen, als ob sie der natürlichen Ordnung angehörten, während das Wesen in die übernatürliche Ordnung der neuen Schöpfung übergeht. Die Worte „Es werde Licht" hatten ihren Effekt in der ersten Schöpfung der Natur; die Worte „Dieses ist mein Leib" haben ihre Wirkung auf die erste Schöpfung und in der zweiten, zugleich in der alten und in der neuen. Sie nehmen den ersten Rang ein nach den Worten: „Der Hl. Geist wird über dich kommen, und die Kraft des Allerhöchsten wird dich überschatten; darum wird auch das Heilige, welches aus dir geboren werden soll, Sohn Gottes genannt werden."[1] Aus diesem Grunde sind Konsekration und Inkarnation miteinander verwandt.

Nach der Menschwerdung gibt es keinen Akt so erhaben, so rein göttlich, als die Konsekration und das hl. Opfer. Es ist die Fortsetzung der Inkarnation und die Aufopferung des fleischgewordenen Sohnes. Die Stimme, welche die Worte ausspricht, ist menschlich; die Worte aber und ihre Wirkung sind die des allmächtigen Gottes.

4. Viertens drückt diese Jurisdiktion die innigste Verwandtschaft zwischen dem Priester und dem Sohne Gottes aus. Es könnte scheinen, dass nach der Teilnahme an seinem Priestertum, nach der Ausnahme seines Charakters und der Verähnlichung

---

1 Lk. 1, 35

des Priesters mit seinem göttlichen Meister keine weitere Verwandtschaft mehr denkbar ist. Und dennoch bleiben uns noch zwei zu behandeln übrig, nämlich: erstens der immerwährende, tägliche Umgang des Jüngers mit seinem Meister und des Dieners mit seinem Herrn. Er ist Diener, Freund und Genosse. Wie Petrus, Jakobus und Johannes von allen Jüngern dem Heiland am nächsten auf Erden waren, so sind es jetzt die Priester unter allen Gläubigen. Sie sind ihm beständig nahe, ihr ganzes Leben ist mit ihm verbunden. Von ihm gehen sie aus am Morgen, und zu ihm kehren sie am Abend zurück.

Dann kommt das Verhältnis einer wahren, wesentlichen und lebendigen Berührung in dem hl. Messopfer ebenso wahrhaft wie dasjenige des hl. Johannes, als er beim letzten Abendmahl an seinem Busen lag oder als der Herr dem Petrus die Füße wusch. Wenn wir das Allerheiligste Altarssakrament in unseren Händen halten, so sind wir in Berührung mit Gott, mit dem menschgewordenen Gott, dem Schöpfer, dem Erlöser und dem Heiligmacher. Viel wahrhafter als die Erde unter unseren Füßen, die doch vergehen wird, ist die Gegenwart des menschgewordenen Gottes, welcher nicht vergehen wird. Wir stehen mit seinem Wesen in steter Berührung. „Wer aber dem Herrn anhängt, ist ein Geist mit ihm." Wir sind aber auch mit dem Wesen seines Leibes verbunden, und wir sind Glieder desselben, kraft einer wirklichen und wesentlichen Teilnahme. Der hl. Paulus sagt, wir seien „Glieder seines Leibes, von seinem Fleisch und von seinem Gebein",[1] und er fordert uns auf „Gott in unserem Leibe zu tragen."[2] Diese Berührung und Vereinigung sind das ewige Leben. Würden, während wir das Allerheiligste Sakrament in unseren Händen halten, unsere Augen geöffnet wie die des Kleophas zu Emmaus, so wür-

---

[1] Eph. 5, 30

[2] 1 Kor. 6, 20

den wir erkennen, dass es über diese sakramentale und wesentliche Berührung hinaus nichts Innigeres gibt als die Vereinigung mit ihm im Lichte der Herrlichkeit.

Solcher Art sind also die Gründe, welche die Gottesgelehrten der Kirche erleuchteten, um zu erkennen, dass man sich kein höheres Amt, keine größere Gewalt denken könne als das Amt und die Gewalt eines Priesters. In der Ordnung der göttlichen Handlungen setzt es den Priester, was die Konsekrationsgewalt anbelangt, nach der Mutter Gottes, dem lebendigen Tabernakel des menschgewordenen Gottes, zuhöchst; und was die Verwaltung oder Hüterschaft des Allerheiligsten Sakramentes anbelangt, steht er zunächst dem hl. Joseph, dem Nährvater und Vormunde des Sohnes Gottes. Was kann dem Priester Höheres mitgeteilt werden? Welche Verpflichtung zur Vollkommenheit kann größer sein als die, welche entspringt einer solchen Gewalt, einem solchen Amt, einer solch lebendigen Berührung des menschgewordenen Wortes? Der hl. Johannes Chrysostomus sagt, die Hand, welche konsekriert soll reiner sein, als das Sonnenlicht. Und wenn das von der Hand gilt, was sollen dann die Augen sein, welche die göttliche Gegenwart betrachten, welche wohl vor unseren Augen verschleiert, aber kaum verborgen ist; was dann unsere Lippen, welche sagen: „Dieses ist mein Leib," und unsere Ohren, die unsere eigene Stimme hören, wenn wir diese Worte einer neuen Schöpfung Gottes aussprechen? Und wenn der Leib so geheiligt werden muss, was soll dann die Heiligkeit der Seele des Priesters sein: in seinem Verstande mit all seinen Fähigkeiten, seinem Gedächtnis und seiner Einbildungskraft; in seinem Herzen mit allen seinen Affekten und Wünschen; in seinem Gewissen mit all seiner Unterscheidungskraft und seiner Oberherrschaft; in seinem Willen mit all seinen festen Entschlüssen und seiner beständigen Herrschaft über das äußere und innere Leben?

Sicherlich ist daher das Priestertum durch seine Natur, seine Erfordernisse und seine Verpflichtungen eine wesentliche Regel und der höchste Stand der Vollkommenheit, von unserem göttlichen Heiland selbst eingesetzt.

Dieses aber ist noch nicht alles. Der Priester hat auch Jurisdiktion über den mystischen Leib Christi, d. h. über die Seelen derjenigen, welche wiedergeboren sind aus dem Wasser und dem Hl. Geiste. Der hl. Paulus sagt: „Denn wir sind Gott ein Wohlgeruch Christi unter denen, die gerettet werden, und unter denen, die zu Grunde gehen: dem einen nämlich ein Geruch des Todes zum Tode, dem andern ein Geruch des Lebens zum Leben. Und wer ist dazu tauglich?"[1] Das heißt, wer wird nicht fürchten? Was kann es Furchtbareres geben, als mit dem priesterlichen Amt betraut, zwischen den Lebendigen und den Toten zu stehen, um über die uns anvertrauten Seelen Rechenschaft zu geben? Die Väter nennen es ein Amt, welches die Engel zu tragen fürchten müssten. König zu sein über ein Volk oder Anführer eines Heeres, dessen irdisches Leben auf dem Spiel steht, ist furchtbar. Um wieviel furchtbarer ist ein Vorrecht, das ewige Folgen mit sich bringt. Welche Heiligkeit, welche Nächstenliebe, welche Demut, welche Geduld, welche Weisheit, welche Festigkeit und welche Gerechtigkeit genügen dazu? Wenn das Verhältnis, in welchem der Priester zu seinem göttlichen Heiland im Hl. Messopfer steht, geistige Vollkommenheit erfordert, dann erfordert gewiss auch das Verhältnis als Lehrer, Führer und Richter der Menschen dasselbe. Der Priester ist gesetzt, *exercere perfectionem*, - d. h. die wahrnehmbare Vollkommenheit in sich selbst zu üben, und um die Seelen der Menschen nach demselben Gesetze und Gleichnisse zu bilden. Er muss darum vor allem selbst vollkommen sein.

Die Titel, durch welche dieses Verhältnis angedeutet ist, sind mannigfach und erklären dessen vielfache Verpflichtungen.

---

1 2 Kor. 2, 15. 16.

Selbst im Alten Bunde wurden die vorbildlichen Priester als „Fischer" [1] und „Jäger" [2] und „Hirten"[3] bezeichnet. Im Neuen Bunde aber werden sie Menschen-Fischer[4] und Hirten [5] der Herde genannt. Aber sie sind mehr denn dieses.

Sie sind Verwalter, welche über den Haushalt gesetzt sind, jedem Menschen Fleisch zu geben zur rechten Zeit - d. h. den Haushalt Gottes zu leiten und zu regieren.

Sie sind Gesandte[6] Gottes, welche darum die Vollmacht haben, in seinem Namen zu unterhandeln und zu beschließen. Sie haben die Beglaubigung einer göttlichen Gesandtschaft mit der ausdrücklichen Bedingung, die Menschen aufzufordern, sich mit Gott zu versöhnen, und haben die Vollmacht, zu richten und zu entscheiden, welche und welche nicht in die Grenzen und Bedingungen ihrer Vollmacht fallen.

Sie sind Mitarbeiter Gottes[7] aus dem Felde der Welt und in dem Weinberge der Kirche. Sie sind „Pflüger"[8] und „Säer"[9] und „Schnitter"[10]. Des Priesters Amt ist es, den Brachacker der Nationen aufzubrechen und die Wurzeln des Unglaubens,[11] welche den Pflug hindern, auszurotten. „Siehe, ich mache dich wie zu einem neuen Dreschwagen, der scharfe Zacken hat; du wirst Berge dreschen und zermalmen und Hügel wie zu Staub machen: Du

---

1 Jerem. 16, 16.

2 Ibid.

3 Ez. 34, 23

4 Mk. 1, 17.

5 1 Petr. 5, 2.4.

6 2 Kor. 5, 20

7 1 Kor. 3. 9

8 Ibid. 9. 10

9 Mk. 4, 14

10 Joh. 4, 38.

11 Hebr. 12, 15,

wirst sie worfeln, dass sie der Wind verweht."[1] Sie find die Säer, die den Samen des Wortes auf alles Land und auf alle Wasser säen.[2] Sie sind Schnitter, welche weinend inmitten einer unfruchtbaren, sterbenden Welt einhergehen, welche eines Tages mit Jubel kommen und ihre Garben tragen.[3] Aber alle diese Benennungen, obschon sehr ausdrucksvoll, sind nur geistig und bildlich zu verstehen.

Priester sind auch Mitbauer Gottes am Baue der Kirche und dem Tempel des Hl. Geistes, aus dem einen, alleinigen Fundament, welches Christus, der Baumeister, gelegt hat. Sie sind Vater all derjenigen, welche wiedergeboren sind aus dem Wasser und dem Hl. Geiste; aber in einer besonderen Weise, und in einer vertrauteren und ewigen Verwandtschaft sind sie die Väter derjenigen, welche sie getauft haben. Der hl. Paulus schreibt an die Korinther: „Wenn ihr zehntausend Lehrmeister hättet in Christo, so habt ihr doch nicht viele Väter. Denn in Christo Jesu habe ich euch durch das Evangelium gezeugt."[4]

Diese Benennung ist die einfachste und begreiflichste für alle, für Alt und Jung, Gelehrt und Ungelehrt. Das Verhältnis des Vaters zu seinem Kinde ist allgemein in der Naturordnung, und es wird ein geistiger Instinkt in der Gnadenordnung. Der Titel „Vater" ist der erste, der oberste, der höchste, der mächtigste, der überzeugendste, der ehrendste unter allen Titeln eines Priesters. Mag er von der Welt und ihren Ehrenquellen viele Benennungen erhalten, von den gelehrten Schulen viele Grade, von dem Kirchenrechte viele Würden, keine hat eine so tiefe und so hohe Bedeutung als die Benennung „Vater" und keine, außer der geistigen Vaterschaft, wird in die Ewigkeit übergehen. Die Welt hat den

---

1 Isai 41, 15, 16.

2 Ibid. 32, 20.

3 Ps. 125, 5-7.

4 1 Kor. 4, 15

Titel „Vater" mit ihrer eigenen reichen Schmeichelei überhäuft, und Priester haben zugestimmt, dieses Titels sich berauben und mit anderen sich benennen zu lassen. Mit dem Titel wurde das Bewusstsein der väterlichen oder kindlichen Verwandtschaft zuerst verdunkelt, bis es vergessen wurde und dann endlich verloren ging. Das engste Band gegenseitiger Innigkeit und Liebe zwischen dem Priester und dem Gläubigen wurde dadurch gelockert, und Entfernung und Misstrauen trat an die Stelle.

Die Priester sind auch Richter der Menschen. Die Juden verboten jedem Manne, der nicht „Vater" war, Richter zu werden; denn Gerechtigkeit muss mit Milde gepaart sein. Aber der geistige Richter hat größere Milde nötig als der weltliche. Er bedarf der Milde Gottes, nach welchem alle Vaterschaft im Himmel und auf Erden genannt wird. Ein Richter muss gerecht sein, und Gerechtigkeit schließt Milde ein. Der hl. Gregorius der Große in der Erklärung der himmlischen Hierarchie sagt, die „Throne" seien die Gerechten, in welchen Gott bleibt und regiert, wie auf dem Sitze seiner Oberherrschaft. Unser göttlicher Meister sagte: „Ihr, die ihr mir nachgefolgt seid, werdet bei der Wiederkunft, wenn der Menschensohn auf dem Throne seiner Herrlichkeit sitzen wird, auch auf zwölf Thronen sitzen und die zwölf Stämme Israels richten."[1] Dieses wurde den Aposteln gesagt und den Bischöfen, welche jetzt ihnen im geistigen Richteramt der Welt nachfolgen. Jeder Bischof auf seinem Thron, umgeben von seinen Priestern, richterlich die Seelen der Menschen mittels der Schlüsselgewalt bindend oder lösend, ist der Schiedsrichter, der das Gericht des letzten Tages abwendet.

Endlich sind sie Ärzte. Die Priester des Alten Gesetzes waren belehrt, zu unterscheiden zwischen Aussatz und Aussatz. Die Priester des Neuen Bundes sollen unterscheiden zwischen Sünde und Sünde. Und für dieses Amt sind vor allem zwei Dinge nötig

---

1 Mt. 19, 28.

— Wissenschaft und Nächstenliebe; Kenntnis Gottes, Kenntnis der Heiligen und Kenntnis seiner selbst; und Nächstenliebe, welche, obschon sie das gebeugte Rohr nicht brechen will oder den glimmenden Docht nicht auslöschen will, dennoch nie ruhig sein wird, solange es eine tödliche Krankheit gibt, oder lässliche Sünden in Todsünden übergehen und die Seele in Todesgefahr bringen können. Wohl kann darum der hl. Paulus fragen: „Wer ist diesen Dingen gewachsen"? In so naher Beziehung zu dem menschgewordenen Worte zu stehen; über die Seelen gesetzt zu sein, für welche der Sohn Gottes sein kostbares Blut vergossen hat; mit ihrer Rettung betraut zu sein, und zwar so, dass, im Falle wir untreu sind, deren Seelen von unseren Händen gefordert werden; all dieses verlangt gewiss im Priester eine persönliche Heiligkeit, angemessen der Aufgabe, die Seelen von der Sünde zur Buße und von der Buße zur Vollkommenheit zu führen. Wie können die führen, welche selbst den Pfad nie gewandelt sind? Einige Theologen sagen uns, kein Mann könne Vollkommenheit pflegen, d. h. andere sie lehren, der nicht selbst vollkommen sei. Der Unvollkommenheiten der Vollkommenen selbst sind viele, wie der beste Priester besser weiß, als irgendein Mensch. Aber desungeachtet, um in anderen die Vollkommenheit zu pflegen, muss der Priester selbst im Stande der Vollkommenheit sein, und stände er auch nur an der Grenzlinie. Aber kein Priester sollte sich mit einem so wenig großmütigen und freigebigen Herzen begnügen. Der hl. Paulus war nicht so gesinnt, als er sagte: „Brüder, ich bilde mir nicht ein, es ergriffen zu haben: Aber eines (tue ich), ich vergesse, was hinter mir liegt, und strecke mich nach dem aus, was vor mir liegt: dem vorgesteckten Ziele eile ich zu, dem Preise der von oben erhaltenen Berufung Gottes in Christo Jesu."[1]

---

1 Phil. 3, 13, 14.

DRITTES KAPITEL

Das dreifache Verhältnis des Priestertums

Ein Priester steht in drei Verhältnissen, von welchen ein jedes ihn zu innerer geistiger Vollkommenheit verpflichtet.

1. Das erste Verhältnis verbindet ihn mit dem großen Hohenpriester, an dessen Priesterschaft er teilnimmt. Er ist unsere Quelle der Heiligkeit; aber er ist auch unser bindendes Gesetz. Denen, welche sich ihm im Alten Bunde näherten, sagte Gott, *Sancti estote, quia ego sanctus sum.*[1] Die unerschaffene Heiligkeit Gottes erfordert Heiligkeit in allen, die sich ihm nähern. Vom brennenden Dornbusch aus in Horeb befahl Gott dem Moses, die Schuhe von seinen Füßen zu lösen; denn der Ort, worauf er stand, war heiliges Land.[2] Ein unheiliger Mann, der der Priesterwürde nachstrebt, sucht den ewigen Tod, denn „wer mag wohnen bei den ewigen Gluten?"[3] Die Heiligkeit, die Reinheit, die Eifersucht, die Gerechtigkeit Gottes sind wie die Flammen eines Feuerofens, in welchem die Reinen noch mehr gereinigt, die Unreinen aber verzehrt werden; denn „Gott ist ein zehrendes Feuer."[4] Nur die, welche dem Hohenpriester ihrer Erlösung nachgebildet sind und durch einen aufrichtigen Willen suchen, vollkommen geheiligt zu werden an Leib, Seele und Geist, können vor ihm stehen. Auf sie übt seine Heiligkeit eine Verähnlichungskraft aus, welche das Werk vervollkommnet, das er in ihnen begann, als er sie berufen hat. Als Isaias den Herrn der Heerscharen in seiner Glorie sah,

---

1 Levit. 11, 44. 46.

2 Exod. 3, 5.

3 Isai 33, 14.

4 Hebr. 12, 29.

war er sich nur seiner Unreinheit vor ihm bewusst. Aber einer der Seraphim flog mit einer glühenden Kohle vom Altar und berührte seine Lippen, und seine Sünde war entfernt.[1] Je näher die Reinen Gott kommen, desto mehr werden sie gereinigt. Von der Zunahme der Heiligkeit in der Seele seiner unbefleckten Mutter während ihres irdischen Lebens in Vereinigung mit ihrem göttlichen Sohne, sowohl vor als nach seiner Himmelfahrt, wollen wir nicht sprechen; denn sie war außergewöhnlich in allen Dingen, da sie ohne Sünde war und über alle Seraphim geheiligt. Aber wir können über die Heiligkeit des hl. Johannes und des hl. Petrus, nach ihrer Berufung von unserem göttlichen Erlöser unsere Erwägung anstellen. Die bewusste Unwürdigkeit des hl. Petrus bewog ihn auszurufen: „O! Geh weg von mir, denn ich bin ein sündiger Mensch, o Herr."[2] Das Wunder des Fischfangs öffnete seine Augen über die Macht Jesu; aber es war seine Heiligkeit, die ihm Furcht vor seiner Gegenwart einflößte. Die drei Jahre, in welchen die Apostel unserem Herrn und Heilande folgten, waren deren Vorbereitung auf die Priesterwürde. Sie besaßen viele Unvollkommenheiten, welche im Laufe der Jahre in der heiligen Gegenwart des Meisters verschwanden. Sie atmeten eine Atmosphäre von Reinheit und Vollkommenheit ein. Langsamen Herzens zum Glauben, träge im Verstehen, eilig im Sprechen, irdisch im Denken, die erste Stelle suchend und untereinander streitend, wer der Größte sein sollte: nichtsdestoweniger bezwang sie die Majestät ihres Herrn, und seine Liebe regierte über sie, und Tag für Tag starb ihr alter Sinn in ihnen ab, und der Sinn Jesu Christi wuchs heran, bis er sie ganz beherrschte. Das Werk ihrer Reinigung schritt immer voran; denn die göttliche Gegenwart war das läuternde Feuer, das die Söhne Levis reinigte und sie läuterte wie Gold und Silber, auf dass sie dem Herrn Opfer brächten in Ge-

---

1 Isai 6, 6.7.

2 Lk. 5, 8.

rechtigkeit. Aber einer von ihnen war ein Teufel — möglicherweise nicht von Kindheit, aber sicher von der Zeit, da eine unreine Seele in tägliche Berührung mit göttlicher Reinheit kam. Sie wuchs heran, täglich und allmählich und vielleicht unbemerkt, in Unreinheit durch seinen beständigen Gegensatz mit der Heiligkeit Jesu. Judas wurde im Stande der Todsünde geweiht, und nach seiner ersten Hl. Kommunion fuhr der Satan in ihn. Während dreier Jahre hatte er eine Atmosphäre von Heiligkeit eingeatmet, ohne sich zu heiligen. Was zu seiner Rettung dienen sollte, wurde ihm zum Falle; und das Leben der Welt wurde durch ihn dem Tode überliefert.

Das Verhältnis, in welchem der Priester zu seinem göttlichen Lehrmeister steht, ist in allem, ausgenommen die fühlbare Gegenwart, dasselbe. Es ist ebenso persönlich, wirklich und dauernd. Wir haben einen Herrn im Himmel.[1] Und unsere Treue zu ihm ruht auf Gewissenhaftigkeit, nicht auf dem Anblick, gerade wie wir in dieser Welt einem Herrscher huldigen, den wir vielleicht nie gesehen haben. Der hl. Petrus sagt darüber in seinem ersten Brief: „Welchen ihr, ohne ihn gesehen zu haben, lieb habet und an welchen ihr, ohne ihn jetzt zu sehen, glaubet, auf den ihr euch auch im Glauben mit unaussprechlicher und herrlicher Freude freuet",[2] d. h. voll des Ernstes und Vorgeschmacks der ewigen Seligkeit. Es ist nicht pure Einbildung zu glauben, dass er jeden Augenblick, bei jedem Fußtritt uns begleitet, sei es während unserer Arbeit, früh oder spät; dass er uns nahe ist, im Schiffe oder am Ufer; wenn wir entweder im Spitale oder in des Armen Hütte oder am Bette des Sterbenden, oder wenn wir durch die Felder oder die gefüllten Straßen, oder in den Gebirgen die zerstreuten Schafe suchen, dass er jeden Augenblick, bei jedem Fußtritt uns begleitet. Es ist keine Illusion zu glauben, dass die Worte, die er

---

1 Eph. 6, 9.

2 1 Petr. 1, 8.

geredet, noch immer zu uns gesprochen werden, oder dass jedes Wort, das wir sprechen, in dem Bereich seines Ohrs ausgesprochen wird. Als er auf Erden wandelte und seine Jünger um ihn waren, waren deren Augen nicht immer auf ihn geheftet; noch viel weniger waren ihre Gedanken und Worte auf ihn gerichtet. Sie sahen alles, was sie umgab, in den Straßen, auf dem Felde oder auf der See, und ihre Gedanken vervielfachten sich und irrten ab, wie man sagt, und sie redeten zueinander mit der Freiheit eines täglichen Umganges; aber sie waren sich immer bewusst, dass er in ihrer Mitte war, dass er nicht nur ihre Worte hörte, sondern auch ihre Gedanken las und sie beantwortete, ehe sie sprachen. Worin denn, ausgenommen in der körperlichen Empfindung, unterscheidet sich unser Verhältnis zu Jesus von dem Ihrigen? Und sind nicht Nazareth und Bethlehem und Jerusalem und Kapharnaum und Bethanien so wirklich für uns, als ob wir sie gesehen hätten? Denen, die Glauben und Kenntnis des Wortes Gottes haben, sind alle diese Dinge so wirklich, wie täglich die Welt; und dieses bewusste Verhältnis ist ein aufweckender Beweggrund und eine stehende Mahnung im Leben eines treuen Priesters.

2. Das zweite Verhältnis zu unserem göttlichen Heilande beruht auf einer ganz besonderen Weise. Jesus ist immer gegenwärtig in Mitte seiner Hirten, bis zum Ende der Welt — d. h. bis er seine Auserwählten gesondert hat und seine ewige Vorherbestimmung erfüllt hat und bis er enden wird die Zeit der Gnade und der Prüfung der Menschen. Als Haupt der Kirche ist er in jedem lebendigen Glied seines mystischen Leibes. Als Haupt der Kirche ist er aber in der Herrlichkeit des Vaters und von der Rechten des Vaters wird er nie weichen, bis er kommen wird, zu richten die Lebendigen und die Toten. Unser Verhältnis zu ihm im Himmel ist nichtsdestoweniger eine göttliche und wirkliche Abhängigkeit. Aber dieses ist allen gemein. Die Priesterwürde hat, wie wir gesehen, ein anderes Verhältnis zu ihm in der Hütung seiner sakramentalen Gegenwart. *Mundamini qui fertis vasa Domini.* Wenn die,

welche die Gefäße des Herrn trugen, zur Reinigkeit verpflichtet waren, welches ist dann die Verpflichtung des Priesters, der den Herrn selber trägt? Ein Vertrauensposten ist ein Zeichen des Vertrauens; Gottes Vertrauen zu haben, der unsere Herzen kennt, ist ein Unterpfand besonderen Vertrauens; das höchste Pfand eines durchaus absoluten Vertrauens aber ist die Betrauung in der Gegenwart des menschgewordenen Wortes. Welch ein Beruf ist es nicht, Priester zu sein! Welch eine Lauterkeit und Aufrichtigkeit des Herzens verlangt er nicht! Glücklich wären wir, wenn wir denken könnten, dass unser göttlicher Heiland in uns sehe, was er in Nathaniel gesehen hat — ein Herz, in welchem kein Falsch ist. Als er auf Erden war, vertraute er sich den Menschen nicht an, weil er wusste, was in den Menschen war.[1] Kann es möglich sein, dass er wusste, was in uns war, als er sich uns in seiner sakramentalen Gegenwart anvertraute? Ein Vertrauenszeichen, selbst in irdischen Dingen, gewinnt das ganze Herz eines Dieners für seinen Meister. Wie groß soll denn nicht die Treue, Ergebung, Freude und Andacht unserer Herzen sein für die Hüterschaft seiner Gegenwart, seiner Person und seiner Würde vor den Menschen? Das allerheiligste Sakrament weiht den Tabernakel, den Altar, das Heiligtum zum Wohnort des Priesters. Der Dornbusch in Horeb brannte, aber der Priester und alle um ihn herum sind gehüllt in den Glanz und den Einfluss des allerheiligsten Sakramentes, welches ihrem Amt anvertraut ist. Wie könnte er das Bewusstsein dieses Verhältnisses selbst auf einen Augenblick verlieren? Er mag nicht immer wirklich darauf aufmerksam sein. Selbst die Jünger, als sie die Weizenähren pflückten oder die Steine des Tempels bewunderten oder sich über das Dürren des Feigenbaumes erstaunten, hatten andere Gedanken; aber sie waren sich dennoch eines haupt-beherrschenden Gedankens bewusst, welcher alle beherrschte und sie beständig in seine Gegenwart zurückrief. So mag — so soll — es mit uns sein! Ein Priester soll an keiner

---

1 3. Joh. 2, 24. 25.

Stelle sein, wo sein Meister nicht hingehen würde, oder mit nichts beschäftigt sein, was sein göttlicher Lehrmeister nicht tun würde. Am Morgen hat der Priester die Worte der allmächtigen Gewalt ausgesprochen und war für eine Weile in Berührung mit dem menschgewordenen Worte. Solch ein Bewusstsein - denn wir dürfen es keine Erinnerung an eine Sache nennen, die vorüber ist, sondern ein beständiges Gefühl einer Sache, die nicht vorübergehen kann - soll sein ganzes Leben den ganzen Tag hindurch beherrschen. Der Gedanke, dass er am Abende, ehe er sich zur Ruhe begibt, in die Gegenwart seines Meisters zurückkehrt, um Rechenschaft abzulegen über die Stunden und Handlungen des Tages, soll eine Regel und eine Zügelung sein für seine Sinne, sein Herz und seine Lippen. Die Liebe eines menschlichen Freundes, selbst in seiner Abwesenheit, regiert und lenkt uns: um wie viel mehr soll dann die Gegenwart eines göttlichen Freundes unser Leben beherrschen und erheben. Der hl. Gregorius sagt: „O wunderbare Herablassung der göttlichen Güte! Wir sind nicht würdig, Diener zu sein, und wir werden Freunde genannt. Welch eine Würde für die Menschen, Freunde Gottes zu sein!"[1]

3. Es gibt noch ein drittes Verhältnis, von Gott angeordnet und welches, wenn einmal eingegangen, in der Ewigkeit wiedergefunden wird — d. h. die Verbindung zwischen einem Priester und den ihm vertrauten Seelen. Diese Verbindung kann auf zweifache Weise entstehen: entweder durch die Übertragung einer Herde, durch welche der Priester auch Seelenhirt wird, oder durch die freie Wahl derjenigen, die sich der Leitung eines Beichtvaters unterziehen. In jedem Falle entsteht also gleich eine wahre Verbindung, die eine ewige Folge mit sich bringt. Wenn wir vom Verhältnisse des Seelsorgers reden, wird notwendigerweise das andere in seinem Maße eingeschlossen und bedarf daher keiner be-

---

1 Joh. 15, 14. 15. tom. I. pag. 1445.

sonderen Behandlung. Dass irgendein Mensch mit der Rettung eines andern beauftragt werden soll, ist ein Verhältnis der göttlichen Ordnung. Kraft des Naturgesetzes haben die Väter eine solche Aufsicht über ihre Kinder, die minderjährig und unfähig sind, für sich selbst zu sorgen. In einigen Jahren hört diese Autorität des Vaters auf. Sie ist auch zu allen Zeiten beschränkt, denn über das Gewissen der Kinder haben die Eltern keine Autorität. Aber in der übernatürlichen Ordnung ist es Gottes Wille, dass der Bruderhass des Kain durch die brüderliche Liebe des Seelenhirten ersetzt werden soll. „Bin ich meines Bruders Hüter?" [1] ist die Stimme der Welt. „Ich bin der gute Hirt" [2] ist die Stimme unseres Meisters, indem er die Lebensregel für die Seelsorger feststellt. Im Alten Bunde befahl Gott, dass man zur Zeit des Krieges einen Wächter setze über das Volk. Und wenn der Wächter das Schwert über das Land kommen sah und blies in die Trompete und verkündete es dem Volke, dann war, wenn jemand sich nicht in Acht nahm und das Schwert ihn wegraffte, das Blut auf seinem eigenen Haupte, und der Wächter war frei. Sollte aber der Wächter das Schwert kommen sehen und nicht das Volk warnen, dann lautete der göttliche Urteilsspruch: „Ich werde fordern das Blut von des Wächters Hand." [3] Kein Mensch konnte für das Leben eines andern verantwortlich gemacht werden, als nur allein vom Herrn und Geber allen Lebens. Ein Amt ist dem Wächter auferlegt, und die strenge Pflicht es zu erfüllen, oder aber mit seinem Leben für seine Nachlässigkeit zu haften. Er ist nicht verantwortlich für die Resultate seiner Warnung, sondern nur für seine Treue. Ein solches ist das Amt des Seelsorgers. Der Herr der Herde vertraut es ihm an, und er muss mit seinem Leben für dasselbe einstehen. Der hl. Gregorius sagt, ein Seelsorger habe so viel eigene Seelen, wie

---

1 Gen. 4, 9.

2 Joh. 10, 14.

3 Ez. 33, 2-6

er Schafe in seiner Herde habe. Wer anders könne ihm dieses aufbürden, als nur Gott, der allein sagen kann: „Alle Seelen sind mein."[1] Es besteht daher zwischen dem Seelsorger und der Seele ein gegenseitiges Verhältnis von Autorität und Unterwerfung, kraft göttlicher Einsetzung. Wer aber hat Autorität über einen andern, kraft des Naturgesetzes oder kraft des übernatürlichen Gnadengesetzes, ausgenommen durch direkten Auftrag? Wo keine Autorität ist, da kann keine Pflicht der Unterwerfung bestehen. „Ein jeder wird seine eigene Last tragen";[2] aber die Lasten vieler sind aus göttlichem Befehl auf den Seelenhirten gelegt. Er ist nicht auch verantwortlich für den Erfolg seiner Sorgen, sondern nur für seine treue Ausübung. Wenn er sein Herz und seine Kraft und seine Zeit und sein Leben, und, wenn es nötig ist, seinen Tod gegeben haben wird, seine Herde zu regieren und zu retten, mag er in Hoffnung bleiben. Das Blut derer, die verloren gehen, wird nicht von seiner Hand gefordert. Aber welcher Seeleneifer, welche Selbstentsagung, welche Großmut und Geduld, welche Demut und Nächstenliebe sind nicht erfordert, um die Schlechtigkeit der Sünder und das launische Wesen und den Eigensinn der Guten zu ertragen? Der Hirt muss in allen Dingen der Herde vorgehen, oder sie können ihm nicht folgen. Er muss sich selbst erst das angeeignet haben, was er sie lehren soll, und er wird sie weniger belehren durch das, was er sagt, als durch das, was er ist. Es ist das lebendige Wort, das die Herzen der Menschen bekehrt, aufrecht erhält und heiligt. *Summa dicere et ima facere* ist eine Herausforderung an Gott und Menschen. Das Gleichnis von dem Balken und dem Splitter soll auf die Wand eines jeden Priesterseminars und in das Herz eines jeden Priesters eingegraben sein. Die Worte des hl. Paulus sind schrecklich für den Priester, der wohl durch die Ordination, aber nicht durch die Heiligkeit Priester ist: „Der du dich Gottes rühmest, seinen Willen kennst und vom Gesetze

---

1 Ez. 18, 4.

2 Gal. 6, 5

belehrt, das Bessere anerkennst, und dir selbst zutrauest, ein Führer der Blinden zu sein, ein Licht derer, die in Finsternis sind, ein Unterweiser der Unverständigen, ein Lehrer der Unmündigen, der die Richtschnur der Wissenschaft und Wahrheit im Gesetze besitze, wie belehrst du nun einen andern, und dich selbst belehrest du nicht; predigest, nicht zu stehlen, und stiehlst; sagst, man solle nicht ehebrechen und brichst die Ehe.[1] Arzt, heile dich selbst. Wie kann, sagt der hl. Gregorius, ein Priester andere heilen „mit einem Geschwür in seinem eigenen Gesicht?"[2] Ein Priester wird sein *aut forma gregis aut fabula*: entweder ein Vorbild oder ein Spottwort, *Ira est non gratia cum quis ponitur supra ventum nullas habent radices in soliditatem virtutum.*[3] Welches Maß von geistiger Vollkommenheit, welches Maß von Heiligkeit steht im Verhältnisse zu einem solchen Amte, einem solchen Vertrauensposten, einer solchen Verantwortlichkeit? „Deshalb soll die Heiligkeit eines Priesters eine ungewöhnliche sein: eine Heiligkeit, welche nur die Sachen Christi sucht; eine Heiligkeit, welche ihren Wandel im Himmel hat; eine Heiligkeit, welche sich selbst als eine Gabe und ein Opfer dem lieben Gotte im Wohlgeruch der Süßigkeit darbringt; eine Heiligkeit, durch welche der Priester eine Quelle des Lichtes wird, des Segens, des Verdienstes und des ewigen Lebens für die Seelen; eine Heiligkeit, welche den Gläubigen ein Beispiel ist in Worten, Verkehr und Nächstenliebe, Glaube und Keuschheit."[4]

Diese drei Verhältnisse des Priesters sind Beweggründe, um zur höchsten Gleichförmigkeit mit unserem göttlichen Meister und innigsten Vereinigung mit ihm zu streben. Und diese Beweggründe sind nicht nur gestützt auf Opferwilligkeit, Dankbarkeit

---

1 Röm. 2, 17 – 22

2 Reg. Past. P. I. CIX.

3 Petr. Bles. Canon. Episcopalis, Opp. p. 450. 2.

4 Parvum Speculum Sacerdotis cap. VII. p. 250.

und Liebe — d. h. auf das Gesetz der Freiheit — sondern sie enthalten in sich selbst und legen dem Priester Verpflichtungen auf, auf welche wir jetzt übergehen wollen.

VIERTES KAPITEL

Die Verpflichtungen zur Heiligkeit im Priestertum

Bis jetzt haben wir die Priesterwürde behandelt als ein Amt, mit der größten Gewalt bevorzugt, die je Gott einem Menschen verliehen. Dieses allein würde genügen zum Beweis, dass sie von Seiten des Priesters — nicht eine proportionierte Aufopferung aller seiner Kräfte erfordert, denn das ist unmöglich — sondern nur eine ganze ungeteilte Darbringung seiner selbst. Es zeigt uns auch, dass mit der Priesterwürde dem Priester eine der Erfüllung aller seiner Pflichten angemessene Gnade gegeben wird. Dieses allein würde genügen, zu zeigen, dass der Priesterstand der höchste ist in seinen Gewalten, Verpflichtungen und Gnaden: und dass er der von unserem göttlichen Heiland eingesetzte Stand der Vollkommenheit ist, das Licht der Welt und das Salz der Erde zu sein.

Wir haben auch gesehen, dass es nur ein Priestertum gibt, und dass ein jeder Priester daran teilnimmt, weil er Teilnehmer des Priestertums des menschgewordenen Sohnes ist; dass er dadurch ihm gleichförmig wird, und dass diese Gleichförmigkeit oder Ähnlichkeit der Seele durch ein unauslöschliches Merkmal ausgedrückt ist.

Welch bindendere Verpflichtungen zur Vollkommenheit könnte man finden, als die, welche diese göttliche Teilnahme erfordert?

Wir haben weiter gesehen, dass ein Priester durch ein dreifaches Verhältnis verbunden ist, von welchem ein jedes die Vollkommenheit der Reinheit, der Nächstenliebe und der Demut erfordert. Er ist erstens verbunden mit seinem göttlichen Meister durch mannigfache Pflichten; zweitens mit seiner sakramentalen Gegenwart; und drittens mit den Gliedern seines mystischen Leibes, über die er eine Jurisdiktion des Lebens oder Todes ausübt.

Welche Heiligkeit lässt sich denken, die angemessen wäre einem solchen Verband der Innigkeit, des Vertrauens und der Verantwortlichkeit, als das zwischen dem Priester und seinem göttlichen Meister?

1. Es ist theologisch sicher, dass innere geistige Vollkommenheit eine erforderliche Vorbedingung der heiligen Weihen ist. Der hl. Alphonsus erklärt dieses als das einstimmige Urteil aller Kirchenväter und Gottesgelehrten.[1] Es gibt zwei Arten von Menschen, die zum Priesterstande berufen sind. Die ersten sind die

---

[1] Der hl. Gregorius von Nazianz kann als ein Beispiel genommen werden. Er beschreibt die geistige Vollkommenheit, welche vor der Priesterweihe erfordert ist, mit folgenden Worten: ..."Ich denn, dieser Dinge mir bewusst, und mir bewusst, dass keiner des großen Gottes, des großen Opfers und des Hohenpriesters wert ist, der sich nicht selbst Gott als ein lebendiges und hl. Opfer dargebracht, und die vernunftgemäße und annehmbare Dienstbarkeit gezeigt, und Gott ein Lobopfer und ein zerknirschtes Herz dargebracht hat, das einzige, vom Geber aller Dinge verlangte Opfer: wie könnte ich (ohne diese Dinge) es wagen, ihm das äußere Gegenbild dieser großen Geheimnisse darzubringen; oder wie den Namen und das Kleid des Priesters annehmen, ehe (meine) Hände durch Werke der Heiligkeit geweiht sind; ehe meine Augen gewohnt sind, in gesunder Weise das Geschöpf zu betrachten und den Schöpfer

Unschuldigen, welche, wie der hl. Johannes, der hl. Philippus und der hl. Karl, von ihrer zartesten Jugend an in der heiligmachenden Gnade und innerer Vollkommenheit herangewachsen sind. Die zweiten sind die Büßer, wie der hl. Paulus, der den Namen Jesu verfolgt hatte; der hl. Augustinus, der früher vom göttlichen Gesetz abgewichen war; der hl. Thomas von Canterbury, der in den Strudel der Welt versenkt, ohne von Gott abzufallen, und doch mit vielen Unvollkommenheiten behaftet war. Die Antezedenzien dieser zwei Klassen waren weit verschieden, aber ihr Ende ist ein und dasselbe. Sie kommen zum Altare auf weit voneinander entfernten Pfaden, aber sie treffen sich vor demselben mit einem Herzen und einem Sinne, der Vollkommenheit des großen Hohenpriesters gleichförmig.

Diese innere geistige Vollkommenheit besteht nicht in einem sündlosen Stand — denn wer ist ohne Sünde? — sondern erstens in einer solchen Freiheit von der Macht der Sünde, dass man lieber sterben würde, als eine Todsünde begehen; dann zweitens in

---

allein anzubeten – …ehe meine Füße auf den Felsen gepflanzt sind, wie die des Hirschdornes, und alle meine Wege zu Gott gerichtet sind, weder teilweise noch überhaupt (von ihm) abweichend; ehe jedes Glied eine Waffe der Gerechtigkeit ist, und alle toten Werke abgeworfen sind, vom Leben aufgezehrt und Platz machend dem Geiste." – Orat. II. c. XCV. tom. I. pp. 56. 57. –
Der hl. Gregorius erfordert also von einem Kandidaten zur Priesterwürde das Opfer seiner selbst, den Dienst seiner Vernunft und seines Willens, einen Geist der Danksagung und der Reue, Heiligkeit des Lebens, Lossagung von den Geschöpfen, Anbetung des Schöpfers, Standhaftigkeit in der Gnade, Heiligung aller unserer Glieder, Abtötung der Leidenschaften und Herrschaft des hl. Geistes in der Seele. – Und wiederum: „Dieses auch weiß ich, dass es im Gesetz verordnet war, dass kein körperlich verunstalteter oder vom Opfer abwesender Priester die vollkommenen Opfer geben konnte, sondern allein ein Vollkommener (τέλειος), worin ich ein Vorbild der Vollkommenheit der Seele sehe" Orat. II. c. XCIV. tom. I. p. 56.

solch einer Furcht und Abneigung gegen die Sünde, dass man lieber Schmerz und Verlust leiden, als Gott durch eine freiwillige, lässliche Sünde beleidigen würde; und drittens durch die freiwillige und frohe Wahl eines Lebens im Geiste der Armut, der Demut, der Mühsal und des Kreuzes, d.h. im Lose ihres göttlichen Meisters; so dass, selbst wenn sie die Welt genießen und sich dennoch retten könnten, sie vorzögen, ihm in seinem geistlichen Leiden und in den vielfachen Wegen des Kreuzes gleichförmig zu sein. Dieser Zustand, in welchem die Liebe Gottes und der Seelen uns beherrscht, bildet, obschon die Heftigkeit plötzlicher Schwäche und die unüberlegten Regungen und Fehler der menschlichen Natur in uns verbleiben, die innere geistige Vollkommenheit, welche die Kirchenväter und Gottesgelehrten von denen verlangen, die sich zur Priesterweihe stellen.

Der hl. Alphonsus sagt, dass, nach der Übereinstimmung aller Theologen, der Stand der heiligmachenden Gnade für die Ordination nicht genügt. Nun aber sind alle, welche im Stande der heiligmachenden Gnade sind, mit Gott vereint. Die Vereinigung mit Gott ist also nicht genügend für den Priesterstand. Vereinigung mit Gott — d. h. Freiheit von Todsünde — ist gewiss genügend zur hl. Kommunion. Eine solche Kommunion ist nicht schlecht; aber sie ist darum noch nicht andächtig, kann aber an Gefahr grenzen. Wenn dieses ohne Sünde der Zustand der Gläubigen sein kann, so kann es dennoch nicht der Zustand des Priesters sein, der den Leib und das Blut Christi konsekriert und empfängt, und das Brot des Lebens andern austeilt. Die Welt ist so tief gesunken, dass einige glauben, eine mehr denn gewöhnliche Tugend sei schon genügend für einen Priester: d. h. dass ein Priester, der die Priesterwürde und den Charakter des Sohnes Gottes besitze, und von all den übernatürlichen Verhältnissen, von welchen wir gesprochen haben, umgeben ist, mehr als gewöhnlich tugendhaft sein muss, aber auf der gewöhnlichen Stufe aller anderen Menschen stehen kann, welche nicht diese göttlichen und ausgezeichneten Verpflichtungen haben. Solche formelle und amtliche Tugend ist Kennzeichen eines Jüngers des Herrn, der gekreuzigt worden ist. Die Bischofswürde wurde definiert als „der Stand, welcher geistige Gewalt hat, die Kirche Gottes zu regieren und zu verbreiten durch die immerwährende Fortsetzung der heiligen Weihe."[1] Das Hauptgeschäft des Bischofs ist es daher, die Jünglinge, welche zum Priesterstande zugelassen werden sollen, auszuwählen, zu prüfen, zu erziehen und zu vervollkommnen. Vom zwölften Jahr an, wie das Konzil von Trient befiehlt, sollen sie im Seminar erzogen werden, nachdem sie durch die Tonsur in den geistlichen Stand aufgenommen wurden. Vom zwölften bis zum vierundzwanzigsten Lebensjahr sind sie unter dem Auge und der Hand des Bischofs; denn obschon andere unter ihm mitarbeiten, ist er dennoch so der Hauptvorsteher und die Quelle ihrer Erziehung, dass das Konzil von Toledo das Seminar *Episcopalis praesentia* benennt. Soweit wie menschliches Urteil geht, wachsen sicher solche Jünglinge in Gnade und innerer, geistiger Vollkommenheit heran. Die anderen, welche zur neunten und elften Stunde kommen, müssen nichtsdestoweniger auf den sieben Stufen heransteigen, welche zum Altare führen. Wenn auch die Zeit ihrer Erziehung abgekürzt ist, so wird doch nichts weniger von ihnen gefordert – im Gegenteil wird mehr von ihnen verlangt; und bis sie dieselbe innere, geistige Vollkommenheit erreichen, steigen sie nur langsam bis zum heiligen Opfer heran. Der Eifer der Bekehrung und die Genugtuung ihrer Buße bringt in kürzerer Zeit zuwege, was die Unschuld derer, welche nie eine Sünde zu beweinen haben, langsamer und mühsamer erreicht. Der Eifer des hl. Paulus und des hl. Augustinus entspringt aus ihrer *saevitia in seipsum* - vom Zorne gegen sich selbst, welches die Vollkommenheit der Buße ist. Der hl. Gregorius sagt, dass ein Soldat, der am Anfang der Schlacht wankelmütig war, oft sich wieder umdrehen wird, um mit größerem Heldenmut zu kämpfen als die, welche nie gewichen waren. Aber beide, der Unschuldige sowohl wie der

---

1 Terrante, Elementa juris. Can. p. 39.

Büßer, müssen innere, geistige Vollkommenheit erlangen, ehe sie vor dem Altare knien, zur Auflegung der Hände, welche ihnen das Merkmal des ewigen Priestertums aufdrücken.

Es muss überdies immer vor Augen gehalten werden, dass der Priester geweiht wird *ad exercendam perfectionem* - d. h., nicht nur selbst vollkommen zu sein, sondern um auch in anderen durch sein eigenes Leben in Wort und Tat die Vollkommenheit unseres göttlichen Heilandes zu erzeugen und ihnen aufzudrücken. Die Priesterwürde wurde eingesetzt, um drei Dinge zu verewigen: das Zeugnis für die Wahrheit des Glaubens; die Spendung der Sakramente der Gnade und den Geist Jesu Christi. Der Geist Jesu Christi gibt sich aber nicht nur in Worten kund, sondern in der lebendigen Kraft eines ihm gleichförmigen Sinnes. „Ihr seid das Licht der Welt" bedeutet, dass, wie das Licht sich durch seinen eigenen Glanz zu erkennen gibt, so der Priester durch das Licht eines heiligen Lebens einen heiligen Sinn offenbaren muss. „Ihr seid das Salz der Erde" bedeutet den persönlichen Besitz von Heiligkeit, welches der Verderbnis widersteht und die Mitteilung desselben Widerstandes an andern durch Berührung und Einfluss. Die Übung der Vollkommenheit besteht demnach darin, nach der Regel und dem Geist der Vollkommenheit zu handeln: zu sprechen, zu handeln, zu urteilen, zu denken, wie es ein vollkommener Mann tun würde; die Übung der Vollkommenheit besteht darin, zu sein und zu tun, was vollkommen ist für das persönliche und das priesterliche Leben in Frömmigkeit, Demut, Nächstenliebe und Selbstverleugnung. Sie zu üben ist, hervorbringen, sich anzustrengen und zu vollbringen. Es ist ein Wort der Kraft und der Energie, der Selbstbeherrschung und der inneren Kraft, welche sich in äußerlichen Taten kundgibt.

Die Scholastiker haben untereinander disputiert, ob ein unvollkommener Priester Vollkommenheit üben könne. Es ist gewiss ein Axiom, dass: *Extra statum perfectionis perfecti multi, intra statum perfectionis multi imperfecti. Aber der Hl. Augustinus sagt: Nemo po-test dare quod non habet.*

Wenn von Judas gesagt wird, dass er das Reich Gottes gepre-digt habe, so hat diese Wahrheit ihre eigene, hochwichtige Bedeu-tung : nämlich, dass die Todsünde selbst in dem Priester das *opus operatum* nicht hindert - d.h., die Gnaden der Sakramente; dass je-der Priester ohne Unterschied andere lehren könne, demütig, lie-bevoll, rein und fromm zu sein: dass, wenn der Boden und der Samen gut ist, es nicht darauf ankommt, wer sät — alles dieses mag wahr sein — die Liebe und das Mitleiden unseres Herrn für die Seelen wird nicht zugeben, dass die Gläubigen durch einen schlechten Priester betrogen werden, oder selbst durch unvoll-kommene Priester, welche in den Priesterstand getreten sind, ohne die zur Weihe erforderliche innere Vollkommenheit zu be-sitzen; oder durch die, welche, obschon in gutem Zustand einge-treten, sie dennoch später verloren haben. Alles dieses mag wahr sein; aber es ist nicht *exercere perfectionem.*

Ein solcher Priester übt und zeigt nicht, was er nicht besitzt, aber die Gnade und die Wahrheit, welche durch Jesum Christum gekommen sind, haben ihre eigene Wirkung durch ihn, aber zu seiner eigenen Verdammnis. Sie wirken gleich den *gratiae gratis datac,* welche für die Heiligung anderer gegeben sind, aber sie hei-ligen den nicht, der sie austeilt. Dieses ist nicht die Lehre der Kir-che: noch ist die Priesterschaft unseres göttlichen Meisters eine *gratia gratis data.* Es ist ein Sakrament, welches die heiligt, die es empfangen und ihnen eine immerwährende, unerschöpfliche, sakramentale Gnade erteilt, zur treuen und fruchtbringenden Ausübung derselben.

Dieses ist in dem Pontifikale bestimmt ausgedrückt. In der ers-ten Anrede für die Ordination ermahnt der Bischof die Kandida-ten zu einem so hohen Stande, wie es die Priesterwürde ist, mit großer Furcht heranzutreten und Acht zu haben, dass sie besitzen

„himmlische Weisheit, moralische Integrität, und eine reife Beobachtung der Gerechtigkeit;" es sagt ferner, dass unser Heiland, indem er zweiundsiebzig Jünger auserwählte und sie vor sich her sandte, zu predigen, er uns sowohl durch Wort als durch Tat gelehrt hat, dass die Diener der Kirche in der zweifachen Liebe zu Gott und den Menschen vollkommen, und in der Tugend befestigt sein sollen. Er schärft ihnen ein, in ihren Sitten die Unversehrtheit eines keuschen und heiligen Lebens zu bewahren, und befiehlt ihnen endlich wie folgt: „Gebt euch jetzt Rechenschaft über das, was ihr tut; ahmet die Heiligkeit nach, welche euch aufgelegt ist, auf dass ihr in der Darbringung des Geheimnisses des Todes unseres Heilands alle eure Laster und Begierden in euren Gliedern abtötet. Eure Lehre sei die geistliche Arznei für das Volk Gottes. Der Wohlgeruch eures Lebens sei die Freude der Kirche Christi, auf dass ihr durch die Predigt und das Beispiel aufbauen möget das Haus, das ist die Familie Gottes[1]."

In der darauf folgenden Präfation betet dann der Bischof: „Erneuere in ihnen den Geist der Heiligkeit, dass sie von dir erhalten mögen das Amt der zweiten Würde, und dass sie durch das Beispiel ihres Umganges eine Regel des moralischen Lebens geben. Mögen sie kluge Mitarbeiter mit uns sein; möge das Muster aller Gerechtigkeit aus ihnen hervorleuchten."

In gleicher Weise verordnet das Konzil von Trient, „dass alle Kleriker sichtbar in ihrem Leben durch ihr Kleid, ihre Gebärden, ihren Gang, ihre Reden und sonstige andere Dinge nichts als Ernst, Bescheidenheit und Frömmigkeit zeigen sollen, und dass sie selbst leichtere Fehler vermeiden sollen, welche in ihnen große wären; auf dass ihre Handlungen alle mit Ehrfurcht erfüllen[2]." Diese Worte bezeichnen die Übung der Vollkommenheit in ihrer

---

1 Pontif. Rom. in ordinatione Presbyter.

2 Sess. XXII. De Ref. cap. I.

vollsten Bedeutung, und diese ist zweifach: -erstens soll der Priester in seinem Leben die Ausübung der vollkommensten Nächstenliebe *(charitas)* zeigen; und zweitens soll er dieselbe verbreiten, indem er dasselbe Gesetz der Nächstenliebe anderen einschärfen soll.

Und endlich muss es, ohne noch mehr Worte zu gebrauchen, einleuchten, dass die innere geistliche Vollkommenheit als eine Bedingung zur Ordination erfordert ist, und daher als eine wesentliche Bedingung zur Ausübung der Vollkommenheit in anderen, dem Priester nach der Weihe die strengste Verpflichtung auferlegt, alle ihm zu Gebote stehenden Mittel zu gebrauchen, um in diesem vollkommenen Leben auszuharren.

Glücklich der Priester, der in dem Selbstopfer ausharrt, das er am Ordinationstage dargebracht; vor allen Menschen unglücklich der Priester, der davon abweicht. Auf solche kann man die göttlichen und schrecklichen Worte anwenden: „Ich habe gegen dich, dass du deine erste Liebe verlassen[1]," oder: „O, dass du kalt wärest oder warm! Weil du aber lau bist, und weder kalt noch warm, werde ich dich ausspeien aus meinem Munde[2];" oder sogar: „Du hast den Namen, dass du lebest, und bist tot[3]." Wenn der Priesterstand ein Stand *perfectionis adquirendae* wäre, könnte solch ein Mann leichter seine früheren Gnaden wiedererlangen. Aber es ist ein Stand *perfectionis exercendae, conservandae, et amplius augmentandae.* Er hat schon den höchsten Beruf erhalten, der je nach der göttlichen Mutterschaft Mariens und der Nährvaterschaft Josephs irgendeinem Menschen gegeben; und damit die größte Gnade, weit eine diesem Berufe angemessene. Der hl. Paulus sagt einem jeden von uns: „Sei ein Vorbild für die Gläubigen, in Wort und Wandel, in Liebe, im Glauben, in Keuschheit. Vernachlässige

---

1 Apoc. 2, 4.

2 Ibid. 3, 15. 16.

3 Ibid. 3, 1.

nicht die Gnadengabe in dir, welche dir gegeben worden durch die Prophezeiung mit Handauflegung der Priester. Diese nimm zu Herzen, damit gib dich ab; *haec meditare, in his esto;* damit dein Fortschritt jedermann kund werde. Habe Acht auf dich selbst und auf die Lehre: darin verharre; denn wenn du dieses tust, wirst du dich selbst und die dich hören selig machen[1]." Hier sehen wir das *exercitium perfectionis in se, et in alios,* die Ausübung der persönlichen und pastoralen Vollkommenheit erst in seinem eigenen Leben, und dann in seiner Einwirkung auf seine Herde. *Ut perfectus sit homo Dei* [2].

Die drei letzten Kapitel und das gegenwärtige waren alle auf ein Ziel gerichtet, nämlich zu zeigen, durch wie viele und wie strenge Verpflichtungen ein Priester zu einem Leben der Vollkommenheit verpflichtet ist. Der Begriff der Verpflichtung ist so identifiziert worden mit Gesetzen, mit Canones, mit Gelübden und Verträgen, dass, wenn diese nicht nachgewissen werden können, man an keine Verpflichtung glauben will. Es ist wahr, dass alle Gesetze, Canones, Gelübde und Verträge denen Verpflichtungen auflegen, welche denselben unterworfen sind. Aber nicht alle Verpflichtungen bestehen durch Gesetze, Canones, Gelübde oder Verträge. Es gibt Verpflichtungen, die von diesen verschieden sind, und die ihnen vorangehen. Glaube, Hoffnung, Liebe, Reue, Frömmigkeit, alle binden die Seele durch die überzeugendste und zwingendste Verbindlichkeit. Das Gesetz der Freiheit bindet durch Liebe, Dankbarkeit und Großmut. Mit diesem verglichen, kann man sagen, alle Verpflichtungen sind wie der Buchstabe, der tötet, im Verhältnis zum Geist, der lebendig macht. Diese Verpflichtungen, diese Gesetze Jesu Christi sind allen Jüngern Christi, vorzüglich und besonders seinen Jüngern aufgelegt. Auf ihnen ruhen alle Verpflichtungen, welche entspringen aus ihrer

---

[1] 1. Tim. 4, 12 - 13

[2] 2. Tim. 3, 17

Teilnahme am priesterlichen Amt, aus ihrem priesterlichen Charakter, ihrer besonderen Nachbildung nach ihrem göttlichen Meister, aus den göttlichen Gewalten der Konsekration und Absolution, aus ihren persönlichen Beziehungen zu Jesus, seiner sakramentalen Gegenwart, seinem mystischen Leib. Wenn alle diese Dinge nicht geistige Vollkommenheit erheischen in Männern, welche nach dem Priesteramt streben, ehe ihre Hände zum Hl. Opfer gesalbt werden, was hat dann Gott je verordnet oder das Herz des Menschen je ersonnen, um Menschen zur Vollkommenheit zu verpflichten?

FÜNFTES KAPITEL

Die Hilfsmittel zur Vollkommenheit

Der hl. Paulus sagt: „Wir wissen aber, dass denen, die Gott lieben, alle Dinge zum Besten dienen, denen nämlich, die nach dem Vorsatz zu Heiligen berufen sind; denen, die er vorhergesehen hat, die hat er auch vorherbestimmt, dem Bilde seines Sohnes gleichförmig zu werden, damit er der Erstgeborene sei unter vielen Brüdern. Die er aber vorherbestimmt hat, die hat er auch berufen: und die er berufen, die hat er auch gerechtfertigt, die er aber gerechtfertigt, die hat er auch verherrlicht"[1] d. h. er hat auf sie gelegt die Herrlichkeit der Adoption als Söhne Gottes. Das ist das Ende unserer Vorherbestimmung als Christen; und die Mittel zu diesem Ende sind Berufung, Rechtfertigung und Adop-

---

1 Röm. 8, 28 - 30

tion. Und diese Mittel mit der Gnade des Hl. Geistes, die mit denselben verbunden ist, sind der Erreichung der Ähnlichkeit mit
dem Sohne Gottes, sowohl in diesem Leben wie in der Ewigkeit
proportioniert und angemessen. Die Werke Gottes misslingen nie
durch Gottes Schuld. Wenn sie fehlschlagen, sind sie durch uns
vereitelt. Jeder wiedergeborenen Seele wird Gnade genug gegeben, zur Heiligkeit zu gelangen. Alle sind berufen, Heilige zu werden: allerdings nicht alle in demselben Maße oder Grade; denn
„Stern unterscheidet sich von Stern in Herrlichkeit". Die Pfade
und Berufe der Menschen sind unzählig in ihren Zielen und ihrer
Mannigfaltigkeit, aber jedem ist Gnade gegeben, angemessen der
Erreichung des Ziels, zu dem er berufen ist, und angemessen den
Umständen des Pfades, auf welchem er es erreichen soll. Dieses
hohe Gesetz des Hl. Geistes ist vom hl. Bernardin von Siena in
wohlbekannten Worten ausgedrückt.[1]

Von allen denen, die berufen sind, dem Vorbilde Jesu Christi
ähnlich zu werden, kommen zuerst die zum Priesterstand Beru-
fenen. Sie alle sind berufen, ihm ähnlich zu werden, damit sie die
Stellvertreter seiner Person und die Nachbilder seines Geistes
seien.

---

1 Omnium singularium gratiarum alieni rationabili creaturae communicatarum generalis regula est
quod quandocunque divina gratia eligit aliquem ad aliquam gratiam singularem seu ad aliquem
sublimem statum omnia charismata donet, quae illi personae sic electae et ejus officio necessaria sunt,
atque ilam copiose decorant. – Sermon de S. Joseph tom. IV. p. 231.

Die Mittel, welche einem Priester zu diesem Ende gegeben werden, sind zweifach: die, welche allgemeiner, und die, welche besonderer Art sind. Für jetzt wollen wir uns an die allgemeinen halten und wollen die besonderen, welche wir hier nur andeuten, für ein anderes Kapitel vorbehalten. Die allgemeinen Mittel sind dreifach: erstens, die sakramentale Gnade des Priestertums; zweitens, die Ausübung des Priestertums; und drittens, die Ausübung des Seelsorgeramtes.

1. Das erste Mittel zur Erreichung der priesterlichen Vollkommenheit ist die sakramentale Gnade des Priestertums. Manchmal sagt man, sie sei an den Charakter geheftet; manchmal, sie fließe aus demselben.

Jedes Sakrament spendet sakramentale Gnade; da aber jedes zu seinem besonderen Zweck angeordnet ist, so gibt ein jedes eine besondere Gnade für den besonderen Zweck. Der hl. Thomas beschreibt dieses wie folgt: „Wie die Tugenden und Gnadengaben, neben der gewöhnlich so genannten Gnade, noch eine gewisse Vollkommenheit dazu geben, welche bestimmt festgesetzt ist für die Akte, die den Kräften (der Seele) eigen sind; so fügt die sakramentale Gnade neben der gewöhnlich so genannten Gnade und neben den Tugenden und Gnadengaben noch eine göttliche Hilfe, *divinum auxilium*, hinzu, zur Erreichung des Zweckes des Sakramentes."[1] Diese göttliche Hilfe aber ist nicht ein für alle Mal gegeben, sondern im Anfange, gleich wie die Öffnung einer Quelle, aus welcher ein Strom entspringt, und vervielfältigt sich in mannigfache *auxilla* oder Hilfsmittel in Zeiten der Not, der Prüfung, der Gefahr und der Versuchung.

Es ist darum Glaubenssache, dass in der Ordination nicht nur eine dem priesterlichen Stand angemessene heiligmachende

---

[1] Summa Theol. P. III. q. LXII. a. 2.

Gnade gegeben wird - es müsste denn die Unwürdigkeit des Menschen derselben ein Hindernis setzen -; sondern auch eine bestimmte und besondere, angemessene, immerwährende und vielfältige göttliche Hilfe, welche den Priester in den Stand setzt, alle Verpflichtungen der Priesterschaft zu erfüllen. Ein Priester hat einen dreifachen Charakter und darum auch eine dreifache sakramentale Gnade: als Sohn, als Soldat und als Priester. Diese dreifache göttliche Hilfe fehlt nie von Seiten Gottes. Wenn sie mangelt, so ist dies der Fall, weil es der Priester seinerseits fehlen lässt. Es ist seine eigene Sünde oder seine eigene Schlaffheit oder seine eigene Nachlässigkeit oder seine eigene Gefühllosigkeit gegen die göttliche Hilfe, welche ihn anspornt und stärkt zu der Pflicht und dem Streben, vor welchem er zurückschreckt. Der hl. Paulus beantwortet seine eigene Frage: „Wer ist für diese Dinge genügend?" indem er sagt: „Ich vermag alle Dinge in ihm, der mich stärkt."

Es ist ein Glaubensartikel, dass Gott nichts Unmögliches befiehlt. Gleichfalls, dass dem, der die Gnaden gebraucht, neue Gnaden gegeben werden. Das Priestertum ist allerdings ein hoher Stand und ein schwieriges Amt. Der Mensch mag in lobenswerter Weise aus Demut, aus Misstrauen gegen sich selbst und heiliger Furcht vor demselben zurückschrecken. Aber, wenn ihm das unauslöschliche Merkmal einmal aufgedrückt ist, und er dann noch wankt und zweifelt, so gleicht er dem Petrus auf der See, als die Winde und die Wellen das Schiff hin und her trieben. In ihm rügt unser Heiland unsere Feigheit: „Du Kleingläubiger, warum hast du gezweifelt?" Und diese Worte sollen immer in unserem Ohr sein. Wenn wir anfangen zu sinken, so geschieht dies, weil wir anfingen zu zweifeln. Und dann fangen wir an, hierhin und dorthin zu schauen, vorwärts und rückwärts, und denken, dass Rettung und Ruhe und Heiligkeit in diesem und jenem Stande gefunden werden könne, überall, ausgenommen in dem unsrigen. Dies ist Mangel an demütigem Glauben. Wenn wir nur die Gnade gebrauchten, würden wir nie fallen, und indem wir sie gebrauchten, würde die Gnade vermehrt, verdoppelt oder vervielfacht werden, als eine Belohnung für die Demut und die Treue und das einfache Vertrauen auf unseren göttlichen Meister. Kein Mensch hat so viele Talente, um damit zu wuchern bis sein Herr kommt, als der Priester. Und keiner kann darum eine so große Belohnung aufhäufen, als er. Von unserer göttlichen Mutter allein kann man sagen, sie habe mit jeder Erleuchtung, Eingebung und Gnade des Hl. Geistes mitgewirkt und zwar bereitwillig und vollständig, so dass der Zuwachs ihrer Gnade unermesslich war und eine Fülle genannt wird. Jeder Priester aber, obschon tief unter ihr wegen der Erbsünde und unserer Fehler und Fälle und wegen unserer zögernden und unvollkommenen Mitwirkung mit unseren großen und unermesslichen Gnaden - jeder Priester kann sich eine unermessliche Heiligkeit erwerben und sammeln, die im Leben immer anwachsend, sich mehr und mehr gegen das Ende anhäuft.

Sollte es vorkommen, dass einer durch Sünde oder Nachlässigkeit der Gnade der Ordination am Anfang seines priesterlichen Lebens ein Hindernis setzt, so kann durch aufrichtige Bekehrung zu Gott die Gnade, welche die Sünde gebunden hatte, dennoch wieder aufleben. Sollte er im Lauf seines Lebens seinen Eifer oder selbst sein geistiges Leben verlieren, so wird das Bußsakrament ihm die Gnade wieder erstatten, und die sakramentale Gnade kann durch Buße wieder erstehen. Wer denn soll verzweifeln? Hoffnung ehrt unseren göttlichen Heiland. So lasset uns denn recht sehr, fest und mit Ausdauer bis zum Ende hoffen.

2. Zweitens ist aber auch das Priestertum selbst eine Quelle der Heiligung für den Priester. Es ist ein Wall, ein Schutz und ein Schirm gegen die Welt. Es ist ein Beweggrund und ein Maßstab unseres Strebens. Es ist ein beständiger Antrieb zu einem höheren Grade der Bereinigung mit Gott. Ein Priester ist ausgesondert zur größeren Ehre Gottes; und auf sein ganzes priesterliches Leben ist, wie auf den Gefäßen des Tempels, geschrieben *Sanctificatus*

Domino.[1] Diesem müssen auch seine persönlichen Handlungen entsprechen. Die Worte des Psalmisten müssen ausdrücklich wahr sein im Munde des Priesters: „Um eins habe ich gebeten den Herrn, wiederum erlange ich es, dass ich weile im Hause des Herrn, alle Tage meines Lebens, dass ich schaue die Lust des Herrn und seinen Tempel besuche; denn er hat mich verborgen in seinem Zelte.[2] Das „Eins" im Priesterleben ist, unserem Heiland nahe zu sein am Altare, die Schlüssel des Tabernakels zu tragen, und als ein Jünger *ad latus Domini* - an der Seite des Meisters zu sein. Der Titel „alter Christus" ist zu gleicher Zeit eine Freude und ein Vorwurf. Wenn wir unserem Heiland gleichförmig sind, wird er in uns wohnen und herrschen. „Die Liebe Christi drängt uns", d. h. seine Liebe für uns drängt uns, ihn zu lieben, ihm mit unserem ganzen, inneren Leben zu dienen; denn zu diesem Ende starb er für uns, - „dass wir nicht länger uns selbst leben." „Mit Christo bin ich an das Kreuz geheftet; ich lebe, aber doch nicht ich, sondern Christus lebt in mir."[3]

Wenn die Gegenwart Jesu die ganze Seele erfüllt, wenn sie den Verstand, den Willen, die Gemütsbewegung durchdringt, dann lebt er in uns und wir, durch ihn, sollen dann ein übernatürliches Leben führen. Unsere ganze Freiheit würde uns nicht beschränkt, aber sein Sinn und seine Eingebung würden über uns herrschen. Wir würden seine Gedanken denken, seine Worte sprechen, seine Handlungen verrichten. Welch ein Überfluss von Süßigkeit und Frieden würde es in unser ganzes Leben bringen, wenn wir als Priester sagen könnten: „Ich lebe, doch nicht ich, sondern Christus lebt in mir." Die Welt würde nichts von uns besitzen, wir würden sie weder suchen noch fürchten. Das Bewusstsein unserer Vorherbestimmung und unseres Berufs, unserer Rechtfertigung

---

1 Zach. 14, 21.

2 Psalm. 26, 4 - 6.

3 Gal. 2, 19 – 30.

und unserer Annahme an Kindes statt, so wie unseres zweiten und höheren Berufs, in einer besonderen Art und Weise dem Vorbild des Sohnes ähnlich zu sein, durch unsere Teilnahme an seinem Priestertums! Alles dieses wäre ein beständiger Beweggrund zur Vollkommenheit.

3. Endlich ist das Pastoralamt in sich selbst auch ein Antrieb zur Vollkommenheit; denn es ist vor allem ein Leben der Selbstverleugnung. Ein Seelenhirt hat so viel Gehorsam zu üben, als er Seelen zu dienen hat. Die Guten und die Bösen, die Gesunden und die Kranken, die Jungen und die Alten, die Weisen und die Törichten, die weltlich Gesinnten und die der Welt Abgestorbenen - welche nicht immer weise sind - die Bußfertigen und die Unbußfertigen, die Bekehrten und die Unbekehrten, die Gefallenen und die Zurückgefallenen, die Verhärteten und die Trotzigen, alle müssen überwacht werden. Keiner darf vernachlässigt - viel weniger zurückgestoßen werden - niemals, zu keiner Zeit und auf keine Weise. Der hl. Philipp Neri pflegte zu sagen, ein Priester soll keine eigene Zeit haben, und dass viele seiner trostreichsten Bekehrungswerks von ihm in ungewohnten und ungelegenen Augenblicken vollbracht worden seien. Hätte er sie fortgeschickt, weil sie außer der Zeit kamen oder während des Abendessens und dergleichen, wären sie möglicherweise verloren gegangen. Dann wieder die Anforderungen zu Gelassenheit, Geduld und Selbstbeherrschung in Ertragung der seltsamen und unbesonnenen Gemüter, die zu ihm kommen, und die an seine Kraft und Ausdauer Tag und Nacht gemachten Forderungen in den Krankenbesuchen, welche Forderungen oft eine nach der anderen kommen, wenn man sich für einen Augenblick zur Ruhe begeben hat; die lästigen und fortwährenden Zudringlichkeiten von Leuten und Briefen, bis der Laut der Schelle oder das Pochen an der Tür eine beständige Andeutung ist, die allzu sicher sich verwirklicht - alle diese Dinge machen das Leben eines Seelsorgers so beschwerlich, und seltsam zu sagen, so vereinsamt und verlassen, als wäre er in der Wüste. Kein Bußgewand tötet so den Leib ab,

als diese immerwährende Selbstverleugnung den Willen abtötet. Aber wenn der Wille abgetötet ist, dann ist der Diener dem Herrn gleich, und sein Herr und Meister ist das Vorbild aller Vollkommenheit. *„Si ergo dilectionis est testimonium cura passionis, quisquis virtutibus pollens gregem Dei renuit pascere, pastorem summum convincitur non amare."*[1]

Dem muss hinzugefügt werden, dass das Pastoralamt die höchste Schule der Nächstenliebe ist; und Nächstenliebe ist die Vollkommenheit Gottes und der Menschen. Die Nächstenliebe bewegt ihn, Seelenhirt zu werden, und Nächstenliebe verpflichtet ihn, sein Leben für seine Herde zu geben. Zwischen dem Anfang und dem Ende seines Lebens bleibt die Nächstenliebe der dringende Beweggrund, der alle seine Kräfte einschränkt, aufrecht erhält und in Anspruch nimmt. Er fühlt sich als *vicarius charitatis* Christi. Jede Handlung eines treuen Seelsorgers ist *habitualiter, virtualiter und actualiter* von der Nächstenliebe angeregt. Und in jeder Handlung, von der größten bis zu der kleinsten, im Augenblick, wo die Nächstenliebe in Handlung übergeht, wird dieselbe vermehrt durch einen Zuwachs der Liebe Gottes, in die Seele eingegossen. „Gott ist die Liebe, und wer in der Liebe bleibt, der bleibt in Gott und Gott in ihm."[2] Wo aber Gott bleibt, da ist Heiligkeit, denn obschon Liebe und Heiligkeit sich voneinander unterscheiden, so sind sie dennoch unzertrennbar, und kommen und gehen, wachsen oder nehmen ab an Kraft, gleich wie Licht und Hitze, welche nie getrennt sind.

Wir könnten dieses in andere Einzelheiten ausdehnen, wie in Demut, Reinheit, Frömmigkeit, Großmut und dergleichen, welche in beständiger Übung und in beständigem Zuwachs sind im Leben der Priester und Seelenhirten. Aber Abtötung und Nächstenliebe sind die zwei Bedingungen zur Vollkommenheit, und

---

1 Greg. in Reg. Past. P. I. c. V.

2 1. Joh. 4, 16.

weitere Worte sind nicht notwendig zum Beweis, dass sie in der vollsten Weise in den Ansprüchen eines priesterlichen und seelsorgerlichen Lebens zur Übung kommen. Was die anderen Mittel zur Vollkommenheit anbelangt, so genügt es, dieselben hier aufzuzählen, da wir denselben später wieder unsere Aufmerksamkeit schenken werden.

An erster Stelle steht das Gesetz und die Verpflichtung der Keuschheit mit allen ihren Schutzmitteln und Heiligkeiten.

Zweitens das Leben und der Geist der Armut, die einen Priester in seinen kirchlichen Einkünften verpflichten, und einem Seelenhirten mit peremptorischer Stimme in der Verwaltung irgendeines Patrimoniums, das er besitzt, Rat erteilen.

An dritter Stelle kommt der Gehorsam gegen die Kirche, seinen Bischof, das Gesetz, die Disziplin und die lebendige Stimme der Behörde, welche so bestimmt sein kann, wie es nur jemand verlangen kann, der den Willen hat, zu gehorchen.

Diese drei Verpflichtungen sind Hilfsmittel der Vollkommenheit. Diesen müssen hinzugefügt werden:

Viertens die Gewohnheit des Gebetes und der Betrachtung.

Fünftens das tägliche Messopfer mit seinen Vorbereitungen und Danksagungen und die vielfachen Beziehungen des Priesters zum allerheiligsten Altarssakrament, die Austeilung des Lebensbrotes an seine Herde, in Segnungen, Prozessionen, Expositionen und persönlichen Besuchen in der Gegenwart unseres göttlichen Heilandes.

Sechstens der Beichtstuhl. Der Priester, welcher treu und geduldig ist als Vater, Arzt und Seelenrichter, erlernt mehr in der lebendigen Geschichte der Sünde und des Schmerzes, der Reue und Bekehrung, der Heiligkeit und Vollkommenheit im Beichtstuhl, als aus allen Büchern seiner Bibliothek.

Siebentens in der Predigt des Wortes Gottes, zu welchem Betrachtung und Studium der hl. Schriften wesentlich notwendig sind. Der hl. Augustinus sagt, „dass ein Mann so viel oder wenig vollkommen im Predigen ist, als mehr oder weniger Fortschritte er gemacht hat in der Heiligen Schrift."[1]

Achtens seine sieben Besuche am himmlischen Hofe in seinem täglichen Offizium.

Neuntens die Lebensregel, die ihm im Seminar gegeben und eingeschärft worden ist, und welche wenigstens in ihren Hauptzügen zur Natur geworden ist und sein Leben in der Vereinigung mit Gott leitet, zurückhält, erleuchtet und ordnet.

Endlich das Gesetz der Freiheit, die höchste und einschränkendste von allen Verpflichtungen, auf welche wir später zurückkommen werden.

Mit einer solchen Überfülle von Mitteln, um sich in der inneren, geistigen Vollkommenheit, in welcher er geweiht wurde, zu bestärken, und immerwährend eine nähere Ähnlichkeit mit dem Geiste und dem Leben seines Meisters zu erreichen, kann kein Priester in irgendeiner Weise der Demut, der Nächstenliebe und der Heiligkeit ermangeln, ausgenommen durch seine eigene Schuld. Gott hat mehr für uns getan, als wir verlangen oder denken konnten. Und „Gottes Gaben und Berufung gereuen (ihn) nicht."[2] d. h. es gibt in ihm keinen Wechsel des Sinnes und der Absicht in Bezug auf seine Priester, die er auserwählt hat, seine Stellvertreter zu sein, und gleich ihm „das Licht der Welt" und „das Salz der Erde".

---

1 De Doct. Christ. lib. IV, 5.

2 Röm. 11, 29.

SECHSTES KAPITEL

Das Ende des Priesters

Das Ziel und Ende des Menschen ist die Verherrlichung Gottes. Das Ende eines Christen ist die größere Verherrlichung Gottes. Das Ende eines Priesters ist die allergrößte Verherrlichung Gottes.

1. Das größte Werk Gottes in den sechs Schöpfungstagen war der Mensch. Der hl. Paulus sagt: „Das Weib ist des Mannes Ehre." „Der Mann aber ist Gottes Bild und Ehre."[1] Die Werke Gottes gehen in ansteigender Stufe von der Schaffung des Lichtes an, bis zu den unorganischen und leblosen Geschöpfen, und von diesen an wiederum bis zu den Vernunftbegabten. Es gab nichts Höheres nach Gott als der Mensch, ausgenommen die hl. Engel, reine, körperliche Geister, einfach und unsterblich, sündlos und glänzend, geheiligt und erleuchtet vom Hl. Geiste. Der Mensch wurde ein wenig niedriger erschaffen, wie die Engel, weil seine geistige Natur mit einem Körper bekleidet war, dem Lehme und Staube der Erde entnommen, und deshalb den Unvollkommenheiten einer irdischen Natur unterworfen. Nichtsdestoweniger war er das Ebenbild Gottes. Sein Gedächtnis, Verstand und Wille sind ein Bild der drei sich gleichenden und unteilbaren Personen der Allerheiligsten Dreifaltigkeit. Er bildete also die Ehre Gottes in einem über alle anderen Geschöpfe erhabenen Sinne, denn kein anderer konnte Gott geben, die λογικῆς λατρείαν, das *obsequium rationabile*, den Gehorsam der Vernunft und des Glaubens und ihm als Sohn und Freund dienen. Und nach seiner Erschaffung

---

1 1 Kor. 11, 7.

wurde der Mensch mit Ehre und Herrlichkeit gekrönt. Seine Natur selbst war seine Glorie, denn in ihr strahlten die Vollkommenheiten Gottes wieder. Das Licht seines Verstandes war seine Krone, glänzend in der Erkenntnis Gottes und seiner selbst. Und Gott setzte ihn über alle Werke seiner Hand. Er gab ihm Königtum und Herrschergewalt, eine Gewalt zu gebrauchen und zu genießen, durch göttliche Schenkung gegeben und durch das Gesetz göttlicher Vollkommenheiten begrenzt. Dieses rechtfertigt kein Ausschreiten aus den Absichten und Bedingungen der Herrschaft, die Gott dem Menschen übertragen hat.

Der Mensch war also die Erstfrucht der alten Schöpfung.

2. Was aber der erste Adam unter den Geschöpfen war, das ist der zweite Adam unter den Menschen. Der erste Mensch war nur Mensch, in Gestalt und Vollkommenheit mit Gott wahrhaft verbunden durch den innewohnenden Hl. Geist; aber keineswegs über die Grenzen der Menschheit hinaus. Der zweite Mensch ist der menschgewordene Gott, und unsere Menschheit ist in ihm vergöttlicht. Es war Menschheit in allem der Unsrigen gleich, jedoch ohne Sünde, genommen von dem Wesen einer sündlosen Mutter, rein und heilig wie die jungfräuliche Erde, ehe die Sünde in die Welt kam. Die Menschwerdung war die neue Schöpfung Gottes. Der hl. Paulus schreibt folgendermaßen: „Gott, welcher befahl, dass aus Finsternis Licht leuchtet, hat unser Herz erleuchtet, das Licht der Erkenntnis Gottes strahlen zu lassen in Christo Jesu."[1] Er war in zweifacher Fülle das Ebenbild Gottes. Er war das ewige Bild des Vaters als Gott und das Ebenbild Gottes als Mensch. Das Original und das Ebenbild waren in ihm vereinigt, und die Herrlichkeit seines Antlitzes ist das Licht der Welt. „Mannigfaltig, und auf vielerlei Weise hat einst Gott zu den Vätern durch die Propheten geredet, zuletzt hat er in diesen Tagen durch den Sohn geredet, welchen er zum Erben über alles gesetzt, durch

---

1 2 Kor. 4, 6.

den er auch die Welt gemacht hat."[1] Alles Licht der Natur und Vernunft, der beständigen Offenbarung durch Propheten und Seher steigerte sich zur vollkommenen und endlichen Offenbarung Gottes in Christo Jesu, „der Abglanz seiner Herrlichkeit und das Ebenbild seines Wesens".[2] Alle Heiligkeit, Gerechtigkeit, Weisheit, Barmherzigkeit, Demut, Liebe, Mitleid und Zartheit waren in der Person Jesu Christi offenbart.

Jesus Christus ist daher die Erstlingsfrucht der neuen Schöpfung.

3. Der hl. Jakobus schreibt: „Aus freiem Willen hat er uns durch das Wort der Wahrheit gezeugt, damit wir die Erstlinge seiner Schöpfung wären,"[3] d. h., diejenigen, welche wiedergeboren sind aus dem Wasser und dem Hl. Geiste, sind die Erstlinge unter den Nationen. Das Wort ἀπαρχή ist, wie der Anfang der Ernte, wenn die erste Garbe geschnitten und gebunden, vor dem Herrn gehoben wurde als die Erstlingsfrucht des Feldes.[4] So ist unter den Nationen der Leib Christi der Anteil der Wiedergeborenen, die durch eine neue Geburt vom geistigen Tod zum geistigen Leben erstanden und dadurch Teilnehmer an der Unsterblichkeit sind. Sie sind Glieder eines göttlichen Hauptes, welches ist „der Erstling der Entschlafenen"[5] und in ihm auch sind sie erstanden und sind Teilnehmer geworden der Mächte der kommenden Welt.[6] Der hl. Paulus sagt, „dass wir die Erstlinge des Geistes besitzen."[7] Der hl. Petrus beschreibt das christliche Volk „als ein auserwähltes Geschlecht, ein königliches Priestertum, ein heiliges Volk, ein

---

1 Hebr. 1, 1. 2.

2 Ibid. 1, 3.

3 Jak. 1, 18.

4 Lev. 23, 10. 11.

5 1 Kor. 15, 20.

6 Hebr. 6, 5.

7 Röm. 8, 23.

erworbenes Volk, „ das aufgestellt ist, damit es „die Tugenden desjenigen verkünde, der uns aus der Finsternis zu einem wunderbaren Lichte berufen hat."[1] Und wiederum sind wir gemacht „die Erstlinge für Gott und das Lamm."[2] d. h., für die größere Ehre Gottes.

Wenn daher die Wiedergeborenen die Erstlinge der Welt sind, dann sind die Priester die Erstlinge der Regenerierten. Wenn die Erstlinge die größere Ehre Gottes sind, dann müssen die Erstlinge der Erstlinge seine größte Ehre sein. Auserwählt zu sein unter dem auserwählten Volk, die Auserwählten der Auserwählten; Teilnehmer am Priestertum des menschgewordenen Sohnes, seines Charakters und seiner Gewalten; der lebendige Zeuge seines Geistes und seiner Vollkommenheiten zu sein; *aliorum perfectores* zu sein; gesetzt, andere vollkommen zu machen; geweiht, um ihn beständig als Opfer für die Sünden der Welt darzubringen; und uns selbst in Vereinigung mit ihm Gott aufzuopfern; und überdies uns ihm aufzuopfern für das Werk, das er uns auferlegt hat: welche höhere Offenbarung Gottes gibt es über dieses hinaus, als der ewige Dienst und die Vollkommenheit des himmlischen Hofes? Ein Priester ist gesetzt, das Werk seines Meisters fortzuführen. Aber das Werk seines Herrn war die Errettung und Heiligung des Menschengeschlechtes. Er ist erwählt, berufen und geweiht, sichtbar und fühlbar zu machen das Leben, den Geist, das Wort und den Willen Jesu Christi. Der hl. Bernard sagt: „Weide mit deinem Geiste, deinen Lippen, deinen Werken, deinem Gebet, der Ermahnung deiner Worte, und dem Beispiel aller deiner Handlungen." Als der Herr sagte: „Wie mich der Herr gesandt hat, so sende ich euch", so meinte er, dass seine Priester in der Welt nicht bloß seine Wahrheit und seine hl. Sakramente verewigen sollten, sondern auch seinen Geist, sein Bild und sein Leben. Und zu diesem

---

1 1 Petr. 2, 9.

2 Apoc. 14, 4.

Zweck hat er uns alle notwendigen Mittel gegeben. Er erwählte, lehrte, erzog und bildete die Apostel nach sich selbst durch direkte und unmittelbare Einwirkung. Er erwählt, beruft, bildet seine Priester, jetzt nicht weniger als im Anfang, obgleich seine Einwirkung nur eine mittelbare ist durch göttliche Tradition und die Tätigkeit seines mystischen Leibes, der sich in Liebe auferbaut. Dionysius Areopagita, wer er auch immer sein mag, sagt: „Wer von einem Priester spricht, spricht von dem hehrsten und einem durchaus göttlichen Menschen, höchst erhaben in der ganzen heiligen Wissenschaft,"[1] d. h. Gottes. Der hl. Ignatius nennt den Priester „den Gipfelpunkt aller Tugend unter den Menschen."[2]

Dies ist also ein Grundsatz in dem Gesetz und Geist des priesterlichen Lebens, dass ein Priester vorherbestimmt ist zur größten Ehre Gottes. Und daraus folgt wiederum , dass die Worte des hl. Paulus im Herzen eines jeden Priesters sein sollen: „Ich halte alles für Schaden wegen der alles übertreffenden Erkenntnis Jesu Christi, meines Herrn, um dessen Willen ich auf alles verzichtet habe, und es für Kot erachte, damit ich Christum gewinne; so dass ich ihn erkenne und die Kraft seiner Auferstehung und die Gemeinschaft seiner Leiden, indem ich ihm ähnlich werde im Tode, um auf irgend eine Weise zur Auferstehung von den Toten zu gelangen. Nicht, als hätte ich es schon erlangt oder als wäre ich schon vollkommen: aber ich strebe darnach, um es auf irgendeine Weise zu ergreifen; deswegen ich auch von Christo Jesu ergriffen bin. Brüder, ich bilde mir nicht ein, es ergriffen zu haben; aber eins tue ich, ich vergesse, was hinter mir liegt, und strecke mich nach dem aus, was vor mir liegt: dem vorgesteckten Ziele eile ich zu, dem Preis der von oben erhaltenen Berufung Gottes in Christo

---

1 De coelest. Hier. cap. I.

2 Ep. ad Smyrn. recensio longior. c. IX.

Jesu."[1] Diese Worte des Hl. Geistes drücken das Ziel, das Verlangen und das Bestreben eines treuen Priesters aus, der immer nach vorwärts strebt und immer höher und höher im Leben Gottes aufsteigt, dem himmlischen Leben der Erkenntnis und Kraft des Kreuzes und der Ähnlichkeit mit dem Sohne Gottes. Keine Worte können diesen hinzugefügt werden, ohne ihre Kraft abzuschwächen. Es gibt keinen Grad von Heiligkeit oder Vollkommenheit, nach dem ein Priester nicht streben sollte. Nach einem Ziel oder Maß zu streben, welches unter dem höchsten ist, hieße unserem Beruf nicht entsprechen. „Nicht fortzuschreiten in der Tugend, aus unserem alten Selbst uns nicht zu erneuern und in demselben Zustande zu verharren, halten wir für ein Laster."[2] Der Hl. Gregorius von Nizza sagt: „Möge keiner klagen über die Veränderlichkeit der Natur; möge jeder immer zum Besseren sich ändern, sich umgestalten von Glorie zu Glorie, sich bessernd in täglichem Wachstum, ohne je zu denken, er habe die Grenzen der Vollkommenheit erreicht. Denn dieses ist wahrhaft Vollkommenheit: nie stille zu stehen in dem Wachstum nach größerer Vollkommenheit, noch der Vollkommenheit irgendeine Grenze zu setzen."[3] Der hl. Bernard sagt auch: „Jakob sah Engel aus der Leiter auf- und niedersteigen. Sah er irgendeinen stillstehen oder sitzen? Es ist unmöglich, auf einer gebrechlichen Leiter hängend, stehen zu bleiben, und in der Unbeständigkeit dieses irdischen Lebens kann nichts dauern. Wir haben hier keine bleibende Stätte, sondern wir suchen eine kommende. Wir müssen auf- oder niedersteigen. Kein Mensch ist sicher, gut zu sein, wenn er nicht wünscht, besser zu sein, und wo du anfängst, nicht besser werden zu wollen, da fängst du an aufzuhören, gut zu sein." Und wenn diese Warnung

---

1 Phil. 3, 8 – 14.

2 Greg. Naz. Orat. IV. §. 124. tom. I, p. 147.

3 Greg. Nyss. 11. Orat. de Perf. Christ. tom. I, p. 298.

für alle Christen gilt, wie peremptorisch ist sie nicht für alle Priester. Wiederum sagt er: *„Solus Deus melior se ipso esse non vult, quia non valet."*[1]

Wenn nun solches unsere Vorherbestimmung, was ist unser Stand?

1. Über den sündhaften Priester sind alle Worte überflüssig. Seit dem Fall der Engel gab es nie etwas Grässlicheres, als der Fall des Judas, und seit dem Fall des Judas nie etwas Furchtbareres, als der Fall eines Priesters. *Mane eras stella rutilans: vespere conversus es in carbonem.* Am Morgen wie ein Stern in dem Glanze der Reinheit; am Abend schwarz und tot wie eine Kohle. Und dieses kann nicht nur geschehen durch Sünden des Fleisches, welche den Engeln unmöglich waren, sondern auch des Geistes, wie die Sünden gegen die Nächstenliebe, Frömmigkeit und Demut. Die Sünde des Judas war, soweit sie geschrieben ist, eine geistige Sünde, die in dem Verkauf und Verrat seines göttlichen Heilandes endete. Wir sind vor Todsünde nicht sicher, wenn wir nur keusch und rein sind. Der Hl. Hieronymus sagt: *„Perfidus Judaeus, perfidus Christianus, ille de latere, iste de calice sanguinem Christi fundit."*

2. Von einem weltlich gesinnten Priester brauchen wir wenig zu reden. Wenn die Liebe des Vaters nicht in dem sein kann, der die Welt liebt, dann wird Keuschheit und Reinheit uns nicht erretten; denn wenn „die Begierde der Augen" oder „der Stolz des Lebens" in uns ist, sind wir schon tot: *„Nondum apparuit judicium et jam factum est judicium."*[2] Das Kennzeichen der letzten Tage ist, dass die Menschen sein werden „voll Eigenliebe" und „die Lüste

---

1 Bernard. Epist. XCI, 2. 3, tom. I, p. 265.

2 Aug. Tract. XII. in Joan.

mehr liebend als Gott."[1] Solche Priester mögen scheinbar tadellos sein, aber sie „suchen das ihrige, nicht die Sache Jesu Christi."[2]

3. Was kann man von einem lauen Priester sagen? Die Hauptkennzeichen der Lauheit sind: Ohne Lebensregel zu leben; die Hl. Messe aus Gewohnheit zu lesen, mit wenig Vorbereitung, wenig Danksagung. Des Beichtstuhles überdrüssig zu sein; ihm wenn möglich zu entkommen suchen; unpünktlich zu sein und unregelmäßig im Amt. Solch ein Priester findet sich bald behaglicher in der Welt, als unter Priestern. Gewohnheiten, Ton, Gespräche und angenehme Manieren der Welt sind mehr nach seinem Geschmack. Er lebt im Missions- oder Pfarrhaus, aber es ist nicht sein Heim. Sein Heim ist, wo sein Herz ist, und sein Herz ist in der Welt. Er ist bereit für jede Erholung unter Weltleuten oder Frauen, aber nicht immer bereit für das Krankenbett oder eine leidvolle Angelegenheit oder für das Breviergebet. Im Lachen ist er frei und im Leide niedergeschlagen. An Klugheit und Umsicht lässt er es fehlen, und öfters ist er blind für das, was alle sehen, die um ihn sind; nur er allein kann oder will nicht sehen. Er liebt das Geld und ist glücklich, wenn Geschenke und Gaben einkommen.[3] Jedes Zeitmaß gestattet er der Welt und findet immer Muße für seine Vergnügungen. Er ist ein Schwätzer und hat das Talent der Satire. Er sieht das Lächerliche in Menschen und Dingen und ist ein vielgesuchter, angenehmer Gesellschafter. Dieser Zustand ist nicht weit von Lauheit, welcher der hl. Bernard definiert als „kurze und seltene Zerknirschung, sinnliche Gedanken, Gehorsam ohne Andacht, Rede ohne Umsicht." Über diese Sünden sagt er wiederum: „Denke niemand in seinem Herzen, solche Dinge seien geringfügig. Es hat nicht viel zu bedeuten, in diese lässlichen oder geringere Sünden zu fallen. Dies ist Unbußfertigkeit,

---

1 2 Tim. 3, 2 - 4

2 Phil. 2, 21.

3 „Quis est, in vobis, qui claudat ostia et incendat altare meum gratuite?" Malachias I, 10.

dies ist Gotteslästerung gegen den Hl. Geist, die nicht vergeben wird."[1] Wiederum sagt er: „Verachte diese Dinge nicht, weil sie gering, sondern fürchte sie, weil sie zahlreich sind." Und das Konzil von Trient sagt: „Die Priester sollen kleine Sünden vermeiden, welche in ihnen schwere sind." Ein Flecken am Rocke eines Laien ist kaum sichtbar, aber eine Unreinheit an des Priesters Albe ist ein Anstoß für alle.

Heilsam wäre es für uns, wenn wir jeden Tag, und wo immer wir sein mögen, das Bewusstsein erneuerten, dass wir zur größten Ehre Gottes vorherbestimmt und geweiht sind. Das Leben und der Maßstab, welche den Gläubigen geziemen, geziemen nicht den Priestern. Allen Menschen sagt der hl. Paulus: „Möget ihr essen oder trinken oder etwas anderes tun, so tut alles zur Ehre Gottes." Wenn dieses ein Pflichtgesetz der Laien ist, welches ist die Verpflichtung der Priester?

SIEBENTES KAPITEL

Des Priesters Gefahren

Alles bisher Gesagte hat den Priester auf eine so hohe Stelle erhoben, dass der nächste Gedanke auf seine Gefahren gerichtet sein muss. Sollte er fallen, wie groß wäre nicht der Fall. Auf dem Gipfel des Tempels zu stehen, erfordert es einen übernatürlichen Halt und eine übernatürliche Treue, nicht zu fallen. Es ist daher gut, ja notwendig, dass wir die Gefahren, welche uns umgeben, sowohl aufzählen als auch bemessen. Wir können uns alle

---

1 „Nemo dicat in corde suo: Levia sunt ista, non curo corrigere, non est magnum, si in his maneam venialibus minimisque peccatis. Hoc est enim, dilectissimi, impoenitentia, haec blasphemia in Spiritum sanctum, blasphemia irremissibilis." – Sermo I. de Sanctis, tom. III, p. 2066.

vielleicht erinnern, mit welch heiliger Furcht wir uns auf unsere Weihe vorbereiteten; mit welcher Freude und welcher Hoffnung wir den unauslöschlichen Charakter des Priestertums empfingen; mit welcher Enttäuschung wir am nächsten Morgen oder an späteren Tagen aufwachten, um uns als dieselben Menschen zu fühlen, wie früher. Dieser Gegensatz frommen und hoffnungsreichen Strebens mit der kalten, harten Wirklichkeit unseres bewussten Zustandes kam über uns wie ein scharfer, dörrender Wind über die ersten Blüten eines Fruchtbaumes. Aber die Wirkung war heilsam. Es weckte uns auf und warnte uns durch die Furcht. Wir begriffen besser solche Worte, wie folgende: „Menschensohn, ich habe dich zum Wächter über das Haus Israel bestellt: Du sollst aus meinem Munde das Wort hören und es ihnen verkünden in meinem Namen. Wenn ich zu den Gottlosen sage: Du wirst des Todes sterben! und verkündest es ihm nicht, und sagst ihm nicht, dass er von seinem bösen Wege sich bekehre und lebe: so soll derselbe Gottlose in seiner Missetat sterben, aber sein Blut will ich von deiner Hand fordern. Wenn du es aber dem Gottlosen verkündest und er sich nicht bekehrt und seiner Missetat und seinem bösen Weg, so soll derselbe zwar sterben in seiner Missetat, du aber hast gerettet deine Seele."[1] Mit diesem Auftrag beladen, tritt der Priester frisch aus seiner Weihe in die Seelsorge. Alsdann fangen seine Gefahren an. Indem der hl. Johannes Chrysostomus von den Versuchungen der Bischöfe und Priester spricht, wie sehr sie allen Zungen und Launen ausgesetzt sind, die da widersprechende Anklagen erheben, und in jedem Falls Anstoß nehmen, sagt er: „Das Priestertum erfordert eine große Seele; denn der Priester hat viele, ihm eigene Beschwerlichkeiten und Qualen und müsste unzählige Augen haben auf allen Seiten."[2] Dieses klingt wie eine Warnung. Wir wollen es daher näher betrachten.

---

1 Ez. 3, 17 - 19.

2 Hom. III. in act. ap. tom. IX, p. 29.

1. Für einen Priester, der frisch in die Seelsorge eintritt, besteht die erste Gefahr in dem Verlust der Mittel, welche ihn im Seminar so lange stützten. Gleich einem vom Stapel gelassenen Schiff, welches nach Wegnahme der Stützen in die Fluten hinabgelassen wird, um von nun an seiner eigenen Kraft zu vertrauen, so muss ein Priester, der vom Seminar in das Feld seiner Arbeit hinausgeht, außer auf Gott, auf seine eigene Willensfestigkeit vertrauen. Ordnung, Methode und Einteilung von Zeit und Arbeit; der Schall der Glocke vom frühen Morgen den Tag hindurch bis zum letzten Glockenschlag am Abend; das Beispiel und der gegenseitige Einfluss und die Freundschaft von Gefährten in demselben heiligen Leben; und was noch mehr ist, reife Ratschläge und weise Liebe der Obern - alles dies unterstützt die Wachsamkeit und die Beharrlichkeit geistlicher Studenten bis zum Tage, da sie, mit der Priesterwürde bekleidet, die alten, heimischen Mauern verlassen, und die Tür sich hinter ihnen schließt. Sie stehen nun in der weiten Welt weltlich wie die Apostel - d. h. in der Welt für die Welt, aber nicht von, sondern im Kampfe mit der Welt; von allen Menschen die am wenigsten weltlichen, sie möchten denn weltlich gesinnt werden und das Salz seine Kraft verlieren. Dann verdienen sie den Titel in seiner ganzen Bedeutung, und sind in der Tat weltliche.

Die erste Gefahr also eines in die Welt hinaus gesandten Priesters ist der Verlust der ganzen Umgebung, welche bis dahin ihn stützte. Zum ersten Mal fühlt er sein eigenes Selbst wie eine drückende Bürde auf sich. Er hat ein peinliches Gefühl der Einsamkeit und unbegrenzten Freiheit. Alles hängt von seinem Willen und seiner Wahl ab. Seine Stunden, Beschäftigungen, Pflichten, selbst die Stunden seiner Messe und seine Beichttage; seine Besuche, Freunde, Erholungen - alles hängt von seinem eigenen Willen ab. Es ist eine Freiheit, die, großmütig angewandt, alle Dinge und jeden Tag in Gold wandelt; aber, verschwendet und vernachlässigt, in geistiger Armut, Verwirrung und Gefahr endigen muss.

Denn ein Leben grenzenloser Freiheit ist von vielfachen Versuchungen umgeben. Die Luft selbst ist von Gefahr erfüllt. Wenige Geister sind so selbstgenügend, dass sie nicht nach menschlichen Stimmen und menschlicher Sympathie verlangten. Ein Priester, der aus dem Seminar kommt, bedarf des Umgangs und sucht denselben oft in Gesellschaft, er kennt noch nicht den Charakter seiner Umgebung, noch den Ruf der Häuser, in welche er eingeladen wird. Ehe er sich versieht, ist er oft in Beziehungen verwickelt, die er nicht gewählt haben würde, und in Einladungen, die er verweigern würde, wenn er den Mut hätte. Die Leute sind sehr gastfreundlich, bemitleiden eines Priesters Einsamkeit und sehen ihn gern an ihrem Tisch. Die besten Leute sind oft am wenigsten umsichtig und mit ihren Einladungen gutmütig und zudringlich. Wie sollte ein junger, unerfahrener Geist standhalten gegen diese Gelegenheiten und Anziehungen der Erholung, gegen Unpünktlichkeit, Selbstbefriedigung und Zerstreuung. Der erste Anfang kann das ganze Leben des Priesters entscheiden. Die Zeit, welche er in demselben steht, ist zu kurz, um Erfahrungen zu gewinnen oder zu erkaufen.

2. Eine andere Gefahr im Priesterleben ist die Länge der Zeit, welche er in demselben zugebracht. Er trat in dasselbe ein in dem vollen Erstglanze seines Charakters, der ihm am Tage seiner Weihe aufgedrückt wurde. Die Ausübung seines Priestertums, wäre dieselbe treu und eifrig, würde seinem priesterlichen Charakter und Leben einen immer wachsenden Glanz verleihen. Aber bald wird „das Gold verdunkelt".[1] Er hat sich in seine Umgebung eingelebt. Vielleicht ist er in die Mitte älterer Priester gestellt, die, obgleich gut, lau und bequem geworden sind. Sein erster Eifer erkaltet, und der alte Geist steigt wieder auf. Er ist derselbe Mensch, der er zuvor war; oder vielleicht kommt die alte Gewohnheit des Geistes mit der Gewalt einer Reaktion zurück. Er begann mit dem

---

1 Thren. 4, 1.

Entschluss, vielen Eingebungen eines höheren Strebens gemäß zu leben, nun aber bleibt er auf dem Niveau des Gebotenen. Seine guten Entschlüsse sind nicht widerrufen, bleiben jedoch unerfüllt, und vegetieren in der Gestalt von Absichten oder bedingenden Versprechen, die er sich selbst macht, mit einer großen und weiten Klausel bezüglich der Möglichkeit der Erfüllung. Sein Ziel und Vorbild stellt er nicht niedriger durch irgendeinen Wechsel der Theorie, aber er bewegt sich in der Tat auf einer niedereren Stufe, und im Laufe der Zeit auch mit weniger Selbsttadel.

Solch ein Priester hält möglicherweise noch am Buchstaben seiner Lebensregel oder am Plan seines Horariums fest, aber der innere Geist ist gesunken. Er vollbringt wenig mit aktueller, viel mit virtueller, das meiste mit habitueller Intention. Niemals unterlässt er seine Messe, noch ist er vom Beichtstuhl abwesend, oder versäumt er einen Krankenbesuch; aber der Geist oder die Absicht, mit welcher er alles dieses verrichtet, ist gesunken. Er ist pünktlich und exakt aus Gewohnheit, welche nach und nach unbewusst wird. In der Rezitation des Breviergebets wird vieles ohne intellektuelle Aufmerksamkeit hergesagt. Psalm nach Psalm geht ohne Aufmerksamkeit vorüber, und wenn vollendet, erinnert er sich keines Verses. Dasselbe Los trifft die Geheimnisse des Rosenkranzes, und selbst während der hl. Messe kommen Zerstreuungen durch die Mementos der Lebendigen und der Verstorbenen. Die Gedanken gehen ihren Gang wie ein doppeltes Bewusstsein. Die materielle Handlung der Messe ist vielleicht fehlerlos, aber die aufdringlichen Gedanken überwältigen die Erfassung der Worte. Im Beichtstuhl hört er mit ausschweifendem Geiste die Beichtenden an und absolviert mit Zerstreuung. Weiterhin ist er am Kranken- oder Todesbett in der Spendung der letzten Sakramente mechanisch genau, aber ohne ein lebendiges Wort des Trostes, der Kraft, der Reue, des Vertrauens. Und doch mag ein solcher Priester im Herzen gut, im Leben musterhaft sein; aber er ist wie ein vertrockneter Brunnen, oder wie der hl. Judas sagt, *nubes sine aqua* - eine Wolke ohne Wasser. Es ist in ihm keine Erquickung für den

Müden oder Durstigen oder für diejenigen, welche in ihm die Wasser des Lebens und des Trostes suchen und nicht finden.

3. Eine andere Gefahr des Priesters ist diejenige, dass er zu viel zu tun hat. Es denke niemand, dass ein beschäftigtes Leben kein heiliges Leben sein könnte. Das tätigste Leben kann voll Frömmigkeit sein. Heiligkeit besteht nicht in der Verrichtung ungewöhnlicher Dinge, sondern in der Verrichtung aller gewöhnlichen Dinge mit ungewöhnlichem Eifer. Kein Leben war ja so mit Arbeit und Unterbrechungen angefüllt denn das Leben unseres Herrn und seiner Apostel. Umgeben von der Menge und denen, „die ab- und zugingen, hatten sie nicht einmal Zeit, zu essen."[1] Nichtsdestoweniger erfordert ein beschäftigtes Leben eine pünktliche und ununterbrochene Gewohnheit des Gebetes. Es ist weder Frömmigkeit noch Nächstenliebe in dem Priester, seine Vorbereitung auf die hl. Messe oder die Danksagung nach derselben deshalb abzukürzen, weil Leute auf ihn warten. Zuerst muss er Gott aufwarten, ehe er seinen Nebenmenschen bedient. Die anderthalb Stunden, welche die Messe eines Priesters erfordert, gehören ihm und gehören ihm nicht. Es sind die Erstlingsfrüchte des Tages. Sie gehören Gott: der Priester hat den *usufructus* und nicht das *dominium* davon. Er kann sie nicht veräußern. Wenn ein Priester es dennoch tut, wird er sich zuletzt sagen müssen: *Vineam meam non custodivi*. Die Wanderraupe und der Schröter werden heimlich, aber sicher ihr Werk tun.

Das Vielbeschäftigt sein führt oft dazu, nichts gut zu tun. Alles wird in Eile und oberflächlich getan. Die Zeit, welche der Betrachtung und der Vereinigung mit Gott geschenkt wird, ist nicht verloren. Jedes Wort, welches aus dem Munde eines solchen Geistes kommt, wirkt mehr als hundert Worte aus den Lippen eines Mannes, der durch Überarbeit verdorrt ist. Die beständige Überanstrengung geistiger und körperlicher Tätigkeit bildet zuletzt einen

---

1 Mk. 6, 31.

natürlichen, äußerlichen und ungeistigen Charakter. Es zeigt sich im Beichtstuhl und in der Predigt. Wie oft hören wir nicht sagen: Mein Beichtvater ist ein heiliger Mann; aber, außer der Auflegung der Buße und der Absolution, sagt er mir kein Wort. Und wie sicher erkennen wir, aus welcher oberflächlichen Quelle der bequeme Strom einer glänzenden, kalten und intellektuellen Predigt fließt.

4. Im priesterlichen Leben gibt es auch eine umgekehrte Gefahr, nämlich der Mangel an Beschäftigung. Wenn, wie wir gesehen haben, die Ausübung der Priestergewalt und des Seelsorgeramtes in sich selbst ein Mittel zur Heiligung ist, dann muss der Priester in dem Maße Verlust leiden, als diese Gewalt suspendiert oder unausgeübt bleibt. Dieser Verlust aber ist nicht allein privativ. Der Grund der Untätigkeit und Unfähigkeit so manchen Priesters, der einer großen Anstrengung und Tat fähig ist, besteht darin, dass kein genügender Anspruch auf seine Fähigkeiten gemacht wird. Zwei Dinge bringen die im Menschen liegenden Fähigkeiten zur Geltung. Das eine ist eine große Willenskraft, die einen Menschen vom äußeren Antriebe unabhängig macht - das andere ist die Aufgabe, welche Pflicht und Verantwortlichkeit von ihm fordern. Wenige haben diese Willenskraft, und viele haben wenig, was ihre Fähigkeiten herausfordert. Zuweilen sind Leute, welche als Studenten oder Kleriker große Dinge für die Kirche versprechen, durch Notwendigkeit in eine so enge Sphäre gestellt, dass ihre Fähigkeiten nur wenig zur Geltung kommen können. Der Wirkungskreis war für ihren Eifer zu beschränkt. Aber darüber dürfen wir das Wort des hl. Karl nicht vergessen, dass eine einzige Seele Bistum genug für einen Bischof ist. In Aufzählung der Zahlen verlieren wir leicht den Wert jeder einzelnen Seele aus den Augen, den Lohn für ihre Rettung, obgleich es nur eine einzige ist. Dies würde einem Priester, selbst in der kleinsten Herde, Arbeit genug geben. Aber diese Überzeugung erfordert viel Nachdenken und große Willenskraft. Die Wirkung der Untä-

tigkeit auf die meisten Menschen ist Erschlaffung und Bequem-
lichkeitsliebe. Eine kleine Mission oder Pfarrei wird ein Ruhekis-
sen und der Priester zu oft ein harmloser Lotusesser. Zuerst wird
die Zeit verloren, und alsdann verlieren sich die Fähigkeiten von
selbst; wie ungebrauchte Muskeln schwach werden, so wird Verstand und Wille untätig und starr. Ein kräftiger Mann macht sich
eine Arbeit selbst. Die Zeit hängt nie schwer an seinen Händen.
Er macht sich Arbeit, wenn keine für ihn gemacht wird. Priester,
welche nur eine Hand voll Seelen zu besorgen haben, können
Theologen und Autoren werden und mögen der Kirche dauerhaf-
ter dienen mit ihren Schriften als mit ihrer Tätigkeit. Muße und
Ruhe sind zwei notwendige Bedingungen zum heiligen Studium.
Und wie der hl. Augustinus sagt, *quamobrem otium quaerit charitas*
veritatis; negotium justum suscipit necessitas charitatis. Quam
sarcinam si nullus imponit, percipiendae atque intuendae vacandum est
veritati.[1]

Zu diesem Zweck aber sind erforderlich Liebe zum Studium
oder ein exaktes Gewissen und ein entschlossener Wille. Meisten-
teils unterliegen gute Männer einem bequemen Leben, welches,
so tadellos es auch sein mag, dennoch zu viel dem Diener gleicht,
welcher sein Talent vergrub. Hat ein Mann nicht Arbeit oder Studium genug, seinen Geist zu erfüllen, dann leidet er unter Eintö-
nigkeit und sucht Abwechslung. Er ist der Ruhezeit müde und
verlangt nach etwas, was interessiert. Er findet es nicht zu Hause
und sucht es außen. Zuerst schweift sein Geist umher, und er folgt
ihm. Sein Leben wird vergeudet und zerstreut, d. h. ausgegossen
und verschwendet, voll Langeweile und Ekel an allen Dingen,
welche zuletzt selbst seine religiösen Handlungen und Pflichten
ergreift. Ein Priester kann keusch und mäßig in allen Dingen sein;
aber Langeweile ist der Pfad, der niedersteigt zur Trägheit, und
Trägheit ist die siebente der Sünden, welche die Seele töten. Für

---

1 Aug. De Civ. Dei lib. XIX. c. XIX. tom. VII, p. 426.

die meisten Menschen ist es besser, zu viel, als zu wenig Arbeit zu haben.

5. Es ist noch eine andere Gefahr, in welche die letztgenannte direkt führt, das ist Lauheit. Es war ein Bischof, zu welchem unser Heiland sagte: „Du bist weder kalt noch warm: o, dass du kalt wärest oder warm! Weil du aber lau bist und weder kalt noch warm, werde ich dich ausspeien aus meinem Munde." [1] Die Verwerfung ist noch nicht vollständig, aber angefangen, und wenn der Priester sich nicht kennt, muss sie zuletzt eintreten. Ein lauer Priester ist unter allen Menschen der beklagenswerteste. Hört das Priestertum auf, ihm süß zu sein, dann wird es zuerst geschmacklos und dann bitter. Das ewige Wiederkehren derselben Handlungen und derselben Verpflichtungen wird mechanisch. *Sancta sancte,* wie das Konzilium von Karthago vorschreibt. Wenn aber heilige Dinge aufhören, erhaltend und erfrischend zu sein, dann sind sie ein Joch, welches verwundet, und eine Bürde, welche unterdrückt. Solche Priester unterlassen leicht die Messe und empfinden keinen Verlust.

Gleichwohl mögen sie hohe Lehren des geistigen Lebens mit derselben Beredsamkeit zu predigen, wie früher. Aber ihr Herz ist nicht in ihren Worten; und für Ohren, welche hören können, ist ein hohler Klang in allem, was sie sagen. Solche Männer lesen das Leben der Heiligen und wünschen, ihnen gleich zu sein. Sie versuchen, ohne dass es ihnen gelingt. Sie behalten eine geistige Vorstellung irgendeines hohen Standpunktes, der beständig in ihrem Munde ist, bis sich eine unbewusste geistige Heuchelei bildet, oft mit Selbsttäuschung verbunden, die gefährlich ist; oft auch, was noch schlimmer ist, mit unbewusster Unwahrheit. Solche Männer werden innerlich hohl. Es ist ein Verfall in ihrem Herzen und eine Vorbereitung zum Falle. Die Worte des Isaias sind schrecklich und wahr: „Darum wird auch diese Missetat wie ein

---

1 Apoc. 3, 15. 16.

Riss sein, der den Einsturz droht, und wie ein baufälliger Ort an einer hohen Mauer, deren Einsturz plötzlich kommt, da man es nicht hoffet." Öfters, wenn ein Priester gefallen war, wunderten sich alle, mit Ausnahme des einen oder anderen, die ihn genau beobachteten, und seines eigenen Gewissens, welches das Geheimnis seines Falles kannte. Und wenn derselbe kommt, ist er schrecklich und zuweilen entscheidend. Die „hohe Mauer" stürzt nieder mit schrecklichem Fall; je höher der Fall, desto hoffnungsloser. Wie der Prophet wiederum sagt: „Sie bricht, wie wenn ein Töpfergeschirr durch starken Stoß zerschmettert wird, so dass man von seinen Stücken nicht eine Scherbe findet, darinnen man Feuer holte vom Herd oder ein wenig Wasser schöpfte aus einer Grube.[1] Als die Engel fielen, fielen sie für immer; denn für sie gab es keine Erlösung. Fällt ein Priester, so kann er sich wieder erheben, denn sein Meister ist überaus barmherzig. Aber seit Satan wie ein Blitz vom Himmel herabfiel, hat es nie einen Fall gegeben, der dem Falle eines Priesters glich.

ACHTES KAPITEL

Des Priesters Stützen

Manchmal sagen oder fühlen wir wenigstens: „Wenn ich gewusst hätte, was es wäre, Priester zu sein, so hätte ich mich nie in den Stand gewagt. Ich habe alle Gefahren anderer Leute zu bestehen und noch viele, welche nur den Priester treffen. Die Priester sind hoch und erhaben gestellt, und sie sind über die Seelen

---

1 Isaias 30, 13. 14.

74

gesetzt, um über dieselben Rechenschaft zu geben. Welt und Satan haben eine besondere Feindschaft gegen die Priester. Welches Gut bietet mir mein Leben? Ich bin nicht besser daran als meine Väter; und wenn ich falle, ist mein Fall groß und vielleicht unheilbar. *Grandis sacerdotis dignitas, sed grandis ruina.*" Solche Gedanken entstehen oft durch die Einflüsterungen des Versuchers und die Schuld unseres eigenen Herzens. Aber wenn wir uns nicht selbst täuschen, so wird bald eine bessere Gesinnung die Oberhand gewinnen und wir sagen: „Ich habe wohl die Gefahren anderer zu bestehen, aber ich habe auch reichlichere Gnaden als alle. Jene haben die sakramentale Gnade, als Söhne und Soldaten, ich habe aber die sakramentale Gnade eines Priesters." Sind die Gefahren des Priesters groß, so ist seine sakramentale Gnade noch größer als seine Gefahren. Er hat sowohl einen allgemeinen wie auch einen besonderen Beistand in der Ausübung seines Priestertums, welcher jeder Pflicht, Gefahr und Versuchung mehr als gewachsen ist.

Von den allgemeinen Hilfsmitteln des Priestertums und von der Seelsorge haben wir bereits gesprochen; jetzt wollen wir die besonderen Stützen betrachten, welche den Priester in seinem ganzen Leben umgeben.

1. Zuerst und vorzüglich ist seine tägliche hl. Messe eine solche Stütze. „Als es Morgen geworden war, stand Jesus am Ufer." Der Tag beginnt mit der Gegenwart Jesu; der Altar ist das Ufer der ewigen Welt, und Jesus kommt auf unser Wort. In der hl. Messe erkennen wir ihn, und dennoch sind unsere Augen gebunden. Wir sehen ihn nicht, aber wir wissen, dass es der Herr ist. Er bereitet und gibt uns das Brot des Lebens. Und verbrächten wir auch ein ganzes Leben in Vorbereitung, so wäre eine solche göttliche Berührung mit seiner Gegenwart eine reichliche Vergeltung für

all unser Gebet und unsere Buße und Reinheit des Herzens.[1] Er kommt aber nicht nur einmal in unserem Leben zu uns, sondern Tag um Tag. Jeder Tag fängt mit ihm an. Würde die erste Stunde eines jeden Tages in der – sicheren, aber ungesehenen - Gegenwart unseres Schutzengels oder Namensheiligen vollbracht, so wäre unser ganzer Tag gegen Sünde geschützt und dadurch geheiligt. Gewohnheit kann vielleicht das lebhafte Gefühl einer so nahen Gegenwart der übernatürlichen Welt zuletzt ertöten, so dass wir aufhören, an dieselbe zu denken. Aber die hl. Messe ist mehr als alles dies. Es ist die persönliche Gegenwart des Herrn, der Engel und der Heiligen; und dennoch können wir durch den beständigen Umgang mit dieser überaus großen Herablassung seiner Demut nach und nach die Lebhaftigkeit unserer Empfindung verlieren. Das Konzil von Trient lehrt uns, dass die Gegenwart Jesu über die Gesetze und Ordnung der Natur ist.[2] Er ist zugegen, Gott und Mensch in persönlicher Wesenheit, und wenn wir das Allerheiligste in unseren Händen halten, stehen wir in Berührung mit dem Schöpfer, Erlöser und Heiligmacher der Welt. Das Konzil sagt wieder, er sei gegenwärtig nicht wie an einem Ort, sondern als das, was er ist - eine Wesenheit.[3] In der göttlichen Ordnung gibt es weder Zeit noch Raum. Wir stehen mit der ewigen Welt in Berührung, und diese Berührung ist wirklich und wesentlich und persönlich sowohl von seiner als unserer Seite. Wir sehen ihn von Angesicht zu Angesicht mit dem Auge des Glaubens. Darüber hinaus gibt es nichts Höheres als die *Visio beatorum.* Nach der Wandlung sind wir schon dazu erhoben unter einem Schleier, *Nobis quoque peccatoribus*, auch uns Sündern ist in der hl. Messe ein Anteil und eine Freundschaft gegeben mit den Heiligen und Märtyrern des himmlischen Hofes. Von der Wandlung bis zu

---

1 Der hl. Gregorius von Nazainz sagt: „Das höchste Alter wäre keine zu lange Vorbereitung auf das Priestertum." – Orat. II. §. LXXII.

2 Catech. Trid. ad Par. P. IV. c. 2.

3 Ibid. P. II. CIV. 36

der Kommunion sind wir so wahrhaft und mit mehr Bewusstsein in seiner Nähe als Kleophas und seine Gefährten auf dem Weg nach Emmaus. Sind auch unsere Augen gebunden, so ist es doch nicht unser Verstand. Wir sehen ihn in einer anderen Gestalt, aber wir erkennen ihn, solange wir ihn sehen. Wir reden zu ihm als zu unserm Herrn, Meister und Freund, und er antwortet uns in einem inneren Gespräch, in Worten, welche auszudrücken keinem Menschen gegeben ist. Seine Gegenwart dauert nur eine kleine Weile: aber diese kurze Zeit schließt einen Abgrund von Licht und Frieden in sich. Jeden Morgen unseres ganzen Lebens lesen wir die hl. Messe, erreichen aber niemals das Ende dieses Geheimnisses seiner persönlichen Nähe. Es gibt keine Grenzlinien der Menge seiner Süßigkeiten[1], welche sich nach allen Seiten wie ein grenzenloses Meer ausbreiten. Und doch ist diese Süßigkeit in dem hl. Sakrament für diejenigen verborgen, welche ihn in heiliger Furcht suchen. Und wenn er von uns für eine Weile scheidet, um am nächsten Morgen wiederzukehren, gibt er uns seinen kostbaren Leib und sein kostbares Blut, wie im Speisesaal, am letzten Abend vor seinem Scheiden und wie zu Emmaus, ehe er aus ihren Augen verschwand. Er ist fort; aber nach einer kleinen Weile steht er wieder in der Mitte seiner Jünger; wie das Konzil ferner sagt, dass „Jesus, nachdem er die Seinigen liebte, solange er in der Welt war, sie bis zum Ende liebte;" und dass „er, um niemals von ihnen getrennt zu sein, durch einen unergründlichen Ratschluss seiner Weisheit uns ein Unterpfand seiner Liebe gab, welches über die Ordnung und über die Bedingungen der Natur erhaben ist[2]," das ist, seine eigene immerwährende Gegenwart vor unseren Augen verschleiert. Als der Erzengel Raphael von Tobias und seinem Sohn Abschied nahm, so dass sie ihn ferner nicht mehr sehen

---

1 Ps. 30, 20.

2 Catech. Trid. P. II, CIV, 2.

konnten, „lagen sie drei Stunden auf ihrem Angesicht."[1] Wie soll nach dem hl. Messopfer unsere Danksagung beschaffen sein?

Wenn ich nicht von der Kommunion spreche, so geschieht dies, weil es überflüssig ist. Jeder Priester weiß, was Worte nicht ausdrücken können. Farbe und Süßigkeit sind nicht dem Verstand allein sichtbar und fühlbar. Gesicht und Geschmack vermögen nur zu erkennen. Darum sagt der Heilige Geist: „Kostet und sehet, wie süß der Herr ist."[2] Wir müssen erst kosten und dann sehen; aber es geschieht durch ein inneres Gesicht, welches keines Lichts bedarf, keine Sinnesgrenze hat. In jeder Kommunion werden wir Fleisch von seinem Fleisch und Bein von seinem Gebein: und wenn unsere Herzen rein sind, werden wir Herz von seinem Herzen, Sinn von seinem Sinn, Wille von seinem Willen, Geist von seinem Geiste. Wir sind nicht in ihm, sondern in uns selbst gestärkt. Wären unsere Herzen vorbereitet, wie sie es durch Reue und Frömmigkeit sein könnten und sollten, dann würde die sakramentale Gnade selbst einer einzigen Kommunion hinreichen, um uns an Leib, Seele und Geist zu heiligen. Die Tugenden, welche aus der Gegenwart unseres Heilands in unsere Herzen übergehen, sind nach unserer Vorbereitung, der entfernteren sowohl als der näheren, bemessen; das ist nach unserer Vorbereitung, ehe wir zum Altar treten, und nach unserer beständigen Vereinigung mit Gott. Unser Heiland sagte: „An demselben Tage werdet ihr erkennen, dass ich in meinem Vater bin, und ihr in mir und ich in euch[3]." „An demselben Tage." das ist, „wenn ich in der Herrlichkeit des Vaters bin und der Heilige Geist herabgekommen ist. Dann werdet ihr erkennen, dass ihr durch die wirkliche Kommunion meines Leibes und Blutes in mir seid und ich in euch." Dieses Bewusstsein der göttlichen Gegenwart, in uns verbleibend und

---

1 Tob. 12, 21. 22.

2 Ps. 33, 9.

3 Joh. 14, 20.

uns von außen umgebend, ist ein in diesen Worten versprochenes gegenseitiges Innewohnen. Dieses will auch der hl. Paulus in den Worten sagen: „Ich lebe, aber nicht ich, sondern Christus lebt in mir." Er wird zum Leiter und Lenker all unserer Lebenskräfte. Sie sind durch die Vereinigung mit ihm gehoben. Wie jeder Herzschlag und jeder Atemzug durch seine schöpferische Macht bedingt und erhalten wird, so kommt er allen unseren Gedanken, Worten und Werken entgegen. Unsere Freiheit und unser Handeln werden durch die Vereinigung mit ihm vervollkommnet. Er ist die lenkende göttliche Kraft, welche uns in allen Dingen hilft, seinen Willen zu erfüllen; aber er fordert unseren ganzen persönlichen Gehorsam. Wir leben, handeln und reden in unserer eigenen Freiheit; aber unsere Freiheit ist geleitet und gehütet durch seine Gnade und Macht. Er lebt in uns, und wir leben durch ihn. Welche Hilfe kann einem Priester ermangeln, der seine tägliche Messe liebt? Sie enthält alles – *Nutrit, praeservat, reparat, delectat et auget.* – Er ist unsere Nahrung, unser Schutz, unsere Erquickung, unsere Lust und unsere immer wachsende Stärke und Kraft.

2. Die zweite Stütze des Priesterlebens ist das Breviergebet *(divinum officium).* Siebenmal des Tages steigen diese Akte des Gottesdienstes aus der Kirche der ganzen Welt zum Throne Gottes auf. Die streitende, leidende und triumphierende Kirche betet an die Allerheiligste Dreifaltigkeit mit einer unaufhörlichen Stimme des Gebetes und Lobpreises. Die gesamte Kirche ist das Heiligtum, und das Breviergebet ist das Ritual des Chors auf Erden, welcher sich mit den Lob-, Preis- und Dankgesängen vereinigt, die das Ritual des himmlischen Chores bilden. Jeder Priester hat in diesem Chor seine Stelle, und Tag für Tag macht er sieben Besuche zum himmlischen Hofe.

Das Offizium ist ein Teil der göttlichen Tradition. Es ist ein beständiger Zeuge Gottes und des Glaubens. Es wurde von Menschenhänden zusammengesetzt; aber diese Menschen waren Heilige, und ihr Werk geschah unter der Leitung des Heiligen Geistes. Der Entwurf des Rituals war das Werk menschlicher Hände, aber der Stoff desselben ist aus den Worten des Geistes Gottes zusammengesetzt. Die Psalmen und Schriften gotterleuchteter Männer aus dem Alten und Neuen Bund sind sämtlich verwoben in ein wunderbares Gewebe von Gebet, Lobpreis, Anbetung und Zeugnis für das Reich Gottes und der Gemeinschaft der Heiligen. Die beständige Wiederkehr jährlicher Feierlichkeiten und Feste - von Winter und Frühling, Sommer und Herbst - vergegenwärtigt uns beständig die ganze Offenbarung des Glaubens. Propheten und Apostel, Evangelisten und Heilige reden zu uns mit unaufhörlicher Stimme. Die ganze Geschichte des Reiches Gottes kehrt ewig in unser Auge zurück.

Eine fromme Seele fragte den hl. Petrus Damian: „Warum sagen wir *Dominus vobiscum*, als seien viele gegenwärtig, wenn in der Tat niemand da ist und wir allein sind?" Er antwortete: „Weil wir nie allein sind. Wir verehren und beten stets mit der ganzen Kirche in der ganzen Welt, und wir flehen, dass die Gegenwart des Herrn mit allen Gläubigen auf Erden sei." Wir sagen: „Der Herr sei mit euch," denn wir beten Gott an für die ganze sichtbare Kirche und in Gemeinschaft mit denen, deren Vereinigung mit dem Herrn bereits vollkommen ist. Wir machen diese sieben Besuche zur Welt des Lichtes, und wir beten das heilige Offizium, weil die Kirche es unter Strafe einer Todsünde uns gebietet. Durch zwei Gründe sind wir verpflichtet, es zu rezitieren: Der erste ist die Verherrlichung Gottes, der andere unsere eigene Heiligung. Es ist die Weisheit und Liebe der Kirche für ihre Priester, welche uns diese schwere Verbindlichkeit auferlegt. Die Kirche fordert von dem Tage eines Priesters so viel Zeit, als das Offizium erfordert: anderthalb oder zwei Stunden. Diese Zeit gehört nicht dem Priester, sondern Gott und der Kirche. Der Priester kann sie nicht veräußern, da sie ihm nicht gehört, sondern unter Gehorsam und schwerer Verpflichtung ist er gehalten, sie zu seiner eigenen Heiligung zu benutzen. Das Gesicht Moses leuchtete, nachdem er mit

Gott geredet; auch unser Angesicht soll leuchten, oder unsere Herzen wenigstens innerlich brennen und glänzen im Lichte des himmlischen Hofes. Wenn wir unsere Tagzeiten beten, dann treten wir hin „zum Berge Sion", zur Stadt des lebendigen Gottes, zum himmlischen Jerusalem, zu der Menge vieler tausend Engel, zur Gemeinde der Erstgeborenen, welche in den Himmeln aufgezeichnet sind, zu Gott, dem Richter aller, zu den Geistern der Vollendeten, Gerechten.[1] Welches muss also die beständige Andacht, Sammlung, Demut sein in Wort und Geist bei einem solchen, der siebenmal des Tages im Chor der Heiligen vor dem Angesicht Gottes steht? Welch größeres Hilfsmittel priesterlicher Vollkommenheit kann es nach der heiligen Messe geben, als dieses?

3. Ein drittes Hilfsmittel des Priesters ist die Betrachtung. Das Breviergebet ist ein mündliches Gebet, aber die einfache Abbetung desselben bietet dem Geist reichen Stoff zur Betrachtung. Das Priesterleben ist die *vita mixta* unseres Heilands, und zu unserer Belehrung verbrachte Jesus die Tage in Arbeit und die Nächte im Gebet. Das Leben eines Priesters ist sowohl betrachtend als tätig, und diese zwei Elemente können ohne Verlust und Gefahr nicht voneinander getrennt werden. *Haec meditare, in his esto, ut profectus tuus manifestus sit omnibus.* Die Dinge, welche Timotheus betrachten und in denen er leben sollte, waren sämtlich die Wahrheiten und Vorschriften des Glaubens, besonders aber: „Lesung, Ermahnung und Lehre" d. h. die Hinterlage der Offenbarung in ihrer ganzen Fülle und in ihren Einzelheiten. Beim Lesen ist unser Geist auf ein Buch gerichtet: beim Betrachten sieht unser Geist und Herz direkt auf Gott. Gebet ist ein Lebensakt des Glaubens und Verlangens, darauf gerichtet, eine vollere Erkenntnis Gottes und eine innigere Gemeinschaft mit ihm zu erlangen, in Liebe und Entschluss, d. h. mit dem Herzen und Willen.

---

1 Hebr. 12, 22. 23.

Die erste Wirkung des geistigen Gebetes besteht in der Vergegenwärtigung der Dinge des Glaubens, d. h. der unsichtbaren Welt; als wäre sie sichtbar, und der zukünftigen, als wäre sie gegenwärtig. Das Sichvergegenwärtigen in eine lebhafte und bleibende Wahrnehmung ungesehener Dinge zu haben, als seien sie handgreiflich, eine Wahrnehmung künftiger Dinge, als seien sie schon vorhanden. Wir lesen von Moses, dass er den Zorn Pharaos ertrug, als sähe er ihn, der unsichtbar war. Aller Schrecken vor dem irdischen König verschwand in dem Gefühl der göttlichen Gegenwart hinter dem Throne, welche alle menschliche Majestät überragte. Der hl. Paulus sagt, dass wir im Glauben wandeln und nicht im Schauen; aber die Gegenstände des Glaubens sind ewig und die des Schauens sind vorübergehend. Die unsichtbare Welt ist die Substanz, die sichtbare der Schatten. Für Geister ohne übernatürlichen Sinn ist diese geräuschvolle und gleißende Welt handgreiflich und deshalb das einzig Wirkliche. Das Unsichtbare ist nicht handgreiflich, und obgleich nicht geleugnet, hat es dennoch auf solche Geister keinen Einfluss und keine zwingende Gewalt. Die Mehrzahl der Menschen leben den ganzen Tag so, als gäbe es weder eine unsichtbare noch zukünftige Welt. Sie betrachten nicht. Sie beten wohl, aber ihr Gebet ist kein geistiges. Der Geist steht nicht vor Gott und strebt nicht zu ihm hin und verweilt ebenso wenig bei der Allerheiligsten Dreifaltigkeit, der Schönheit der geheiligten Menschheit, der Seligkeit der Mutter Gottes, der Ruhe und Freude der Heiligen, der Gemeinschaft, die wir jetzt mit ihnen haben, den Anteil an ihrer Ruhe und Freude, der uns versprochen ist, der beständigen Gegenwart Jesu unter uns, dem Inwohnen des Hl. Geistes in jeder reinen und demütigen Seele, besonders aber in der Seele eines reinen und demütigen Priesters, eines treuen und eifrigen Hirten. Wenn wir uns diese Dinge vergegenwärtigen, wie der Kaufmann den Marktplatz und seine Warenballen überschaut oder der Geldleiher seine Garantien und seine Goldstücke, dann werden wir zwar in dieser Welt leben, aber ohne ihr zuzugehören, denen gleich, die mit Christo auferstanden[1] und bereits mit ihm „selig sind in den himmlischen Wohnungen."[2] Diese Vorstellung der ungesehenen und himmlischen Dinge ist besser als alle äußeren Regeln geeignet, einen Priester zu schützen und zu stärken. Es ist ein inneres Licht und eine innere Kraft, welche er immer und überall mit sich führt und welche die sakramentale Gnade seines Priestertums aufrecht halten: und dieses ist eine göttliche und unfehlbare Stütze in jeder Gefahr und Not.

4. Ein anderes mächtiges Hilfsmittel im Priesterleben ist die Predigt des Wortes Gottes an andere. Der hl. Paulus sagt: „Christus hat mich nicht gesandt, zu taufen, sondern das Evangelium zu predigen." Das Konzil von Trient sagt, die Predigt sei das Hauptamt des Bischofs;[3] und wenn es das Hauptwerk des Bischofs ist, um wieviel mehr das des Priesters. Wenn Isaias sich fürchtete, im Namen Gottes zu reden, weil er „ein Mann von unreinen Lippen"[4] war, wie sollen wir dann die Heiligkeit und Würde des Predigers beurteilen? Wenn ein Prophet es kaum wagte, im Namen Gottes zu predigen, wie steht es alsdann mit den Kanzelrednern? Was zu ihrer Stütze angeordnet wurde, wird für sie die Gelegenheit zum Falle. Auserwählt und ausgesandt zu sein von Gott, um in seinem Namen zu den Menschen zu reden, als ein Bote a latere Jesu zu kommen, um Buße und Vergebung der Sünden zu predigen, den Weg zur Heiligkeit und Vollkommenheit in seinem Namen zu zeigen. Seinen Worten und seiner Autorität, wer möchte diese Dinge wagen, wenn nicht Notwendigkeit sie uns auferlegte? Im Namen Gottes kalt, nachlässig, und ohne erforderliche Kennt-

---

1 Kol. 3, 1.

2 Eph. 1, 3.

3 Sess. 24. De Ref. c. IV.

4 Isaias 6, 5.

nis und sorgfältige Vorbereitung zu reden - welche Verwegenheit, welche Gefahr! Im Prahlerton, mit Selbstgefallen, Eitelkeit und Unwahrheit zu predigen[1] - wie herausfordernd ist das gegen unsern göttlichen Meister, welches Ärgernis den Seelen! Die einfachen, demütigen und gläubigen Seelen entdecken instinktmäßig den Prediger, der sich selbst predigt; selbst Weltmenschen, an die kurze und bestimmte Sprache des ernsten Lebens gewöhnt, fühlen sogleich das Unwahre und Amtliche heraus. Einem aufrichtigen Prediger hören sie zu, obgleich er vielleicht rauh und kunstlos spricht.[2] Je weniger er seine eigenen Worte, und je mehr er die Worte Gottes gebraucht, desto gewisser wird er über das Gehör und die Achtung der Menschen verfügen. Sie fühlen, dass er ein Recht zu sprechen hat und dass er redet im Namen und mit den Worten seines Meisters. Sie fühlen auch, dass er sich selbst vergisst und nur an die Botschaft Gottes denkt und die Seelen, die vor ihm stehen. Er lehrt sie, was Gott zuerst ihn gelehrt hat. Er hat darum gebetet und darüber betrachtet, die Wahrheit ist eingedrungen durch seinen Verstand und sein Bewusstsein bis ins innerste Herz, und aus der Fülle desselben redet er. Der weise Mann sagt: „Die Weisen haben ihren Mund im Herzen; die Toren haben ihr Herz im Munde." und ein sehr seichtes Herz ist es. Wenn die Menschen „über jedes unnütze Wort, das sie reden, am Tage des Gerichts Rechenschaft geben müssen,"[3] welches wird die Rechenschaft für die Worte sein, welche wir in langen Jahren und langem Leben im Namen Gottes gesprochen? Wenn die Worte Gottes im Munde des Propheten ebenso von uns als von ihm gelten: „Sind meine Worte nicht wie Feuer und wie ein Hammer, der Felsen zerschmettert?" welches wird alsdann das Urteil sein gegen den

---

1 Der hl. Augustinus sagt von solchen: „Foris tumescit intus tabescit."

2 Der hl. Hieronymus sagt: „Multoque melius est a turbis imperfectis rusticitatem habere sanctam, quam eloquentiam peccatricem." – Ep. ad Nepot. tom. IV. p. 263.

3 Mt. 11, 36.

kalten, leichten, endlosen Strom unserer Worte mit wenig Gedanken und leerer Rhetorik, eitel, weil wirkungslos, und wirkungslos, weil von uns selbst ausgehend? Wessen Herz haben wir entzündet, welches harte Herz erweicht? Und wenn nicht, ist es alsdann nicht deshalb, weil wir nicht zuerst von Gott gelernt haben, was wir andere lehren wollten? Wollten wir es von ihm erbitten, so würde er uns einen Mund und eine Weisheit geben, welchen selbst unsere Gegner zu widerstehen oder zu widersprechen nicht imstande wären. Die beste Betrachtung vor der Predigt ist das Gebet. Und in der Tat, wir müssen erst betrachten, was wir predigen, und in unseren Predigten müssen wir Betrachtungen halten und keine Predigten in unseren Betrachtungen; denn unsere Betrachtungen sind nur zu unserer Heiligung, und wir können die Herzen anderer Menschen nicht besser erreichen, als indem wir das lehren, was wir zuerst in dem unserigen empfunden. Aus diesem Grund hält uns das Predigeramt immer als Schüler zu den Füßen unseres göttlichen Lehrmeisters fest. Und indem wir seine Wahrheit sprechen, wirkt dieselbe mit mächtiger Gewalt auf uns selbst zurück. Sie senkt ihre Umrisse tiefer in unseren Verstand, Gewissen und Herz ein. Sie hält gar mächtig unsern Willen aufrecht; sie erfüllt unseren Geist, indem sie in unserem Gedächtnis die Betrachtungen vieler verflossenen Jahre mit immer frischem Licht aufrecht hält. Und sie zieht einen besonderen Segen von oben auf das Herz des Predigers herab. *Qui inebriat, inebriabitur et ipse.* Derjenige, welcher die Seelen der Menschen reichlich mit dem Wasser des Lebens erfrischt, wird selber reichlich erquickt werden. Das Herz desjenigen, der reichlich begießt, wird zu derselben Zeit und in demselben Augenblicks betaut werden, wo er von Gott spricht. Ein demütiger Priester, der predigt wie er betet, ist vereinigt mit der Quelle des Wassers des Lebens; er hat seine Lippen an der Quelle; und er wird oft erstaunen über die Gedanken, die er nie gedacht, und über die Worte, die ihm in den Mund gelegt wurden. Es ist die Erfüllung des Versprechens: „Er wird von dem Meinigen empfangen und es euch zeigen." *Ille plus dicit, qui plus facit* – : Die wenigen Worte eines hl. Priesters wirken mehr als die vielen Worte menschlicher Beredsamkeit.

Die Predigt ist also eine beständige und übernatürliche Stütze zur priesterlichen und seelsorgerlichen Vollkommenheit.

5. Ein weiteres und zwar das letzte Hilfsmittel ist für den Priester der Beichtstuhl. Der hl. Gregorius der Große sagt, dass Priester gleich sind dem ehernen Waschbecken am Eingang des Tempels, aus welchem das Volk das Reinigungswasser nahm, ehe es eintrat. Sie nehmen die Sünden des ganzen Volkes entgegen, bleiben aber selber rein[1]. Jesus streckte seine Hand aus und berührte den Aussätzigen mit den Worten: „Werde rein." Der Priester berührt den Sünder und bleibt rein. Aber er muss wachen und beten; *ne lepra possit transire in medicum.*

Wir studieren Moraltheologie in Büchern, aber kein Buch ist so lehrreich wie der Beichtstuhl. Ein Priester kann kaum das erste Mal vergessen, als er im Beichtstuhl saß. Von jeder Seite kommen verschiedene Stimmen gleichsam vom Himmel und aus der Hölle. Zuerst kommt die Anklage eines Sünders, schwarz wie die Nacht; dann die Beichte eines Kindes in der Taufunschuld; dann ein wahrhaft zerknirschter Pönitent; ihm folgt eine Seele, die sich selbst und ihre Sünde nicht kennt; dann kommen die Armen und Herzenseinfältigen; zuletzt Weltmenschen, Ränkeschmiede und offenbare Lügner. Alle Traktate von Salamanka können einen Priester nicht lehren, was ihn der Beichtstuhl lehrt. Wenn er die Demut hat, zu lernen, so wird der Beichtstuhl ihn fünf große Wahrheiten lehren:

1. Selbstkenntnis dadurch, dass er manches in sein eigenes Gedächtnis zurückruft, und ihm im Leben der Sünder sein eigenes Gesicht wie in einem Spiegel sich zeigt.

---

1 Reg. Pastoralis. lib. II. c. 2.

2. Reue im Schmerz der Beichtkinder, die sich nicht trösten lassen wollen.

3. Eine Zartheit des Gewissens in den Unschuldigen, deren Auge einfach und deren ganzes Wesen voll Licht ist, und dennoch sich über Unterlassungen und Abschweifungen vom Willen Gottes anklagen, welche wir vielleicht täglich begehen, ohne darauf zu achten.

4. Ein ernstes Streben durch den Anblick der Eifrigen, deren einziges Verlangen und einzige Anstrengung in Mitte eines schweren und ruhelosen Hauswesens darin besteht, höher und höher in der Vereinigung mit Gott zu steigen.

5. Selbstanklage unserer eigenen Nutzlosigkeit durch die Großmut und Treue derjenigen, welche von allen Seiten gehindert, und dennoch in Demut, Selbstverleugnung, Nächsten- und Gottesliebe uns selbst übertreffen, die da jedes zur Vollkommenheit nötige Geschenk der Zeit und Gnade besitzen.

Wenn wir aber diese Dinge lernen wollen, müssen wir das Sakrament der Buße wie das der Taufe behandeln, d. h. seinen göttlichen Charakter und seine Gewalt vergegenwärtigen. Der erste Teil seiner Pflicht, welchen ein lauer Priester vernachlässigt, ist der Beichtstuhl. Manchmal empfindet er die Vorwürfe, die ein Beichtkind in unbewusster Weise macht. Oft ist er müde, lange Stunden zu sitzen, und die Rohen und Abstoßenden zu ertragen. Oft hört und absolviert er ohne ein Wort zu sprechen, weil er nichts zu sagen hat, teils aus Mangel an innerer Frömmigkeit und teils aus Unaufmerksamkeit auf die Beichte selbst.

Wenn im Gegenteil aber ein Priester sein Amt als Vater, Richter und Arzt recht erfüllt, wird es für ihn eine direkte und sehr mächtige Hilfe zur eigenen Heiligung.

Was kann daher dem Priester fehlen, um ihn in der Vollkommenheit zu erhalten, mit welcher er bekleidet war, als er sich zur

Weihe stellte? Diese fünf großen priesterlichen Gnaden, die hl. Messe, das Breviergebet, die Übung des geistlichen Gebetes - d. h. ein Leben der Betrachtung - die Predigt des Wortes Gottes, die Lossprechung der Sünder und die Leitung der Seelen im Beichtstuhl: alle diese Mittel wirken direkt, mächtig und reichlich auf das Leben und den Sinn des Priesters ein. Niemals kann er für irgend einen Begehungs- oder Unterlassungsfehler, für irgend einen Fall in der Versuchung, für irgend eine Vernachlässigung seiner Pflicht die Entschuldigung vorbringen, dass er nicht die notwendige Erkenntnis und Kraft besessen habe, seinem Priestertum gemäß zu handeln. Eine solche Entschuldigung wäre eine Anklage gegen unseren göttlichen Heiland, der Unmögliches auferlege oder wie ein strenger Mann einen harten Dienst verlange, ohne erforderliche und reichliche Hilfsmittel zu bieten. Es ist eine Versuchung und ein sehr gewöhnlicher Fehler, den Tadel auf unseren Stand und unsere Umstände zu werfen und zu denken, wir wären in einem anderen Stand besser daran. Könnten wir bei einer vollen und ordentlichen Anwendung unserer Hilfsmittel unterliegen, es geschähe gewiss auch sonst überall in jeder Lage, in jeder Umgebung. Die Gefahren des Priesters sind groß; aber seine Hilfsmittel sind noch größer.

NEUNTES KAPITEL

Das Seelsorgeramt eine Quelle des Vertrauens

hne allen Zweifel sind die Stützmittel des Priesters größer als seine Gefahren. Furcht und Angst können sie fühlen - aber sie urteilen nicht. Der Hinblick auf so viele verantwortungsvolle Jahre, das Bewusstsein unserer eigenen Schwäche, die List und Gewalt der Sünde, der Gedanke an unser Todesbett – alles dieses lastet zuweilen schwer auf uns. Der tägliche Anblick der Sünde, der Schiffbruch so vieler Seelen um uns, welche so gut begonnen und so lange ausgehalten, der Fall von Priestern, die unsere Mitstudenten, Mitarbeiter oder nahe Freunde gewesen, die Erinnerung, wie nahe wir oft am Abgrunde gestanden und wie leicht wir straucheln konnten - diese Dinge halten in dem Geist des Priesters ein Gefühl der Furcht wach, und diese Furcht kommt vom Hl. Geist. *Confige carnes meas timore tuo*, sollte unser tägliches Gebet sein. Wir haben schon viele Beweggründe zum Vertrauen kennen gelernt. Wir wollen noch einen anderen betrachten, und das ist das Seelsorgeramt selbst.

Der hl. Petrus verleugnete dreimal seinen Herrn und Meister; dreimal fragte Jesus ihn, ob er ihn liebe; und dreimal übergab er Petrus die Hirtensorge über seine Herde. Dieser Auftrag war daher ein Zeichen der Vergebung, ein Beweis der Liebe und ein Unterpfand der Rettung. Dieses Unterpfand war nicht ausschließlich dem Petrus gegeben. Es kommt durch Petrus zu uns allen. Das Seelsorgeramt, welches wir durch ihn erhalten, ist auch für uns ein Prüfstein unserer Liebe, ein Beweis der Liebe Jesu und ein Unterpfand unserer Rettung.

1. Denn erstlich, Priester zu sein, ist, wie wir gesehen haben, die höchste Vorherbestimmung. Der Priester ist berufen und geweiht zur größten Ehre Gottes. Er ist die Erstlingsfrucht der Erstlingsfrüchte der neuen Schöpfung. Er ist berufen, unserem göttlichen Erlöser am nächsten zu stehen und sein Mitarbeiter zu sein in der Sammlung der Auserwählten aus der bösen Welt. In ihm sind alle Zeichen der Gunst begriffen, die Gott jemals den Menschen verliehen. Peter von Blois sagt: „Ein Priester hat den Primat Abels, das Patriarchat Abrahams, das Herrscheramt Noes, die Ordnung Melchisedechs, die Würde des Aaron, die Autorität des Moses, die Vollkommenheit des Samuel, die Macht des Petrus

und die Salbung Christi."[1] Dieses sind ebenso viele Siegel an dem Pfandbriefe seines Versprechens, uns zu retten. Es sind nicht bloße Titel, sondern Wirklichkeiten. Der gute Hirt sagt zu seinen Jüngern: „Meine Schafe hören meine Stimme; ich kenne sie und sie folgen mir nach. Und ich gebe ihnen das ewige Leben, und sie werden in Ewigkeit nicht verloren gehen: und niemand wird sie aus meiner Hand reißen. Was mir mein Vater gegeben hat, ist größer als alles, und niemand kann es der Hand meines Vaters entreißen."[2] Wenn wir freiwillig aus der göttlichen Hand fallen, so zerstören wir uns selbst. Keine Macht kann uns derselben gegen unseren Willen entreißen, solange „unser Wille und Gottes Wille eins bleiben." Wenn der Herr uns töten wollte, so hätte er aus unseren Händen das Brandopfer und Trankopfer nicht angenommen, noch uns sehen lassen all' dieses, noch uns gesagt, was da kommen soll.[3] Jedes Zeichen der Annehmlichkeit unserer Arbeit, jede Erleuchtung und Gnade, unsere Beharrlichkeit von Jahr zu Jahr, von Tag zu Tag, sind die Unterpfänder unserer Rettung. „Ich nenne euch nun nicht mehr Knechte: denn der Knecht weiß nicht, was sein Herr tut: sondern ich habe euch Freunde genannt, weil ich alles, was ich von meinen Vater gehört, euch kundgetan habe. Nicht ihr habt mich erwählt, sondern ich habe euch auserwählt; und ich habe euch gesetzt, dass ihr gehet und Frucht bringet."[4] Von ihm aus der ganzen Welt auserwählt zu sein, ist schon von sich selbst eine Offenbarung seiner Absicht, uns zu retten. Uns in der Zahl seiner Knechte, seine Freunde zu nennen und zur Kenntnis seines Werkes und Willens zuzulassen: uns auch die Mitteilungen seines Vaters bekannt zu machen, uns auserwählt zu haben, als wir nicht an ihn dachten, uns zu seinem Dienste fähig ge-

---

1 Sermo LX. ad Sacerdotes, Opp. p. 373.

2 Joh. 10, 27 - 29.

3 Judic. 13, 23.

4 Joh. 15, 15. 16.

macht zu haben, - alle diese Zeichen der Gnade sind uns ein Unterpfand, dass sein Wille fest steht, uns zu erlösen, wenn wir uns nicht selbst verraten.

2. Ferner bietet uns das Seelsorgeramt die reichlichste Quelle der Gnade. Wir haben schon den unerschöpflichen Vorrat sakramentaler Gnade kennen gelernt, die unseren Nöten, Pflichten und Gefahren entspricht, dann auch die Gnade, welche sich an unseren Stand knüpft. Wir haben nicht nötig, wieder dabei zu verweilen; aber es liegt ein zweifaches Moment in der Ausübung des Hirtenberufes, welches uns in einem besonderen Grade in unserer Heilswirkung unterstützt: das eine ist das beständige Wachstum der Nächstenliebe; das andere die beständige Übung der Selbstverleugnung.

„Gott ist die Liebe, und wer in der Liebe bleibt, der bleibt in Gott, und Gott in ihm."[1] Und Gott ist das Leben der Seele. Wo dieses Leben bleibt, ausgenommen wir verlören es durch unsere eigene Treulosigkeit, hat der zweite Tod keine Gewalt. Niemals widerruft Gott seine Gaben. Er will nicht einmal den Tod des Sünders. Er fleht zu ihm: „Warum willst du sterben?"[2] „Ihr wollet nicht zu mir kommen, um das Leben zu erhalten."[3] Derjenige, der Gott liebt, hat das Unterpfand des ewigen Lebens.

So dachte und redete der hl. Paulus. Seine Bekehrung, seine Berufung, sein Apostolat, seine Sendung waren für ihn Zeichen der Liebe Gottes und der Beständigkeit dieser Liebe auf Seiten Gottes. Aber unsere Liebe zu Gott kann alle Tage unseres Lebens anwachsen. Jeder Akt der Frömmigkeit vermehrt die Liebe. Jedes aufrichtige Gebet des Herzens entzündet die Gnade der Liebe. Alle Akte des Geistes in Betrachtung und Anbetung bringen ein

---

1 1 Joh. 4, 16.

2 Jer. 27, 13.

3 Joh. 5, 40.

Wachstum der Liebe in die Seele des Geringsten und Demütigsten, in das beschäftigtste und überbürdetste Leben. Um wieviel mehr ist dieses der Fall in dem Leben eines Priesters und Seelenhirten, dessen ganzes Arbeiten in Gedanken, Worten und Taten in dem Reiche Gottes und für dasselbe ist. Jede hl. Messe, die wir lesen, jeder Teil des Offiziums, den wir beten, kann ein Akt sein, welcher der Liebe Gottes entspringt, und uns einen Zuwachs seiner Liebe ins Herz zieht. Die Liebesvermehrung und unsere Bereinigung mit Gott kann sich jeden Augenblick verstärken, jede Anmutung, jedes Verlangen, jeder innere Akt des Gehorsams, der Geduld, der Unterwerfung und der Sehnsucht nach Gott vereinigt uns immer inniger mit seiner Liebe und erweitert damit unser Herz, indem es unsere Hoffnung zum Vertrauen steigert und unseren Lauf beteuert. *Viam mandatorum tuorum cucurri, cum dilatasti cor meum.*[1] In dem Maße, wie sich das Herz erweitert, vermehrt sich die Liebe Gottes; und in dem Maße, in welchem sie sich vermehrt, erweitert sie das Herz.

Wo aber die Liebe Gottes ist, da ist auch die Liebe unseres Nächsten. Wo eine Quelle sich findet, dort ist auch ein Strom. Wie der Strom aus der Quelle fließt, so bildet sich die Liebe Gottes zur Nächstenliebe. Der Strom ist ein Beweis des Daseins der Quelle. Darum sagt der hl. Johannes. „Wir wissen, dass wir vom Tod ins Leben versetzt sind, weil wir Brüder lieben."[2] Unsere Liebe zu ihnen beweist unsere Liebe zu ihm; und wer Gott liebt, bleibt in Gott und ist vom Tod zum Leben übergegangen. Denn Gott ist unser ewiges Leben, und bereits hier wohnt er in uns. Die fortwährende Ausübung der Nächstenliebe gegen alle - gegen unsere Herde, unsere Verwandten, unsere Freunde und unsere Feinde - in dem ganzen Umfang der Liebe ist ein Förderungsmittel der Vollkommenheit und der Beharrlichkeit.

---

1 Ps. 118, 32.

2 1 Joh. 3, 14.

Und dieses Leben der Liebe ist umso vollkommener in dem Maße, als es von uns Selbstabtötung verlangt. Und das Priester- und Seelsorgerleben ist voll von stündlicher und täglicher Selbstverleugnung. Wir sind berufen, uns selbst abzusterben, unseren eigenen Wünschen, unserem Willen, unserer Wahl, und allen zu Willen und Befehl zu sein, „den Guten und Bösen, den Vernünftigen und Unvernünftigen, allen alles zu werden, um alle zu retten."[1] Es ist ein seltsames Resultat all unserer Arbeit, dass nur einige gerettet werden. Und doch müssen wir für dieses Resultat uns absterben, uns verleugnen und alles Recht über uns absagen zu Gunsten der Auserwählten. Das Wort *„expropriatio"* ist voll tiefer und durchdringender Bedeutung. Wir gehören nicht uns selbst an, wir haben alles Eigentumsrecht über uns selbst verloren; denn wir sind mit dem kostbaren Blute Jesu Christi erkauft. Dieses ist auch die Bedeutung der Worte des hl. Paulus, wenn er sagt: „Wir verkündigen nicht uns selbst, sondern Jesum Christum, unsern Herrn, uns aber als eure Knechte durch Jesum."[2] Auf unseres Meisters Seite zu sein gegen Sünde, Welt und Teufel ist nicht unser eigener Akt, sondern die Tat dessen, der uns zu seinem Dienste vorherbestimmt und berufen hat. Sein Wille und nicht unser Wille, es sei denn, dieser entstehe durch seine zuvorkommende Gnade, stellt uns in seinen Kampf. „Nicht ihr habt mich erwählt, sondern ich habe euch auserwählt."[3]

3. Endlich stehen diejenigen, welche gesetzt und gesandt sind, die anderen zu retten, entweder auf Seiten des Judas oder des Lieblingsjüngers. Wir können beides tun. Wir müssen und sollen uns also misstrauen und fragen: „Herr, wer bin ich?" Wenn wir aber die Armen lieben, brauchen wir nicht zu zweifeln, denn Ju-

---

1 1 Kor. 9, 22.

2 2 Kor. 4,5.

3 Joh 15, 16.

das fragte nichts nach den Armen; und wenn wir unseren göttlichen Heiland lieben, brauchen wir nicht zu zweifeln, denn Judas verkaufte ihn. Wir sind nicht der Lieblingsjünger, denn er war sündlos, und wir sind sündvoll; aber wir sind Jünger, und wir sind geliebt, und unser Los ist voll von Zeichen unserer Rettung. Der hl. Vincenz von Paul sagte: „O Jesus, warum bist du auf die Erde gekommen? Aus Liebe zu deinem Nächsten. Armer Priester, wer hat dich dahin gebracht, kalt, hungrig und müde zu sein, und ganz allein in der Welt zu stehen in Wind, Wetter und Winter? Die Liebe der Seelen." Wer aber gab uns diese Liebe? Es ist dieses ein sechster Sinn, den wenige besitzen und viele nicht begreifen können. Der Priester ist berufen, Vollkommenheit an sich selbst zu zeigen und sie an anderen auszuüben. Er ist nicht nur erlöst, um andere zu erlösen, sondern auch geheiligt zu ihrer Heiligung[1] Er ist gesetzt als das Licht zu leuchten, als das Salz, der Verderbnis Widerstand zu leisten; als der Wohlgeruch Christi, gleich dem Weihrauchfass zwischen den Lebendigen und den Toten. Wenn er nun trotz all diesem verworfen wird, so muss seine Untreue gegen den Hl. Geist in der Tat eine große sein.

Welcher Beweggrund zum Vertrauen fehlt also dem Priester? Von allen Seiten ist er umgeben von Zeichen der Liebe und Macht Gottes. Der Wille Gottes, ihn zu retten, ist ihm bekannt durch jedes Zeichen und Unterpfand, und es fehlt ihm hierin nichts als eine direkte und persönliche Offenbarung. Dieses feste und beständige Vertrauen ist ein Beweggrund zur Selbstaufopferung in größeren Dingen und zur Selbstverleugnung in geringeren. Die Hoffnung ist eine Quelle der Freude, und die Freude eine Quelle der Kraft. Die Niedergedrückten und Furchtsamen sind schwach

---

1 „Wir müssen erst selbst gereinigt sein und dann andere reinigen; mit Weisheit erfüllt sein und andere weise machen; Licht werden und Licht geben; Gott nahe sein und andere zu ihm führen; geheiligt sein und heiligen; andere an der Hand führen und ihnen mit Wissenschaft raten." – S. Greg. Naz. Orat. II. §. LXXI.

und untätig. Die Hoffnungs- und Vertrauensvollen sind energisch und mutig; Furcht ehrt nicht unseren göttlichen Meister. Aber Vertrauen entspringt der Wahrnehmung seiner Liebe. Hoffnung ist eine Gabe des Hl. Geistes, eingegossen in der Taufe und gereift durch Übung. Der hl. Paulus sagt, dass wir durch Hoffnung gerettet werden und er betet „der Gott der Hoffnung erfülle euch mit jeglicher Freude, und mit Friede durch den Glauben, auf dass ihr überreich seid an Hoffnung durch die Kraft des Hl. Geistes."[1]

Gideons dreihundert Männer, welche das Wasser leckten, waren in der Schlacht mehr wert als die Menge, die da kniend trank, und die zweiundzwanzigtausend Furchtsamen, welche umkehrten.[2] Bis auf diesen Tag erschallt auf der ganzen Linie derjenigen, welche zum Priestertum streben, der Ruf: „Wer ist der Mann, der furchtsamen und zaghaften Herzens ist? Er gehe hin und kehre zurück zu seinem Haus, auf dass er das Herz seiner Brüder nicht auch zaghaft mache, wie er selbst von Furcht beklommen ist."[3] Einmal von unserem Heiland in der Schlachtordnung aufgestellt, braucht kein Priester zu fürchten. Wenn er treu ist, wird die Hand seines göttlichen Meisters ein Helm der Rettung auf seinem Haupte sein.

In allen Zeiten der Angst, der Furcht, des Zweifels und der Entmutigung sollen wir sagen: „Gott hat mich zum Priester vorherbestimmt. Er hat mich berufen, gerechtfertigt und angenommen in die Herrlichkeit seiner Söhne. Er hat mich bezeichnet mit dem Zeichen seiner Soldaten und mir den Charakter seiner Priester aufgedrückt. Er hat mich geleitet und bewacht im Jugend- und Mannesalter und hat mich bis auf den heutigen Tag bewahrt, indem er meine Ausdauer durch die immer gegenwärtige und nie

---

1 Röm. 15, 13.

2 Judic 7, 3 – 7.

3 Deut. 20, 8.

fehlende Hilfe seiner mannigfachen Gnade in jeder Zeit der Not unterstützte. In jedem Wechsel des Kampfes, der sich gegen mich wendet, weiß ich, dass er meine Erlösung will. Was hat er zu meiner Erlösung ungetan gelassen, das er hätte tun können? Nur eins wird er niemals tun: Er wird mir nie meinen freien Willen nehmen. Und das ist meine einzige Gefahr. Wenn ich mich freiwillig selbst verrate oder ihn verlasse, dann werde ich zugrunde gehen; wenn aber mein Wille mit dem seinigen vereint ist, dann wird er mich leiten und schützen, nicht allein gegen meine äußeren Feinde, sondern auch gegen mich selbst. Wenn ich nur den Willen habe, ihn nicht zu beleidigen und fest bei ihm auszuharren, wird er mich bis zum Tode bewahren." „Der feste Grund Gottes besteht und hat dieses Siegel: Es kennt der Herr die Seinen, und: Es stehe ab von Ungerechtigkeit ein jeder, der den Namen des Herrn nennt."[1]

Unser Stand selbst ist also der höchste Grund des Vertrauens.

Der Stand und die Arbeit der Priester und Seelsorger ist, sofern wir unserem Meister treu bleiben, überall in der ganzen Kirche gesegnet. In den Ländern der Alten Welt, wo die Welt stark und verdorben, Glaube und Frömmigkeit schwach sind, haben diejenigen, welche das Seelsorgeramt bekleiden, viel zu leiden. Ein schwankendes und schwindendes Leben zu bewachen, ist das traurigste Amt der Liebe und Geduld. Die Völker und Nationen der Alten Welt sind während dreihundert Jahren herabgesunken, einige rasch und gewaltsam, andere langsam und unmerklich aber beständig, aus dem Licht und der Ordnung des Glaubens. Eine falsche Reformation hat die Revolution gezeugt; die Revolution hat die Oberherrschaften und Staaten der Christenheit entheiligt und ließ die Kirche isoliert zurück, wie sie es im Anfang gewesen. Die Seelsorger der Herde haben viele Schmerzen über Seelen, die dem Verderben zueilen, und über die Unbilden, die

---

1 2 Tim. 2, 19.

der Kirche zugefügt werden. Es ist traurig, eine katholische oder eine christliche Nation zu sehen, die dem Licht den Rücken wendet. Dessen ungeachtet haben treue Seelsorger das Friedensbewusstsein, dass sie auf der Seite Gottes stehen und kämpfen für die Rechte Gottes. In allen ihren Leiden bleibt ihnen eine tiefe Freude, deren niemand sie berauben kann. Der hl. Chrysostomus sagt: „Der Kampf der Mönche ist groß, und ihre Arbeiten sind viele; aber wenn wir ihre Mühsal mit einem guterfüllten Priesterleben vergleichen, so finden wir einen Unterschied so groß wie zwischen einem einfachen Bürger und einem Könige."[1] Und ihr Trost steht in demselben Verhältnis.

Und wenn dieses wahr ist in den alten Ländern der Kirche, um wieviel mehr ist es wahr in England. Hier ist die Kirche zugleich alt und neu. Wir sind nur eine Handvoll, aber getrennt von der Welt, den Höfen und der verdorbenen Atmosphäre weltlichen Patronates und weltlichen Schutzes. Der wahre Schutz der Kirche ist ihre eigene Unabhängigkeit und ihre wahre Kraft ist ihre eigene Freiheit. Wir sind die Hirten einer Herde, die von Märtyrern und Bekennern abstammt und deren Eifer in ihren Nachkommen nicht erloschen ist. Wir sind in einer besonderen Weise Hirten der Armen; denn die Reichen haben uns verlassen, und die großen Besitztümer Englands sind in den Händen derer, die uns nicht kennen. Unter den Armen zu leben, war aber schon das Los unseres göttlichen Meisters, und sein Los zu teilen ist ein Unterpfand seiner Fürsorge für uns. Wir sind nicht nur die Seelsorger der Armen, wir sind selbst arm. Armut ist das Los des Priesterstandes in diesem, dem reichsten Königreiche der Welt. Wir sind hier miteinander verbunden in gegenseitiger Nächstenliebe und Diensterweisung. Unsere Gläubigen sind mit uns verbunden durch eine großmütige Liebe und ein gegenseitiges Vertrauen,

---

1 De Sacerdotio, lib. VI, 5.

und unsere Priester sind vereinigt untereinander mit ihrem Bischof. Sie sind miteinander verbunden durch die Bande brüderlicher Liebe so eng, als sie enger in keinem Lande der katholischen Einheit gefunden werden können. Und wenn alle diese Dinge für uns sind, was kann gegen uns sein?[1]

Anmerkung des Übersetzers. Was hier der Hochwürdige Herr Verfasser von England sagt, gilt auch in vielen Beziehungen von Deutschland. Im Augenblick, wo wir schreiben, hallen die Gewölbe des hohen Domes von Münster wieder vom Jubel eines freudigen und liebenden Volkes bei der Rückkehr seines allgeliebten Oberhirten. Und wie in Münster, so geschah es auch anderswo. Und dieses begeisterte Volk ist ein Bekennervolk. Treu hat es ausgehalten im Kampf, treu hat es gehalten an seinen Bischöfen und Priestern. Und es war keine Treue ohne Tat. Wie sie in der Verfolgung begeistert an ihrem Glauben hielten, so trugen sie auch opferwillig in ihrer Armut zum Unterhalt der Priester bei, als das Brotkorbgesetz sie traf. Und wenn eine gewisse Erleichterung gegeben worden ist, so geschah es, weil die Kulturkämpfer einsahen, dass sie trotz allem das katholische Volk Deutschlands von seinen Seelsorgern nicht trennen konnten. Das Bewusstsein, das sie so oft während des Kulturkampfes kundgaben, dass sie „im wahren Christentum sind", hat sie aufrecht gehalten inmitten aller Verfolgungen und nur umso treuer an Papst und Priester geschlossen. Ist es denn auch nicht für den deutschen Geistlichen ein großer Trost, Seelsorger eines solchen Volkes, Mitbruder solcher Bischöfe, solcher Bekenner zu sein, die mutvoll Kerker und Verbannung erlitten?

ZEHNTES KAPITEL

Der Wert der Zeit des Priesters

Nach der Gnade ist die Zeit die kostbare Gabe Gottes. Und dennoch, wie viel von beiden vergeuden wir nicht? Wir sagen, die Zeit tue viele Dinge. Sie lehrt uns manche Lehren, entwöhnt uns mancher Torheiten, stärkt uns in guten Entschlüssen und heilt viele Wunden. Und dennoch tut sie von all diesem nichts. Die Zeit tut nichts. Die Zeit ist nur die Bedingung all dieser Dinge, welche Gott in der Zeit vollbringt. Die Zeit ist voll von der Ewigkeit. Wie wir sie gebrauchen, so werden wir sein. Jeder Tag hat seine Gelegenheiten, jede Stunde bietet ihre Gnaden dar. Das Concilium von Sens bezieht die Worte: „Siehe, ich stehe an der Türe und klopfe" auf die beständige Wirksamkeit des Hl. Geistes auf das Herz. Und dieses gilt von jeder lebenden Seele. Die Gläubigen erhalten ihr ganzes Leben, den ganzen Tag hindurch diese beständige Einladung und Hilfe, für sich selbst eine größere Belohnung in der Ewigkeit aufzuhäufen. Wie der Mensch sät, so wird er auch ernten, sowohl nach Quantität als Qualität. Alle Menschen haben ihre Zeit der Aussaat und der Ernte, sowohl hienieden als für die Ewigkeit. Verlieren wir die Zeit der Aussaat, so verlieren wir die Ernte. Eine andere Zeit der Aussaat kann uns gegeben werden, aber es ist eben eine andere. Die verlorene ist für immer verloren.

Wenn nun die Zeit so kostbar für alle ist, ist sie denn nicht über alles kostbar für einen Priester? Und glücklich derjenige, welcher über seine Zeit Rechenschaft geben kann! Gewisse Menschen scheinen vom Wert der Zeit keinen Begriff zu haben. Manche denken nie daran. Andere sind so träge, dass die Zeit verrinnt, ehe sie beginnen, von derselben Gebrauch zu machen. Manche sind so sorglos, dass sie dieselbe wissentlich vergeuden. Andere wieder so unregelmäßig und unpünktlich, dass die Zeit sich selbst vergeudet. Sie sind beständig in Eile, immer zu spät, niemals fertig, nie vorbereitet.

Es gibt zwei Fragen in der hl. Schrift, welche ein Priester mit Furcht überall bedenken mag. Die erste ist die Frage Gottes an Elias, als derselbe auf dem Berge Horeb trauerte, ohne sich zu bewegen: *„Quid hic agis, Elia?"* - „Was tust du hier, Elias?" Diese Frage würde uns von vielen Orten fern halten und uns beschleunigen, noch viele andere zu verlassen. Die andere Frage ist die unseres Herrn und Heilandes: „Wusstet ihr nicht, dass ich in dem sein muss, was meines Vaters ist?" Dieses sollen wir vor Augen haben, wenn gütige und gastfreundliche Leute uns einladen, oder wenn Schwäche uns antreibt, Erholung oder menschliche Sympathie aufzusuchen, oder sogar außerhalb der Furche zu arbeiten, in welcher jeder von uns gesetzt ist, den Pflug zu führen. Wer könnte den Wert der Zeit eines Priesters bemessen? Wenn die Zeit eines jeden voll von Ewigkeit ist, so ist die Zeit eines Priesters nicht bloß voll von seiner eigenen Ewigkeit, sondern auch von der Ewigkeit vieler, die ihm bekannt und unbekannt sind. Wir wollen daher versuchen, ihren Wert zu bemessen.

1. Der erste Maßstab des Wertes unserer Zeit ist die hl. Messe. Die Erstlingsfrüchte der Zeit des Priesters gehören Gott, und sie werden ihm jeden Morgen in der hl. Messe dargebracht. Eine halbe Stunde Vorbereitung und eine halbe Stunde Danksagung sollen stets zu diesem Zweck festgesetzt und nie zu einem anderen Zweck verwendet werden, denn wir können sie nicht vergeben, da sie uns nicht gehören. Dieses ist der erste Maßstab des Wertes unserer Zeit. Während derselben reden wir mit Gott, wir verkehren mit unserem göttlichen Meister und wir danken der Allerheiligsten Dreifaltigkeit. Welches sollte darum nicht der eifrige Gebrauch der Stunden eines so begonnenen Tages sein? Der Duft und die Glut derselben soll uns den ganzen Tag begleiten

und denselben mit dem Gefühl unserer Verbindung mit unserem himmlischen Meister durchdringen, uns anleitend, mit der Zeit so zu geizen, auf ihren Verlust so eifersichtig zu sein und so wachsam dieselbe zu behüten, wie die Mitmenschen ihr Geld vor dem Diebstahle bewahren. Gott schätzt die Zeit so hoch, dass er uns dieselbe gibt nur Tag nach Tag, Stunde nach Stunde, Augenblick nach Augenblick. Und nie gibt er uns einen Augenblick, ohne uns den vorigen wegzunehmen. Nie haben wir zwei Stunden oder zwei Augenblicke auf einmal. Jeden Augenblick des Tages können wir, wenn wir wollen, die gute Meinung erneuern, in welcher wir am Morgen die hl. Messe gelesen. Wir können unsere Gebete und Danksagungen wenigstens in frommen Anmutungen erneuern. Unser ganzer Tag wäre alsdann tatsächlich von unserer Messe und Kommunion durchdrungen.

2. Ein zweiter Maßstab des Wertes der Zeit ist die Kenntnis, die ein Priester durch den pünktlichen Gebrauch seiner Zeit sich erwerben kann.

Labia sacerdotis custodient scientiam. Wie können aber die Lippen des Priesters die Wissenschaft Gottes und der Seelen bewahren, wenn er nicht ein Mann der heiligen Wissenschaft ist? Die Theologie unserer früheren Tage ist bald verdunkelt durch die Vergessenheit und den Staub eines beschäftigten Lebens. Wie kostbar ist also für den Priester jeder Augenblick, den er von seiner tätigen Arbeit erübrigen kann, um zu seinen alten Büchern zurückzukehren oder um weiter und tiefer in seine früheren Studien einzudringen. Es ist daher gut, gewisse Bücher immer offen zu halten, um sie jeden möglichen Augenblick lesen zu können. Selbst in dem beschäftigtsten Leben sollte es gewisse Nebenstunden *(horae subsecivae)* geben. Wir nennen sie ohnehin Mußestunden. Sie sind die Stunden, welche sozusagen wie durch Diebstahl von unseren Hauptpflichten und Hauptarbeiten des Tages abgeschnitten sind. Kein besseres Kennzeichen als dieses kann es geben, um zu sehen, ob ein Priester den Wert seiner Zeit kennt. Viele

Menschen tun alles, als ob sie nichts täten, und andere tun nichts, als ob sie alles täten. Ein Priester, der seine Zeit schätzt, findet fast immer für alles die genügende Zeit. Ein pünktlicher Geist kann die Stunden des Tages so ordnen, dass er selbst die Augenblicke zwischen Arbeiten und Pflichten herausnimmt und verwertet. Gewisse Bücher schwierigen und weitläufigen Inhaltes bedürfen einer Stunde ruhiger Aufmerksamkeit, andere, die weniger Anstrengung erfordern, können in flüchtigen Augenblicken überlesen werden; andere endlich kann man zu jeder Zeit in die Hand nehmen. Ein tüchtiger Gelehrter riet einst einem Freunde, sich Fünf-Minuten-Bücher zu verschaffen. Und manches Buch könnte in einem Jahr durchlesen werden, wenn man zu demselben täglich fünf Minuten verwendete. Alles, was dazu erfordert wird, ist eine gewohnte Aufmerksamkeit und ein fester Wille, von dem, was wir lesen, nicht abzulassen, bis wir es verstehen, wäre es auch nur eine Seite oder gar nur ein Satz. Vielleicht wird man sagen, dadurch werde die Zeit eines Priesters allzu sehr in Anspruch genommen. Wenn wir uns aber fragen, wie viel Zeit wir täglich auf unnötige Bücher verwenden, auf Zeitungen, längere Unterhaltungen, Besuche, die weder seelsorgerlich noch nützlich sind, oder in Zögerung und Zweifel, was wir lesen oder tun sollen, - wenn wir alles dieses zusammennehmen wollen, so würde auch der Eifrigste finden, wieviel von seiner Zeit ihm geraubt, wie viel vergeudet, wie viel missbraucht worden ist.

3. Ein dritter Maßstab des Wertes unserer Zeit ist, zu bedenken, was wir während derselben tun könnten, wenn wir sie im Beichtstuhl zubrächten. Das sicherste Zeichen, einen seeleneifrigen Priester zu erkennen, ist die Liebe zum Beichtstuhl. Es ist die erste Pflicht, die ein lauer Priester meidet und umgeht. Lange Stunden, täglich und selbst bei Nacht im Beichtstuhl zu sitzen, ohne die Geduld oder Laune zu verlieren, ist ein sicheres Kennzeichen der Liebe zu den Seelen. Wir brauchen nicht zu versuchen, den komparativen Wert der Predigt und des Beichthörens zu bemessen.

Sie sind nicht zu bemessen. Jedes hat seinen ihm eigenen Charakter. Viele haben einen großen Eifer und eine große Bereitwilligkeit zu predigen, während sie langsam und träge sind für den Beichtstuhl. Da gibt es keine Selbsterhebung, keine natürliche Erregung, keine seinen Anziehungen persönlicher Art, da man stundenlang im Beichtstuhl sitzt und nur auf Sünden horcht, auf Leidgeschichten und gar zu oft auch auf das wirre Gerede der meist ihm unbekannten Menge. Es heißt mit einer einzigen Angel fischen. Lange Wartestunden werden nur durch einen einzigen Gewinn belohnt. Aber es ist dies in dem höchsten Sinne des Wortes die Arbeit des Seelenhirten - d. h. die Seelsorge. Und es erfordert im höchsten Grade Selbstverleugnung, Unterdrückung persönlicher Schwächen, der Launen und eine großmütige Liebe zu den Seelen, besonders zu den Armen.

Welcher Gebrauch der Zeit kann mit dieser Sorge und Leitung der Seelen verglichen werden?[1] Uns bewusst, dass wir die Gewalt des Bindens und des Lösen besitzen, dass im Beichtstuhl die Seelen, welche zugrunde gehen, zur Buße, und die Büßenden zur Vollkommenheit gebracht werden; dass die Unschuldigen in ihrer Vereinigung mit Gott behütet werden und dass Gott sowohl in den Geretteten als in den Verlorenen verherrlicht wird - so muss es gewiss der erste Antrieb eines Priesters sein, dem Beichtstuhl so viele Tage und Stunden als möglich zu widmen. Anstatt Langeweile zu finden, wäre es für ihn ein Trost. Anstatt die Stunden des Beichthörens zu verkürzen und die Beichttage zu vermindern, würde er sie womöglich vermehren und seine Brüder in der Seelsorge zum gleichen anspornen.

---

1 „Denn in der Tat scheint es mir die Kunst der Künste und die Wissenschaft der Wissenschaften zu sein, Menschen zu leiten, die mannigfachsten und veränderlichsten Geschöpfe." - Greg. Naz. Orat. II. XVII. tom. I. p. 21.

Aber nicht nur in der Kirche wird die Geduld und Nächstenliebe eines Beichtvaters erprobt. Alles Gesagte findet seine besondere Anwendung auf die Krankenversehung und die Bereitwilligkeit, mit welcher wir uns die Zeit nehmen, die Kranken zu erleuchten, zu trösten und zu ermutigen, besonders beim Herannah-
hen des Todes. Die Kranken und Sterbenden sind kaum imstande,
selber zu denken. Die Last eines leidenden oder sterbenden Körpers stumpft und tötet den Geist. Gerade in dieser Zeit des Leidens und der Furcht erheitert und unterstützt die Stimme eines
wahren Seelsorgers die Hilflosen. Seine Worte und Zuflüsterun-
gen von Glaube und Hoffnung, von Reue und Vertrauen, die Ver-
heißungen Gottes und die heiligen Namen Jesus, Maria und Joseph erfüllen den Geist, der nicht mehr selber denken kann, mit
Licht, Freude und Trost. Es genügt nicht, mechanisch die Sterbesakramente zu spenden. Es bedarf auch der letzten Tröstungen
und des letzten Mitleidens des guten Hirten, der seine Schafe
kennt und von ihnen gekannt ist als ihre Hilfe und ihr Trost in
dem letzten Gang zur Ewigkeit.

4. Ein anderer Maßstab des Wertes unserer Zeit ist die Erwägung, was wir während derselben durch Gebet tun können. Als
der hl. Paulus sagte: „Betet ohne Unterlass",[1] so war das nicht eine
rhetorische Übertreibung. Sein Gedanke war, dass wir immer und
überall mit Gott reden sollen, in unseren Anmutungen, Wünschen und Entschlüssen. Die, welche mit Gott in Vereinigung leben, seiner Gegenwart sich bewusst und ihr ganzes Leben nach
ihm richtend, beten nicht nur, wenn sie sich mit Gott unterhalten,
sondern auch wenn sie für ihn arbeiten. *Laboráre est oráre.* Das
ganze Leben eines Seelsorgers kann ein Leben der Vereinigung
mit ihm sein. Der Wert der im Gebet zugebrachten Zeit kann auf
doppelte Weise bemessen werden: erstens nach der Erhörung
desselben; und dann nach der Rückwirkung desselben auf uns.

---

1 1 Thess. 5, 17.

Was die Erhörungen anbelangt, wer kann sagen, was diejenigen verlieren, welche wenig beten, und diejenigen gewinnen, welche sich gewöhnlich mit Gott unterhalten? Das Werk der Priester und Seelsorger ist so bestimmt übernatürlich, dass wir übernatürliche Resultate erwarten, und als solche erflehen wir sie von Gott. Die Bekehrung der Sünder und Rettung der Seelen enthalten tatsächlich alle Werke unseres geistlichen Amtes, und sie sind so entschieden göttlich in ihrem Ursprung und übernatürlich in ihren Werkzeugen, dass wir dieselben als Geschenke erbitten und nicht als Resultat unserer eigenen Tätigkeit. Es ist kaum zu bezweifeln, dass die Fruchtbarkeit des Lebens mancher Seelsorger und die Unfruchtbarkeit anderer von ihrem Gebete abhängt und nach demselben zu bemessen ist. Diejenigen, welche am meisten beten, werden am meisten erlangen; die, welche wenig beten, werden wenig erhalten. Aber von all' diesem habe ich nicht nötig zu reden. Es gibt nichts, um was wir nicht bitten dürfen, sei es absolut oder bedingend; und es gibt nichts Gutes, welches Gott uns nicht geben will: Denn seine Wonne ist es, seine Gaben auf uns herabzugießen. Aber die Rückwirkung des Gebetes auf uns ist der sicherste und einfachste Maßstab. Wir sind, was wir vor Gott sind, und nichts anderes, nicht besser und nicht schlechter. Und wir sind, was unsere Vereinigung mit Gott aus uns macht. Unser Angesicht leuchtet oder ist verdunkelt in dem Maße, in welchem wir näher oder ferner von Gott im Gebet stehen. Ein ruhiger, gesammelter, freudiger, hoffnungsvoller Geist ist der Lohn des Gebetes. Ein unruhiger, schweifender, trauriger und furchtsamer Geist ist die Folge des Mangels an dem notwendigen Gebet. In der Tat, das Gebet ist der Maßstab unseres Zustandes, und wie wir sind, wird auch unser Wirken sein. Ein Priester, der viel betet, wird in einer Stunde vollbringen, was ein Priester, der weniger betet, kaum in vielen Tagen zustande bringt. Die Worte eines Priesters, der immer mit Gott vereinigt ist, besitzen ein Leben, eine Wärme, einen Nachdruck und eine Überzeugungskraft, die keine natürliche

Gabe verleihen kann. Wir bringen wenig zustande, weil wir wenig beten und weil wir wenig beten, sind wir, was wir sind. Wäre die Zeit, welche wir verlieren, die Stunden, die uns entwendet werden, im Umgang mit Gott zugebracht, statt im Umgang mit der Welt, so wäre alles, was wir tun, mit höherer Weihe, reicheren Resultaten und mehr dauernder Wirkung getan.

5. Ein letzter Maßstab des Wertes der Zeit eines Priesters liegt in der Bestimmung, für welche er geschaffen ist.

Er soll ein Zeuge sein für seinen göttlichen Meister in der Lehre und dem Zeugnis der Wahrheit; besonders aber durch das sichtbare Beispiel seines Lebens und durch den bewussten und unbewussten Einfluss seines Geistes. Wehe demjenigen, der da als falscher Zeuge erfunden wird in dem geringsten der Gebote Gottes oder in dem Einfluss seines Geistes und Lebens. Und groß ist auch die Gefahr und Untreue, wenn er ein ungewisser, zweideutiger und dunkler Zeuge ist. Er gleicht einem Zeigepfahl am Wege, den niemand lesen kann. Und von allen, die durch seine Schuld zugrunde gehen, muss er Rechenschaft geben.

Er soll auch das Licht der Welt sein. Wenn nun aber sein Geist und Leben nur ein schwaches und unständiges Licht sind, wer könnte seiner Leitung vertrauen?

Er soll ferner das Salz sein, welches den Geist, das Leben und die Gesellschaft anderer Menschen reinigt. Wenn er aber in Tat, Wort und Gedanken nicht rein ist, so wird der Umgang mit ihm eher schaden als fördern. Sein Einfluss ist niemals ein negativer. Er wird immer geben oder wegnehmen, für sich und andere gewinnend oder verlierend.

Wie groß ist die Gefahr eines Priesters, der in der Welt lebt und arbeitet und von allen gesehen wird. Das Feld seiner Arbeit ist die Welt inmitten des Weizens und der Spreu. Die Bösen sind oft weniger gefährlich, weil sie offene Feinde sind: aber die Guten, die oft töricht, leichtsinnig oder lau sind, entziehen ihn eben durch ihre Güte seiner Behutsamkeit und schwächen ihn, ehe er es merkt. Sie vergeuden ihre Zeit durch ihre Besuche; sie verschlingen dieselbe ganz mit ihren Einladungen; sie umstricken ihn mit ihrem Gerede; sie umlagern ihn mit „sogenannter Gesellschaft" d. h. Leuten jeder Art, und mit Erholungen, welche obwohl nicht sündhaft, dennoch gänzlich ungehörig sind und im Widerstreit mit dem Ernst des Priestertums. Leicht und unbewusst entspringen zuerst Vertraulichkeiten; Reizungen, persönliche Anziehungen stören die Ruhe seines Geistes, und das Gleichgewicht seines geistlichen Lebens ist verloren. Die Unterhaltung und die Gegenwart einer Person wird für ihn so anziehend, dass sie ein Teil seiner Gedanken und ein tägliches Bedürfnis wird. Eine falsche Verbindung bildet sich unbemerkt, vielleicht frei von aller Sünde, aber voll unmäßiger Anhänglichkeit, die ihn seinem göttlichen Meister entzieht, des Priesters einzigem Freunde, dem sein ganzes Herz geschenkt war. Welche Netze für seine Füße liegen nicht auf seinem Pfad; welche Abgründe öffnen sich nicht auf seinem Wege. Wie unvermerkt geht er voran, ohne die Ferne zu bemessen, bis sich hinter seinen Schritten ein Abgrund geöffnet und seine Vergangenheit fast vergessen ist. Alles dieses ist auch ein Maßstab der Zeit: nicht als hätte die Zeit es getan, sondern weil er es in der Zeit getan hat, und zwar in der Zeit, die er vergeudet oder verschwendet hat, oder in derjenigen, die ihm gestohlen wurde.

Das beste und sicherste Mittel gegen dieses ist ein weiser und entschlossener Gebrauch unserer Tage und Stunden. Niemand sollte ohne ein zweifaches Horarium sein. Der erste Teil gilt seinem Tag: Bestimmung der Stunde des Aufstehens und Schlafengehens, der Messe und des Breviergebetes, des Studiums und des Schreibens, der Seelsorge im Beichtstuhl und in den Häusern der Kranken und Armen. Und solch ein Horarium soll das Maß und die Länge der Zeit feststellen, welche jeder dieser Abteilungen des Tages zugewiesen ist. Hier gibt es keine Rubrik für die Welt oder Gesellschaft, da des Priesters Leben außerhalb der Welt ist; sein

Heim und sein göttlicher Freund sind in dem Heiligtum; die Heiligen und die Gottesgelehrten, die zu ihm durch seine Bücher reden, sind seine Gesellschaft. Wenn die Sonne untergegangen, ist der Abend der kostbarste Teil des priesterlichen Tages. Es ist die einzige Zeit, die er sein eigen nennen kann. Glücklich der Priester, der ihren Wert kennt, und töricht der Priester, der dieselbe in der Welt vergeudet.

Der andere Teil des Horariums gehört der Ausrechnung der Weise, in welcher unser Leben verfließt. Die meisten Menschen geben ein Drittel des Tages dem Schlaf, mit seinen Umständen im Aufstehen und Schlafengehen; ungefähr drei Stunden gehören der Messe und dem Breviergebet: wer kann sagen, wieviel dem Privatgebet, der geistlichen Lesung, dem Studium, dem Beichtstuhl und der Seelsorge gehört? und wer kann das Maß von allem diesem bestimmen? Manche Priester geben der Welt und der Gesellschaft zu wenig; viele geben ihr zu viel. Wenn wir daher bis siebzig Jahre leben, werden wir mehr als dreiundzwanzig Jahre im Schlaf zugebracht haben; ungefähr sieben Jahre mit der Messe und dem Breviergebet - und das macht ungefähr dreißig Jahre aus. Wie bringen wir die anderen vierzig Jahre zu? Wir würden daher wohl tun, immer die Worte im Sinne zu halten *Quid hic agis, Elia?*[1] und zu jeder Stunde des Tages das andere Wort: „Wusstet ihr nicht, dass ich in dem sein muss, was meines Vaters ist?"

---

1 3 Reg. 19, 9. 13

ELFTES KAPITEL

Des Priesters Leiden

Wir lesen zweimal im Evangelium, dass Jesus weinte und nur einmal, dass er „frohlockte im heiligen Geiste".[1] Er weinte am Grabe des Lazarus und über Jerusalem, als er es vom Ölberg aus erblickte. Er frohlockte, als er seinen Vater pries, weil er die Geheimnisse seines Königreiches offenbarte nicht den Weisen und Klugen dieser Welt, sondern den Demütigen und Kleinen. Unser Heiland war der Mann der Schmerzen; und ein Priester muss ihm gleich sein, denn der Jünger ist nicht über dem Meister. Aber die dreiunddreißig Jahre geistigen Leidens haben unseren göttlichen Heiland nicht mürrisch oder melancholisch oder düsteren Blickes gemacht. Die Frucht des Geistes war in ihm in der ganzen Fülle und „die Frucht des Geistes ist Liebe, Freude, Friede."[2] Kein Angesicht glänzte mehr in göttlicher Liebe und Freude, denn das seine. Und wir sind unserem Meister nicht ähnlich, wenn unser Blick düster und unsere Stimme trauervoll ist. Dessen ungeachtet muss ein Priester ein Mann des Leidens sein. Wenn er den Blick des Glaubens hat, um die Sünden der Welt zu sehen, und ein mitleidvolles Herz, um die Verwüstung des Todes an Leib und Seele zu fühlen, dann muss er sicher die Schmerzen unseres göttlichen Erlösers teilen.

1. Der erste Schmerz eines Priesters ist das Bewusstsein seiner eigenen Unwürdigkeit.

Ein jeder Priester muss die Worte des hl. Paulus vor Augen haben: „Ich danke dem, der mich gestärkt, Christo Jesu, unserm

---

[1] Lk. 10, 31.

[2] Gal. 5, 12.

Herrn, dass er mich für treu gehalten und in das Amt eingesetzt hat: der ich vorher ein Lästerer und Verfolger und Schmäher war: aber ich habe Gottes Barmherzigkeit erlangt, weil ich es unwissend tat im Unglauben: und überschwänglich erwies sich die Gnade unseres Herrn mit Glaube und Liebe in Christo Jesu. O wahrhaft und aller Annahme wert ist das Wort, dass Jesus Christus gekommen ist in diese Welt, die Sünder selig zu machen, unter denen ich der erste bin. Aber darum habe ich Barmherzigkeit erlangt, dass an mir ersten Christus Jesus alle Langmut zeige zur Bekehrung für die, welche an ihn glauben werden zum ewigen Leben."[1] Diese Worte beweisen, dass der hl. Paulus sich nicht zu den Treuen zählte; dass er sich selbst seiner vergangenen Unwürdigkeit bewusst war, dass ihm verziehen wurde, weil er in Unwissenheit gesündigt hatte; dass er keinen Sündvolleren als sich selbst kannte; und dass er eben wegen dieser Ursache gewählt wurde, auf dass er ein lebendiger Zeuge der Geduld Jesu sei und ein Beweis der unbeschränkten Gnade der Erlösung, auf dass keiner je verzweifle.

Welcher Priester kann in seine Vergangenheit schauen, ohne zu erstaunen, dass er zum Priesterstande berufen wurde? Wie viele unserer früheren Gefährten waren auf jede Weise würdiger als wir. Sie begingen nie eine Menge von Sünden, Torheiten und Unklugheiten, deren wir uns bewusst sind. Vieles haben wir getan, wohl wissend, dass wir es nicht tun durften; vieles sehen wir jetzt in einem Licht, welches wir damals aus eigener Schuld nicht hatten. Von keinem wissen wir so viel Schlechtes, als von uns selbst; vielleicht keine Übertretungen gegen den Buchstaben des Gesetzes, aber doch große geistige Sünden inmitten großer geistiger Gnaden. Liebe, Verzeihung, Hoffnung, Vertrauen und Erlösung, die wir anderen predigen, sehen wir sie zuerst in uns selbst?

---

1 1 Tim. 1, 11 - 16

Wäre seine Barmherzigkeit nicht unendlich, so wären wir nicht nur keine Priester, sondern wir würden nicht einmal bestehen.

„Welcher Mensch weiß, was im Menschen ist, als nur der Geist des Menschen, der in ihm selbst ist?"[1] Die, welche am meisten von uns wissen, kennen wenig von der Welt unseres inneren Lebens, die bis zu unserem frühesten Bewusstsein zurückreicht. Unser ganzes Leben ist darin enthalten, als wie wenn es jetzt in einem Blick uns ganz gegenwärtig wäre - Kindheit, Knabenalter, Jugend, Mannesalter, jedes für sich und doch zusammenhängend, in einem Augenblick übersehbar; es gibt darin Lichtpunkte von großem Glanze, die von Gott kamen, und schwarze, das Licht auslöschende Flecken, die von uns ausgingen. Wie ist es möglich, dass ich zu einem Priester auserwählt wurde? Ich kenne mehr Sünden von mir als von meinen Gefährten im Knabenalter, welche nicht berufen wurden, Gott so nahe zu stehen. Geschah es vielleicht, weil er sah, dass ich anders nicht gerettet würde? Dass ich nicht geeignet war, mit der Welt zu kämpfen oder selbst in der Welt zu leben? Dass ich ohne die Stützen und Hilfsmittel eines Priesterlebens unter dem Trug und der Macht und den Lockungen der Welt versunken wäre? Wenn ich an das denke, was ich gewesen, wie kann ich es wagen, das Wort Gottes in den Mund zu nehmen? Wenn ich die Menschen vor der Sünde warne, warum sagen sie nicht: „Arzt, heile dich selbst?" Wenn ich sie auf ihre Fehler aufmerksam mache, so höre ich sie sagen: „Du hast einen Balken im eigenen Auge", und wie der hl. Gregorius sagt, *ulcus in facie.* Und wenn ich vom Reich der Gottesliebe in den Herzen predige, von Großmut und Selbstaufopferung und zugleich wissend, was ich bin - wissend meine Ungeduld von gestern und mein Zögern von heute, - da sagt mir eine Stimme: „Du getünchte Mauer." Jeder Priester, der sich selbst kennt, wird wissen, was es heißt, entmutigt zu werden, betrübt und niedergedrückt zu sein von einer

---

1 1 Kor. 2, 11

Menge Leiden und Enttäuschungen, aber nichts kann schwerer auf uns liegen als das Bewusstsein unserer eigenen Unwürdigkeit. Der hl. Gregorius von Nazianz sagt von sich selbst: „Dieses hielt mich in einem niederen Stand und machte mich demütig, nämlich, dass es besser sei, die Stimme des Lobes zu hören; denn dass ich mich soll als Prediger von Dingen ausgeben, die über meine Kräfte gehen, nämlich die Majestät, Erhabenheit und Größe Gottes, alsdann die reinen Geschöpfe, welche kaum die Herrlichkeit Gottes begreifen, den der Abgrund verhüllt, der sich in Finsternis verbirgt; der da ist das reinste Licht, der Menge unnahbar; der in und über allem ist; der ganz Schönheit und über alle Schönheit erhaben ist; der die Schnelligkeit und Erhabenheit des Geistes erleuchtet und übersteigt, immer in dem Maß uns entweichend, als wir ihn begreifen und durch sein Ausweichen gerade denjenigen erhebend, der ihn liebt, und wenn ergriffen, aus seinen Händen entfliehend."[1]

Wer hat sich nicht des Tages seiner Ordination erinnert und gesagt: „Wer gibt mir, dass ich sei wie in den vorigen Monden, in den Tagen, da Gott mich hütete? Da seine Leuchte schien über meinem Haupte, und bei seinem Licht ich wandelte in der Finsternis. Wie ich war in den Tagen meiner Jugend, da Gott heimlich war in meiner Hütte."[2]

2. Ein anderer Schmerz des Priesters entspringt aus den Sünden seiner schlechten Schafe. Der hauptsächlich, sein ganzes Leben hindurch andauernde geistige Schmerz Jesu entstand aus der täglichen Berührung seiner göttlichen Heiligkeit mit der Sünde der Welt. Wenn er auf die Entstellung und Schändung der Schöpfung Gottes blickte, sagte er: „O gerechter Vater, die Welt hat dich nicht erkannt." Die Welt kennt ihren Schöpfer nicht. Es ist eine tiefe Verachtung der göttlichen Majestät, ihn nicht zu kennen.

---

1 Orat. II. §. LXXVI. tom. I. pag. 49

2 Job. 29, 2 - 4.

Und dennoch betete Jesus am Kreuze für diejenigen, welche nicht wussten, was sie taten. Wer ist nun aber unserer Sorge anvertraut, der Gott nicht kennt? Selbst die größte Unwissenheit ist affektiert. Wenn wir das Herz unseres Meisters in uns haben, dann muss die Sünde, die wir auf allen Seiten erblicken, Sünden des Fleisches und des Geistes, die Verwüstung und Zerstörung, welche Satan in Männern, Weibern und Kindern anrichtet, für uns ein unaufhörlicher Schmerz sein. In dem Maße, in welchem wir Hass vor der Sünde und Liebe zu den Seelen haben, wird der geistige Tod der uns Anvertrauten immer für uns ein sichtbarer und persönlicher Schmerz fein. Schimpf und Undankbarkeit lassen sich geduldig ertragen. Alles, was die Menschen gegen uns tun oder sagen können, ist für uns von geringem Gewicht. Ein Priester ist ein *singnum cui contradicetur.* Er ist eine Zielscheibe für alle Schleudern und Steine falscher und böser Zungen; obgleich dieses uns nicht schaden kann, so schneidet doch Hass, Verachtung und Spott in Fleisch und Blut ein. Dessen ungeachtet bringt dies wenig Schmerz mit sich. Es mag Unmut erwecken; aber Unmut trocknet das Leid aus. Schmerz entspringt dem Gefühl der Liebe, des Mitleidens und des Erbarmens um die Seelen. Solcher Schmerz ist ein Zeichen der Ähnlichkeit mit dem guten Hirten. Wie der hl. Paulus den Korinthern sagte, als sie sich gegen ihn auflehnten: „Überaus gern will ich Aufopferung machen, ja, mich selbst will ich aufopfern für eure Seelen, obgleich ich euch mehr liebe und weniger geliebt werde."[1] Unser Heiland selbst hatte schon früher gesagt: „Wenn euch die Welt hasst, so wisset, dass sie mich vor euch gehasst hat."[2] Gehasst zu werden, ist daher ein Siegel unserer Treue.

Wir leben im Anblick der Seelen, die beständig tot sind vor unseren Augen. Die Ebene der dürren Gebeine ist geisterhaft; aber

---

[1] 2 Kor. 12, 15.

[2] Joh. 15, 18

der Braus und Wust der geistig toten Seelen ist viel erschrecklicher. Es wahrzunehmen, bedarf einer geistigen Intuition; deshalb können manche Menschen mitten in dieser Erscheinung leben, ohne sie wahrzunehmen; und selbst wir, die wir die Erstlingsfrüchte des Hl. Geistes besitzen sollen, können sie nur wahrnehmen in dem Maße unserer Intuition.

Menschen, die ein schlechtes Leben führen, sind Seelenmörder. Mit direkter Absicht oder mittels der Ansteckung ihres Beispiels zerstören sie die Unschuldigen und machen die Reumütigen abfällig. Wir können bemerken, wie die Sache von Haus zu Haus, von Seele zu Seele sich ausbreitet. Das Reich der Sünde und der Schatten des Todes lässt sich auf Seelen und Häuser nieder, über welche wir lange, aber vergebens gewacht. Zuweilen erscheint Satan fast sichtbar: seine Gegenwart ist fühlbar, und seine Macht lässt sich erkennen in der Zerstörung jahrelanger Arbeit. In jeder Herde gibt es Feinde Gottes, offene und erklärte, heimliche und verstockte. Von diesen allen sagt der hl. Paulus: „Denn viele wandeln, wie ich euch oft gesagt habe, jetzt aber unter Tränen sage, als Feinde des Kreuzes Christi: deren Ende Verderben, deren Gott der Bauch ist, die sich in ihrer Schande rühmen, die irdisch gesinnt sind."[1]

3. Wie durch die Sünden schlechter Menschen, so hat der Priester auch durch die Lauheit der Guten zu leiden; dass die Menschen so gut sind und dennoch nicht besser; so voll des Lichtes und doch nicht reich genug; dass sie so viel Gutes tun und dennoch nicht mehr; dass sie so viele Fehler und so wenige Vorzüge haben; dass sie so tadellos und dennoch so wenig preiswürdig sind; so voll von guter Gesinnung und so arm in guten Werken; so bereitwillig zu geben und doch so knapp in ihren Gaben; so regelmäßig in ihren Andachten und so wenig andächtig; so

---

1 Phil. 3, 18. 19.

fromm und doch so weltlich; so bereitwillig die guten Werke anderer zu loben und doch so langsam dieselben selbst zu tun; so voll des Tadels über die Trägheit, Unbeständigkeit, Unterlassungen, Fehler und Lauheit anderer Menschen und doch so wenig hilfreich, so gemächlich, schwächlich und lau. - Alles dieses sind geistliche Paradoxe und Widersprüche, welche den Priester mit beständiger Enttäuschung quälen und plagen. Wo er Hilfe suchte, findet er keine; wo er glaubte, trauen zu können, findet er sein Vertrauen enttäuscht; wo er glaubte, eine Stütze gefunden zu haben, weicht die Erde unter seinen Füßen. In dem Schmerz über die Sünden liegt etwas, das uns mit Gott vereinigt. Es weckt uns auf und warnt uns, dass wir in der Vorderlinie der Schlacht stehen und dass wir „die volle Rüstung Gottes" nicht ablegen können. Es ist ein Ringen mit geistlicher Bosheit in den hohen Stellen der List und Macht, wo die Seelen vor unsern Augen zu Grunde gehen und wir selber in Gefahr sind. Dieses stärkt und befestigt unsere Energie und Selbstbeherrschung. Aber die kleinen und erbärmlichen Fehler der Guten, die Kleinheit und Selbstsucht, das Selbstgefallen und die verfeinerte Unempfindlichkeit gegen die Schmerzen, Leiden und Sünden um uns herum - diese Dinge reizen und regen uns auf, ohne unsere Selbstbeherrschungskraft wach zu rufen. Wir sind stets geneigt, uns zu grämen und zu beklagen infolge der Enttäuschungen, die wir von den Guten erleiden, und wir verstehen sehr gut die fehlgeschlagene Hoffnung des hl. Paulus, als er schrieb: „Ich habe keinen so Gleichgesinnten, der mit so herzlicher Teilnahme für euch sorgt; denn alle suchen das Ihrige, nicht die Sache Jesu Christi[1]." Gewöhnlich tun die, welche am meisten reden, am wenigsten, und diejenigen, welche beständig fragen, warum dies oder das nicht getan worden ist, sind die letzten, dasjenige zu tun, was notwendig ist. Wir können unsere Gemeinde in Redende und Tätige einteilen; die Tätigen schweigen, und die Arbeit ist getan; die Redenden kritisieren

---

1 Phil. 2, 20. 21

meistens die Weise der Arbeit und die vollbrachte Arbeit. Tadel ist ihr Beitrag zu der Arbeit, und selten geben sie mehr. Es ist traurig und befremdend, wie wenige ihre persönlichen Dienste gewähren. Geld geben sie, nicht Zeit und Mühe, Almosengeben enthält weniger Entsagung und Selbstverleugnung als persönliche Arbeit. Persönliche Aufwartung der Kranken, Betrübten und Sündhaften ist viel kostbarer vor Gott als alles Gold und Silber.

4. Ein anderer Schmerz des Priesters kommt von falschen Brüdern. Zu dieser Klasse gehören nicht nur Apostaten und Männer von unsicherem Glauben, sondern auch Heuchler und Verräter von Geheimnissen, Ohrenbläser, Klagselige und Ehrabschneider, und solche, welche um das Priesterhaus herumschwärmen, um jede Unzufriedenheit, jede Beschwerde und jeden Groll gegen ihn zu erfahren, zu beachten, aufzufangen und weiter zu tragen. Solche Leute sind gewöhnlich verschwenderisch mit ehrfurchtsvollen Worten, persönlicher Anhänglichkeit und treuer Ergebenheit. Ihre Ehrfurcht ist kriechend, und die Beteuerungen ihres guten Willens und Wohlwollens sind grenzenlos. Wer könnte ohne vermessenes Urteil und ungroßmütige Seele solche Leute in Verdacht nehmen? Je besser ein Priester ist, desto vertrauensvoller ist er. Er glaubt, dass andere sind, wie er selbst ist, - er hasst Verstellung und glaubt, dass andere derselben unfähig sind. Deshalb antwortet er einfach und ohne Argwohn, und da, wo er sich aussprechen kann, sagt er dem Fragesteller alles, was er wissen will. In einer kleinen Weile kommt eine Wolke von Missverständnissen, Entstellungen und unwahren Behauptungen gleich einem Mückenschwarm um des Priesters Haupt. Und wer kann sagen, woher, warum und wozu? Freundschaften werden zerstört, Groll wird entzündet, die Pfarrei geteilt und Uneinigkeiten trennen Familien. Endlich erinnert sich der arme Priester des Tages, des Mannes und der Angelegenheit. Es ist eine Lehre für das Leben, vielleicht nicht die erste, noch auch die letzte. Und dennoch gibt es Leute, die seine Reserve und sein Schweigen tadeln, als wäre

ihm dasselbe nicht gleichsam wie durch ein Brennmittel einge-
brannt worden. Falsche Mitbrüder sind böse genug, aber falsche
Schwestern sind noch schlimmer, in dem Maße, in welchem sie
unachtsamer im Anhören und unermüdlicher im Weitererzählen
sind.

Solche Dinge sind verdrießlich; aber es gibt noch schlimmere.
Es gibt falsche Brüder, welche über jeden Akt der Obrigkeit spöt-
teln und jedes Wort kritisieren. Sie sind nie in Übereinstimmung
mit denjenigen, die über ihnen stehen. Der Pfarrer tut ihnen nichts
recht und kann ihnen nichts recht tun. Und dieses beständige
Murren überträgt die Unzufriedenheit auf andere. Diese Dinge,
in sich selbst verachtungswert, können dennoch eine ganze Pfarrei mit ihrem Priester entzweien. Der Geist der Kritik, einmal auf-
gerufen, ist beutegierig und unerbittlich - Friede und Nächstenliebe werden zerstört, und Groll entsteht zwischen Herde und
Hirt, aus dessen Hand man die Lossprechung und das kostbarste
Blut und das Brot des Lebens empfängt. Auf den ersten Blick mag
man verwundert sein, warum der hl. Paulus, nachdem er eine
schwarze Liste von Fleischessünden aufgestellt hat, hinzufügt:
„Feindschaft, Zank, Neid, Zorn, Hader, Uneinigkeit, Ketzerei,"
und die Liste schließt mit „Totschlag, Völlerei, Schwelgerei und
was dergleichen ist."[1] Und in der Tat sind die geistigen Sünden
„der Feindschaft und der Uneinigkeit" teuflischer als die Sünden
des Fleisches, denn der Teufel hat keinen Leib; und sie stehen
mehr mit Gott im Widerspruch, weil Gott ein Geist und die Liebe
ist.

5. Der letzte große Schmerz eines Priesters, den man jetzt noch
zu den andern hinzufügen kann, ist der Fall eines priesterlichen
Mitbruders. Möglicherweise ist es einer, der mit ihm von Kindheit
an aufgewachsen ist, der mit ihm an demselben Tag geweiht
wurde, oder ein solcher, über welchen er mit der Sorgfalt und

---

1 Gal. 5, 19 – 21.

Hoffnung eines älteren Bruders wachte. Er war einst unschuldig, geistesklar, einfachen Herzens, sein Verstand war voll Licht und seine natürlichen Fähigkeiten sehr entwickelt. Sein Anfang war voll Hoffnung. Jedermann sah in ihm einem Leben vielfachen Nutzens und priesterlicher Vollkommenheit entgegen. Plötzlich, wie ein Baum entzweibricht und in seinem Herzen die Fäulnis zeigt, fällt er, oder nach und nach erbleichen und fallen seine Blätter, und eine Krankheit, die niemand kennt, verbreitet sich über den Baum. Irgend eine geheime Versuchung, eine gefahrvolle Lockung, eine unreine Vertrautheit, eine Verdunklung des Gewissens, eine Lockerung der Ordnung, eine Vernachlässigung der Gewissenserforschung, Unterlassungen des Gebetes, eine verderbliche Gelegenheit, wo die Gewissensstimme unterdrückt, der Wille schwach und die Versuchung stark ist. - Da kommt der erste Fall, nach welchem es leicht ist, wieder und wieder zu fallen. Der Abgrund ist überschritten, und er tritt in eine unbekannte Welt ein, *ubi nullus ordo et umbra mortis.* Er ist verwundert in einem so fremdartigen und neuen Zustand zu sein und dennoch so wenig zu fürchten. Es gab eine Zeit, wo er dachte, nach einem solchen Fall würde er sterben; nun aber fühlt er noch seine volle Lebenskraft. Nur Gott allein und noch ein anderer kennen die volle Wahrheit, und für andere kann sie verborgen bleiben. Das Beichtsiegel bedeckt sie; und dem äußern nach bleibt er derselbe Mann - Priester und Seelsorger. Wer kann es wissen, wenn er sich nicht selbst verrät? Der Arbeit sich entziehen, aufzuhören gesehen und gehört zu werden, würde die Aufmerksamkeit auf ihn lenken und die Neugierde erwecken. Er fährt also in allem fort wie früher, oder vielmehr er lässt sich mehr sehen und hören als jemals. Niemand hat ihn in Verdacht. Der Stein in der Mauer schweigt, und das Holz des Daches hat keine Stimme; wer könnte also etwas erfahren? Und keiner kann beweisen, selbst wenn man verdächtigt. Sicherheit ist Straflosigkeit; und Straflosigkeit führt zur Unbußfertigkeit. Zuletzt kommt alles ans Licht, nicht so sehr durch

menschliches Forschen als durch den Finger Gottes. Lange Straflosigkeit gibt Zeit und Gelegenheit zu einer langen Laufbahn wie-
derholter Sünden; und eine tägliche Übung verstellter Frömmigkeit und verhehlter Sünde verblendet seinen Verstand und ver-
härtet sein Herz. Er verachtet alle Zeugen, leugnet allen Beweis
und fährt fort, alle zu täuschen, die getäuscht werden können. Der
Priester aber, der ihn liebt und alles weiß, kann nicht getäuscht
werden; und sein Schmerz gilt der Seele, auf welche der priesterliche Charakter unauslöschlich aufgedrückt wurde, am Tage, wo
er geweiht wurde, zu sein das Licht der Welt, das Salz der Erde,
das Ebenbild des Sohnes Gottes, der Hirt der Schafe. Sein Schmerz
gilt auch den Seelen, die durch den Fall des Priesters gelitten haben; er gilt auch dem Ärgernis an den Gläubigen und den Außen-
stehenden; der Heiligkeit des Priestertums, welche befleckt; der
Kirche, welche entehrt; und unserm göttlichen Herrn und Meister, der wiederum verkauft und verraten worden ist. Welcher
Schmerz kann diesen übersteigen? Alles was man sagen kann, ist:
„Ach, ach, mein Bruder!"[1]

ZWÖLFTES KAPITEL

Der Priester unter falscher Anklage

Gott hätte können die Welt erlösen durch eine Offenbarung seiner Herrlichkeit; aber er zog es vor, es unter Schande zu
tun. Jesus wurde von den Menschen verworfen, und sie verhüll-
ten ihr Angesicht vor ihm, als schämten sie sich seiner. Dieses ist
das Los, das er uns übererbt hat. Jesus wurde fälschlich angeklagt,

---

1 3 Reg. 13, 30.

und zwar mehr als jemals ein Mensch. Er wurde Samaritaner genannt, und man sagte ihm, er sei vom Teufel besessen. Er war „ein Schwelger und Weintrinker, ein Freund von Zöllnern und Sündern". Er war ein Betrüger, ein Verführer und Aufrührer, der das Volk aufhetze, indem er sich als König und Prophet ausgab, und ein Prätendent und Gotteslästerer. Er erlitt alle Strafen der Sünde, ausgenommen die Schuld derselben.

1. Falsche Anklage war dem Erlöser verhasst wegen seiner vollkommenen Heiligkeit. Getauft zu werden gleich einem Sünder, war ein Akt göttlicher Demut. Aller Augen waren auf ihn gerichtet; er wurde als einer der Sünder Jerusalems angesehen. Es war bitter, selbst nur im Verdacht zu stehen. Aber als Sünder verklagt zu werden, war eine unermessliche Erniedrigung. Seine sündenlose Seele empfand die Bitterkeit der Sünde. Er verkostete den Abscheu und die Scham derjenigen, welche gerecht verurteilt werden. Unschuldige Menschen auf der Anklagebank, und obschon fälschlich, aber schlau eines grässlichen Verbrechens angeklagt, haben uns nachher gesagt, sie hätten einen Augenblick das schreckliche Gefühl der Schuld auf sich lasten gefühlt. Und in dem Maße ihrer Unschuld wird ihr Hass der ihnen zur Last gelegten Missetat schärfer sein. Dem Sündvollen macht es wenig Pein; denn die Sünde tötet die Fähigkeit, die Schlechtigkeit, die Größe und das Tödliche der Sünde zu empfinden. Die Todesangst unseres göttlichen Heilandes im Garten wurde durch den Anblick und die Berührung mit der Sünde der Welt hervorgebracht. Die Sünde des Menschengeschlechtes vor der Sündflut, die Sünden der Stämme Israels, die Sünden der Christenheit und besonders die Sünden seiner eigenen Priester pressten ihm den Blutschweiß aus. Die Heiligkeit Gottes in Berührung mit der Sünde der Welt verursachte eine Betrübnis „bis zum Tode". Denn, obschon Gott nicht als Gott sich betrüben konnte, so trauerte doch der menschgewordene Gott durch die Leiden seiner sündlosen Menschheit in dieser sündigen Welt.

Das Leiden eines fälschlich angeklagten Priesters wird also im Verhältnis stehen zur Unschuld und der Reinheit seines Herzens und Lebens. Die ihn anklagen, ahnen wenig den Kummer, den sie verursachen. Sie besitzen nicht seine Zartheit des Gewissens, nicht seine Reinheit des Herzens, nicht seine Eifersucht für das Priestertum und für den Namen unseres göttlichen Meisters. Insofern „wissen sie nicht, was sie tun".

Die Ungebildeten, Rohen, Rachsüchtigen und Schlechtgesinnten, ja selbst die Dummen und die in ihren Reden Unbesonnenen verwunden oft einen Priester, und zwar so tief, dass er sich nie davon erholt, und sie tun dies oft vielleicht nicht aus Böswilligkeit, sondern aus Mangel an Vorsicht. Sie würden wenig danach fragen, wenn es von ihnen gesagt würde, und dieses ist vielleicht ihre einzige Entschuldigung, und eine sehr erniedrigende.

2. Und die falschen Anklagen gegen unsern göttlichen Heiland kamen von denjenigen, denen er stets Gutes erwies. Drei lange Jahre hindurch unterhielt er sich in Milde und Sanftmut mit ihnen über das Reich Gottes. Er heilte die Kranken, reinigte die Aussätzigen, öffnete die Augen ihrer Blinden, speiste die Hungrigen und erweckte die Toten. Und das Volk hörte ihn gerne, und kleine Kinder kamen ohne Furcht zu ihm. Eine Kraft ging von ihm aus zu erleuchten, zu heiligen und zu trösten. Und dennoch wurde er gehasst; und einmal suchten sie ihn zu töten, ein andermal ihn vom Hügel, auf dem sie waren, herabzustürzen. Und sie redeten gegen ihn und klagten ihn fälschlich an. Sie vergalten seine Liebe mit Hass und seine Geduld mit Schmähungen. Dies verursachte einen besonderen Schmerz.

Jeder Priester muss bereit sein, dasselbe zu ertragen. Diejenigen, für die wir am meisten getan haben, sind oft die Undankbarsten, und beim ersten Verweise oder der ersten Weigerung, sei sie noch so gering, werden sie sich bitterer Böswilligkeit hingeben. Es ist ein Sprichwort, dass die Leute immer die vielmalige Gewährung einer Bitte vergessen, um sich nur des einmaligen Abschlages derselben zu erinnern. Von den zehn Aussätzigen kehrte nur einer zurück, um zu danken, und dieser war ein Samaritaner. Priester, Leviten und Juden gingen an dem Verwundeten an der Wegesseite vorüber. Einer nur ward gefunden, der ihm helfen wollte, und auch dieser war ein Samaritaner. Die Juden waren durch das Übermaß des Lichtes geblendet und mit dem Reichtum der Gnade überfüllt. Sie nahmen alles wie ein Recht hin und kreuzigten den Herrn der Herrlichkeit. Die Samaritaner aber, wiewohl äußerst arm an Erleuchtung und Gnade, waren scharfsinniger, die Güte und das Gesetz Gottes zu erkennen. So auch ist es oft in unserer Herde. Die Begünstigten werden verwöhnt und diejenigen, welche am wenigsten Sorgfalt genießen, sind voller Dankbarkeit.

3. Und die falschen Anklagen gegen den Heiland kamen besonders von denen, welche ihn kannten. Wir lesen, dass in einem Augenblick selbst seine Brüder nicht an ihn glaubten. Und zuletzt war es einer der Zwölf selbst, der ihn verriet. Es geschieht oft, dass der Priester fälschlich angeklagt wird von jemanden, für den er eine besondere Innigkeit oder eine besondere Sorgfalt hatte. Vielleicht ist es eine Seele, die im Begriff zu Grunde zu gehen, von ihm wie ein Feuerbrand aus der Glut gerissen worden war. Es geschieht öfters, dass die, für welche wir am meisten tun, am wenigsten dankbar und am meisten heimtückisch sind. Weil wir schon so viel für sie getan, verlangen sie noch mehr; und weil wir nicht mehr für sie tun können, so brechen sie in Eifersucht und Rache aus. Es wäre nicht zu verwundern, wenn Feinde, die uns nicht kennen, gegen uns sprechen; wenn aber vertraute Freunde, welche offen unser Vertrauen und unsern Schutz genossen, welche mit uns unter einem Dache gelebt und Brot mit uns gebrochen haben - wenn diese sich gegen uns kehren und uns anklagen, so ist dies viel bitterer. *Inimici hominis domestici ejus.* Die Sorge, Güte und Nachsicht, die wir für sie gehabt, ist gänzlich verloren. Irgendeine Leidenschaft oder Eifersucht hat sie bemeistert. Erst

kehren sie sich von uns ab, und dann kehren sie sich gegen uns. Wären es Fremde und Unbekannte gewesen, so hätten wir es leichter ertragen; aber von ihrer Seite ist es eine mehrfache Undankbarkeit. Sie kennen uns besser als andere. Ihre Anklagen sind weder Unwissenheit noch Irrtum. Sie sind sich der Falschheit derselben bewusst, weil sie die Wahrheit kennen: und das erbittert sie. Sie können nichts Wahres gegen uns finden; deshalb sind sie aufgebracht und gehen zu Satans Schmiede, um Lügen zu holen. Die gottselige Schwester Katharina Emmerich sagt, der Teufel habe unsern Herrn und Heiland im Garten zu Gethsemane gefragt, was er mit all dem Geld angefangen habe, das Maria zu Magdala aus ihren Gütern erlöst.

4. Und die falsche Anklage gegen unsern göttlichen Meister wurde geglaubt nicht nur von Wenigen, sondern von den Meisten. Die Schlechten glaubten es gerne und freuten sich, dass er einer der ihrigen war. Er hatte sie ermahnt und getadelt und gereizt durch sein Beispiel; er hatte ihre Schlechtigkeit durchkreuzt und ihre Pläne zerstört und vielleicht den Unschuldigen aus ihrer Hand gerettet. Diesen war es eine Freude, ihn durch die Anklage zu schwärzen. Eine Anklage, welche, wenn auch noch so falsch, dennoch ihren Schandfleck hinterlassen und nie vergessen werden sollte. Dieser Schlag war herb genug; aber schlimmer wurde er noch und tiefer drang der Stich ins Herz, als Jesus sah, dass die Guten ihn für schuldig hielten; dass sie ihn verließen, ihm auswichen und an ihm vorbeigingen. Die Erbitterung schlechtgesinnter Geister war leichter zu ertragen als die Verurteilung durch die Guten, welche betrogen worden waren und glaubten, was gegen ihn gesagt wurde. Dann kamen die Regierer und Lenker des Volkes - die Schriftgelehrten und die Priester, die Männer von der strengen Observanz und großer Kenntnis des Gesetzes. - Diese missbilligten und tadelten seine übertriebenen Lehren und seinen außergewöhnlichen Lebenswandel: öfters ganze Nächte im Gebet, öfters mit Sündern speisend und trinkend. Dieser Mann, wenn er ein Prophet wäre, so sagten sie, würde dieses wissen;

aber er weiß es nicht, darum ist er kein Prophet; und wenn er kein Prophet ist, dann ist er anmaßend in seinem Benehmen und vermessen in seinen Urteilen gegen die Schriftgelehrten, welche auf dem Lehrstuhl Moses sitzen. Haben einige von den Ältesten des Volkes an ihn geglaubt? Und wenn diese nicht an ihn glaubten, warum sollten es die andern tun. Mancher gute Priester wird kritisiert, getadelt, angeklagt, verurteilt, laut und heimlich, und alles was gegen ihn gesagt wird, wird geglaubt und wiederholt. In den Häusern, wo er bewillkommnet wurde, ist Gezwungenheit bemerkbar. Die Freunde, die ihn zu grüßen pflegten, halten sich entfernt. Die Unwahrheit hat ihr Werk getan, und kein Widerruf ist je im Stande, dieselbe einzuholen. Sie verfolgt ihn wie ein Schatten, und sie verdunkelt seinen Pfad, wohin immer er auch gehen mag. Sie ist zu einem Teil seines öffentlichen Rufes geworden; die Meisten halten es für wahr. Seine Mitbrüder im Amt glauben es. Sein Bischof glaubt es und reinigt ihn nicht davon. Die hl. Engel wissen, dass es falsch ist. Aber der Priester war bestimmt, dem Vorbild des Sohnes ähnlich zu werden; und er wurde fälschlich angeklagt, und die Menschen hielten es für wahr.

5. Endlich ist unser göttlicher Meister unter der Wolke falscher Anklage gestorben. Er wurde nie von dem Vorwurf gereinigt, obschon die Zeugen nicht miteinander übereinstimmen konnten. Was lag daran? Der Hohepriester und die Schriftgelehrten verurteilten ihn, und die Menge schrie: „Kreuzige ihn! Was haben wir noch Zeugen nötig?" Sein Name war angeschwärzt, und er starb am Kreuze, von seinen Freunden, von den Menschen und von Gott verlassen. Er starb als ein Verbrecher, zwischen Verbrechern, im Angesicht der Menge, die ihn einst für einen Propheten, nun aber für einen Gotteslästerer hielt. Selbst nach seinem Tod überlebte ihn der böse Name. „Dieser Betrüger sagte, während er noch lebte." Und dieses selbe Los hat er denen hinterlassen, die ihm nachfolgen. „Gott hat uns Apostel als die Allergeringsten dargestellt, als die zum Tode Bestimmten; denn zum Schauspiele sind wir geworden der Welt, den Engeln und Menschen. Wir sind

Toren um Christi willen; ihr aber seid klug in Christo: wir sind schwach; ihr aber seid stark: ihr seid angesehen; wir aber verachtet. Bis zu dieser Stunde hungern und dürsten wir, sind entblößt, werden mit Fäusten geschlagen und haben keine bleibende Stätte. Wir arbeiten und mühen uns ab mit unseren Händen: man verflucht uns und wir segnen: man verfolgt uns und wir dulden: man lästert uns und wir beten; wie ein Auswurf dieser Welt sind wir geworden, wie ein Abschaum von allen bis zu dieser Stunde."[1] „Der Lehrling ist nicht über den Meister noch der Knecht über seinen Herrn . . . Haben sie den Hausvater Belzebub geheißen, wie viel mehr werden sie seine Hausgenossen also nennen?[2] Weshalb sollen wir klagen, wenn wir durch Anklage geschwärzt werden und darunter sterben? Fälschlich angeklagte Unschuld ist eine innige Ähnlichkeit mit dem Sohne Gottes.

Drei Gedanken, welche aus allem diesem entspringen, sind imstande, uns sowohl Frieden wie Kraft zu geben, wenn wir fälschlich angeklagt werden. Der erste ist, dass Unschuld, die durch Sünde leidet, für die Sünde leidet. Dies ist es, was der hl. Paulus beschreibt, wenn er sagt: „dass ich an meinem Fleische ersetze, was an dem Leiden Christi mangelt."[3] Die Schmerzen des Hauptes erlösten die Welt. Die unendlichen Verdienste des Kreuzes haben alle Dinge für uns erkauft. Die Leiden aber des mystischen Leibes und eines jeden Gliedes desselben sind mit dem Leiden Jesu vereinigt, und durch dasselbe steigen sie als ein Akt des Gehorsams, der Geduld und Selbstaufopferung zum himmlischen Vater.

Der zweite Gedanke ist, dass Sünder nie dem göttlichen Meister so nahe sind, als wenn sie unschuldig leiden. Der hl. Petrus

---

1 1 Kor. 4, 9 – 13.

2 Mt. 10, 24. 25.

3 Kol. 1, 24.

sagt: „Geliebteste, lasset euch die Feuerprobe, die euch zur Prüfung widerfährt, nicht befremden, als widerführe euch etwas Seltsames, sondern freuet euch, dass ihr mit Christus leidet, damit ihr
auch bei der Offenbarung seiner Herrlichkeit euch freuen und
frohlocken könnt. Selig seid ihr, wenn ihr um des Namens Christi
willen geschmäht werdet. Denn die Ehre, die Herrlichkeit, die
Kraft Gottes und sein Geist ruht auf euch."[1] Wenn wir auf des
Herrn Seite stehen, werden wir für ihn und mit ihm leiden. Wo
immer sein Kreuz ist, da ist auch er. Nie ist er uns näher als eben
dann, wenn wir seiner am meisten bedürfen. Unsere Schande, unser Schmerz und unser Herzeleid sind das Unterpfand seiner
Nähe und ein Beweis, dass er unsern Verstand öffnet zum Ver-
ständnis desjenigen, was kein Buch uns lehren kann. Wie oft haben wir nicht diese Worte gelesen: „Wahrhaft ist das Wort: denn
wenn wir mit ihm gestorben sind, werden wir auch mit ihm leben:
wenn wir dulden, werden wir auch mitherrschen."[2] Fälschlich angeklagt zu werden ist die letzte Ähnlichkeit des Dieners mit dem
Herrn.

Der dritte Gedanke ist, dass unser göttlicher Meister uns zu einem größeren Werk bestimmt hat. Er bereitet uns zu demselben
vor durch Leiden und Beraubung aller Süßigkeit, ohne welche
Mietlinge ihm nicht dienen, indem er unsere Liebe reinigt von
Groll gegen die, welche uns verächtlich behandeln, und von allem
schwachen Mitleidsgefühl für uns selbst. Bevor wir nicht unsers
Meisters Los angenommen haben, dessen drei Gefährten, wie die
selige Angela von Foligno sagt, Armut, Schmerz und Verachtung
waren, werden wir nicht würdig sein, Priester und Soldaten des
durchbohrten Herzens zu sein. Unser gekreuzigter Erlöser gibt einem jeden seiner Diener ein seinen Kräften angemessenes Werk

---

1 1 Petr. 4, 12 – 14.

2 2 Tim. 2, 11. 12.

zu tun. Vielen gibt er eine leichtere Aufgabe, manchen eine här-
tere, wenigen die schwerste. Alle Priester stehen auf Golgatha,
aber einige sind dem Kreuz näher als andere. Er misst den Anteil
an seinem Kreuz aus, soweit jeder es tragen kann. Einige berührt
es nur auf einen Augenblick, auf andere fällt es öfters; einige haben das verlängerte Los des Simons von Cyrene; andere haben
den Spott zu ertragen; andere den Essig und die Galle; wieder andere die Verlassenheit und wenige die falsche Anklage, unter welcher er starb. Der hl. Romualdus, der hl. Peter der Märtyrer, der
hl. Franz von Sales, der hl. Joseph Calasanctius, der hl. Vincenz
von Paul haben diese und noch viele andere Bitterkeiten verkos-
tet. Es machte Heilige aus ihnen und rüstete sie zu ihrem Werk
aus; denn sie waren berufen, das Werk der Heiligen zu vollbringen. Wenn wir darum an seinem Los Anteil haben, so ist es für
uns ein sicheres Zeichen seiner Liebe und seines Willens, in irgendeiner Weise als Werkzeug seiner Macht uns zu gebrauchen.
Lasset uns deshalb nie darunter unterliegen, noch auch fürchten
oder umhergehen, um weltliche Verteidiger zu finden, noch auch
menschliche Künste zu unserer Rechtfertigung gebrauchen. Über-
lassen wir es ihm. „Befiehl dem Herrn deine Wege, und hoffe auf
ihn: er wird es schon machen. Und er wird deine Gerechtigkeit
hervorbringen wie das Licht und dein Recht wie den Mittag."[1]
Wenn dieses Zeichen seines besonderen Dienstes sich an dir offenbart, so danke ihm. Sage *Benedicam Dominum in omni tempore.*
Ich werde den Herrn zu allen Zeiten loben und ihm danksagen:
Zur Zeit des Friedens und zur Zeit der Sorge; zur Zeit der Freude
und zur Zeit des Kummers; zur Zeit, wenn die Menschen in mich
ihr Vertrauen setzen, und zur Zeit, wenn sie mir misstrauen; zur
Zeit, wenn sie gut von mir reden, und zur Zeit, wenn sie mir Böses
zur Last legen, dessen ich mir unbewusst bin, und Unwahrheiten,
die als wahr geglaubt werden.

---

1 Ps. 36, 5. 6.

DREIZEHNTES KAPITEL

Der Freund des Priesters

Es kann nicht geleugnet werden, dass das Leben des Priesters ein Leben strenger Einsamkeit ist. Vom Tage an, da er durch seine Ordination ausgesondert wurde, gelten von ihm in ihrer ganzen Fülle die Worte: „Der ohne Vater, ohne Mutter, ohne Geschlechtsregister, weder Anfang der Tage noch Ende des Lebens hat, ward dem Sohne Gottes ähnlich gemacht und bleibt Priester in Ewigkeit."[1] Er verlässt Heimat und Freunde; seine Geburt und sein Name und Geschlecht sind vergessen; keiner fragt, wo er geboren wurde, keiner, wo er sterben mag. Er ist von der Welt getrennt und nie verlassener und einsamer als in dem Gedränge der Straßen oder in den gestillten Zimmern. Es ist wohl wahr, dass er seine Herde, seine Brüder im Priestertum, die ganze sichtbare Kirche und alle Heiligen zu Gefährten hat. Aber alles dieses genügt nicht. Er bedarf etwas das inniger ist als alles dieses. Priester suchen es oft in Freundschaften und in unschuldigen Verbindungen besonderer Vertrautheit. Sie bedürfen gleich allen andern Menschen das *solatium humanitatis*. Aber indem sie es suchen oder annehmen, fallen sie oft in eine Schlinge. „Denn von wem jemand überwältigt wird, dessen Knecht ist er."[2] Durch was immer ein Mann überwältigt wird, durch das wird er auch in Sklaverei gebracht. Es gibt keine größere Sklaverei für einen Priester als eine persönliche Anhänglichkeit ohne Gleichgewicht. Als er geweiht wurde, gab er seinem göttlichen Meister seine ganze Seele; und er erhielt dagegen die Freiheit, welche ihn von allen

---

1 Hebr. 7, 3.

2 2 Petr. 2, 19

ungeregelten Freundschaften und ungehörigen Anhänglichkeiten löste. Diese Freiheit besteht in einem vollkommenen Gleichgewicht seines Geistes. Es ruht auf der Liebe Gottes, die alle seine Gemütsbewegungen beherrscht und sie in Wärme und Zärtlichkeit vervollkommnet für alle, die ihn umgeben, aber die ihm auch verbietet, sich so an jemand anzuschließen, dass er dadurch sein Gleichgewicht oder die vollkommene Unabhängigkeit seines Geistes verlöre. Das sicherste Zeichen, dass unser Geist dieses Gleichgewicht verloren, sind häufige Zusammenkünfte, viele Briefe, lange Besuche, Langweile zu Haus, rastloses Suchen, Vergeudung der Zeit und Unzufriedenheit mit der Einsamkeit. Wenn ein Priester seine Abende langweilig fühlt, sein eigenes Zimmer einsam, seine Bücher geschmacklos, so ist es klar, dass er sein Gleichgewicht verloren hat. Er ist in der Sklaverei irgendeiner Sache oder Person und hat die vollkommene Freiheit seines Herzens eingebüßt. Der hl. Hieronymus sagt: „Der Kleriker, der die Kirche Christi bedient, möge zuerst seinen Namen erklären, und wenn er die Definition desselben gefunden, dann möge er suchen, das zu sein, was er genannt wird. Denn wenn das griechische *cleros* Los heißt, dann werden die Kleriker deshalb so genannt, weil sie entweder das Los des Herrn sind oder der Herr ihr Los ist. Derjenige also, der entweder selbst der Anteil des Herrn ist, oder dessen Anteil der Herr ist, soll so leben, dass er den Herrn und der Herr ihn besitzen mag. Derjenige, der den Herrn besitzt und mit dem Propheten sagt: „Der Herr ist mein Anteil," kann nichts anderes als den Herrn besitzen; denn wenn wir neben dem Herrn noch etwas anderes besitzen, ist der Herr nicht unser Anteil – *pars ejus non erit Dominus.*"[1]

„Gott der Herr redete mit Adam, wie ein Mensch zu seinem Freund redet." Unser Herr und Heiland sagte: „Ich nenne euch nicht Diener, sondern Freunde!" Des Priesters Freund ist sein

---

1 De Vita Clericorum, tom. IV. p. 259

göttlicher Meister. Und seine Freundschaft genügt. Aber sie genügt nur denjenigen, die sich einzig auf dieselbe stützen. Sie kann
nicht mit niedrigeren Freundschaften vermischt werden. Sie muss
in uns herrschen wie auf einem Throne. Unser Heiland hat versprochen „bei uns zu bleiben, alle Tage, selbst bis ans Ende der
Welt." Und er hat „über die Ordnung und die Bedingungen der
Natur hinaus" eine Art persönlicher Gegenwart angeordnet, in
welcher er immer bei uns ist. Des Priesters Freund ist Jesus im
Allerheiligsten Altarsakramente, in welchem er immer in unserer
Mitte ist; und der Priester ist mit ihm und bei ihm, morgens, mit-
tags und abends, in beständigem Umgang, und es besteht ein im-
merwährendes Verhältnis der Liebe und des Schutzes auf der einen Seite und der Liebe und des Dienstes auf der andern.

1. Diese göttliche Freundschaft besteht erstlich und besonders
in einer Gleichheit des Willens mit dem seinigen. Freundschaft
wird definiert als *idem velle idem nolle*. Diese Gleichheit entspringt
der Verähnlichung mit ihm. Wenn wir ihm ähnlich sind, werden
wir lieben und hassen, wie er liebt und hasst. Dieselben Dinge
werden uns bitter oder süß sein, die es für ihn sind. „Wir alle
schauen mit enthülltem Angesichte, wie in einem Spiegel, die
Herrlichkeit des Herrn und werden umgewandelt in dasselbe
Bild von Klarheit zu Klarheit, durch den Geist des Herrn."[1] Ein
Priester aber muss das Ebenbild seines Meisters für die Welt sein;
und diese Ähnlichkeit ist eine Bedingung zum Empfang der heiligen Weihen. Sein Wille soll deshalb gleichförmig mit dem des
Herrn sein. Und solange die Willensrichtungen gleich sind, können Freundschaften nicht fehlen.

---

1 2 Kor. 3, 18

Und wir wissen wohl, was sein Wille für uns ist. „Er will, dass alle Menschen selig werden."[1] Denn das ist der Wille Gottes, unsere Heiligung.[2] Er will, dass wir gänzlich auf ihn vertrauen, dass wir nicht nur in allen Dingen sagen, sondern auch aufrichtig meinen sollen, wenn wir beten: „Nicht mein Wille, sondern der deine geschehe". Er wünscht unser Glück, und zwar mit göttlicher Sehnsucht, die alle unsere ungeordneten Wünsche übertrifft. Der Haupt- und beherrschende Gedanke aller Menschen ist, glücklich zu sein. Alle ihre Anstrengungen haben die Glückseligkeit zum Ziel, oder vielmehr was sie fälschlich dafür halten, indem sie denken, dieselbe würde sie glücklich machen. Den meisten Menschen aber misslingt es, dieselbe zu erreichen, weil sie wahres Glück vom falschen nicht unterscheiden können. Glückseligkeit ist Heiligkeit. Und es gibt nur einen Weg zu diesem Ziel; alle anderen Begierden sind nur Abweichungen von der Glückseligkeit. Jesus wünscht unsere Glückseligkeit in der einzig wahren Form und Weise. Und wenn wir dieselbe wünschen, dann sind wir in diesem auch eines Willens mit ihm. Und diese auf eine göttliche Realität gegründete Vereinigung ist ewig.

2. Freundschaft ist nicht nur Einheit des Willens, sondern auch gegenseitiges Wohlwollen. *Amicus alter ego. Sacerdos alter Christus.* Der Wille eines Freundes ist nicht allein eine strenge Wohlgesinntheit, eine straffe Gerechtigkeit; er ist auch ein liebreiches Wohlwollen. Öfters ist der treueste Freund zu hoch und zu anspruchsvoll in seiner Weisheit und seinem Betragen gegen uns. Wir trauen ihm, aber wir scheuen ihn. So handelt aber unser göttlicher Freund nicht. Er ist gütig und erbarmungsvoll. Er kennt unsere Schwachheiten und kommt denselben mit der Zartheit des Mitleidens entgegen. Wir wissen, dass wir in seinen Händen sind,

---

[1] 1 Tim 2, 4

[2] 1 Thess. 4, 3.

und unser ganzes Leben ist durch ihn geregelt. Wenn er uns züchtigt, so geschieht es, weil er uns liebt. Er schlägt nicht gerne Wunden. Es geschieht nur, weil Züchtigung uns notwendig ist. Wenn es nicht notwendig wäre, so würde es nicht kommen. Unnötige Qual kann nicht über uns kommen, ausgenommen durch und von uns allein. Und wenn sie kommt, so beklagt er es. Ohne uns unsere Freiheit zu nehmen, und dadurch uns vom Manne zur Maschine zu degradieren, könnte er uns nicht vor uns selbst beschützen. Aber alle die Zucht des Schmerzes und des Leidens, die er für uns wünscht, will er in dem Maß unseres Bedürfnisses. Weniger würde uns nicht heiligen oder retten. Mehr als notwendig ist, wird niemals kommen. Wir sehen noch nicht ein das Ziel, welches er verfolgt, noch die Absicht dessen, was er tut. Seine Worte zu Petrus aber wurden auch unsertwegen gesprochen: „Was ich tue, verstehst du jetzt nicht: du wirst es aber nachher verstehen."[1]

Wir wissen auch, dass er alles nötige Gute für uns will, dass nichts in Vorsehung oder Gnade uns fehlen wird für unser Wohl in diesem Leben und für unsere ewige Rettung. Wir verlangen immer von ihm die Zeichen seines Wohlwollens, ehe wir ihm vertrauen. Aber wenn wir Beweise sehen, bleibt uns kein Anlass zum Vertrauen. Wenn wir in Not und Besorgnis sind und keine menschliche Hilfe vorhanden ist, dann ist die Zeit da, auf ihn zu vertrauen. Wir lesen von solchen, welche in der größten Not an die Tür des Tabernakels klopften und Brot verlangten. Ein Priester hat diesen freien Zutritt zu seinem Meister zu jeder Zeit in der Not. Er ist der Hüter seines Herrn, der unter seinem Dache oder nahe bei ihm weilt im Tabernakel; und zu ihm trägt er all seinen Kummer und seine Sorgen, sowohl die persönlichen als die seelsorglichen. Alles, was ihm widerfährt, alle seine Verwirrungen und Gefahren und Bedürfnisse klagt er ihm. Das Priestertum ver-

---

1 Joh. 13, 7.

sichert ihn, dass er vorherbestimmt ist, dem Bilde des Sohnes ähnlich zu werden, und dass deshalb alle Dinge zusammenwirken werden zu seinem Besten unter der Leitung eines göttlichen und liebenden Willens.

3. Wie gesagt, herrscht in der Freundschaft gegenseitige Dienstleistung, keine lohnsüchtige, abgemachte, selbstsüchtige, sondern eine großmütige, freudige und dankbare. „Nicht ihr habt mich erwählt, sondern ich habe euch auserwählt, und ich habe euch gesetzt, dass ihr hingehet und Frucht bringet."[1] Er war unser Meister, ehe wir seine Diener waren; und er wusste, was er mit uns und durch uns tun wollte. Wir gehören uns selbst nicht mehr an, sondern sind schon mit einem Preis erkauft. Alles, was wir sind und haben, ist sein. Alle Fähigkeiten und Kräfte der Natur, alle Gnaden und Gaben des Hl. Geistes sind sein. Das ganze Leben eines Priesters, wenn er seinem Priestertum und sich treu ist, ist deshalb dem Dienste seines Herrn und Meisters geweiht, kann und soll es sein. Selbst die gewöhnlichen Handlungen unseres täglichen Lebens sind ihm gewidmet, denn wir gehören ihm ganz an. „Darum, möget ihr essen oder trinken oder etwas anderes tun, tut alles zur Ehre Gottes."[2] „Alles was ihr tut in Worten oder Werken, das tut im Namen des Herrn Jesu Christi und danket Gott und dem Vater durch ihn."[3] Dieser durchdringende Beweggrund, wirklich, virtuell oder wenigstens habituell, jeden Morgen in und nach der Messe erneuert, und während des Tages, besonders zur Zeit der Sorge, Gefahr und Versuchung, ist ein beständiger Dienst aus Liebe und Anhänglichkeit für unsern göttlichen Freund geübt. Um wieviel mehr sind es die heiligen Handlungen unseres Priestertums? Die tägliche Erinnerung an ihn, mit welcher der Tag beginnt; die Aufopferung seines göttlichen Herzens mit all seinen

---

1 Joh. 15, 16.

2 1 Kor. 10, 31.

3 Kol. 3, 17.

Anbetungen zur Glorie der Allerheiligsten Dreifaltigkeit; das Opfer seines kostbaren Leibes und Blutes, welches die Welt erlöste und beständig die sich immer wiederholenden Sünden der Menschen sühnt, indem es das Aufsteigen der Seelen im Fegfeuer zur Anschauung des Friedens beschleunigt; die Speisung der Menge mit dem Brot des Himmels - alle diese Handlungen eines göttlichen Dienstes werden ihm in jeder Messe erwiesen, die wir lesen. Ein solch begonnener Tag kann kaum verloren gehen in Zerstörung und Kälte und in dem Zwielicht der Welt. Warum erfüllt der Wohlgeruch und der Eifer unserer Messe uns nicht den Tag hindurch? Sie ist der Grundton, und all unsere Stunden sollen mit demselben harmonieren. Jedes im Namen Gottes gesprochene Wort, jede wenn auch noch so kleine Handlung, aus Liebe zu unserm Heiland getan, sei es nun bewusst oder in der gewohnten Ausübung des Priester- oder Seelsorgeramtes; jedes gespendete Sakrament, jede Erklärung des Wortes Gottes, jede aufgesuchte und gefundene Seele, jeder bekehrte Sünder, jeder aufgerichtete Pönitent - alles dieses ist ein unserm göttlichen Meister persönlich erwiesener Dienst. Und zu diesem Dienste kann man auch zählen die gewissenhafte Benutzung der Zeit, Geduld in Leiden, Demut unter falschen Anklagen, denen kein treuer Priester je entgeht. Und während wir so unsern Tag in seinem Dienste ausfüllen, dient er uns immer mit einer mehr als gegenseitigen Treue. Wir wissen kaum, wie er uns führt, schützt und umgibt, und seine Hand auf unser Haupt legt, wenn die feurigen Pfeile der Bösen uns dicht umfliegen. Der Gefahren, deren wir uns bewusst sind, sind viele; aber zahlreicher sind die, die wir nicht kennen. Wir beten zu Gott, er möge uns von unsern geheimen Sünden befreien; wir haben auch nötig, zu beten, dass er uns von unsern geheimen Gefahren befreie. Über uns ist ein Schild, der nach allen Seiten gewendet ist, woher immer der Anfall kommt, dessen Nähe wir oft am wenigsten ahnen. Glücklich der Priester, wenn er den ganzen Tag von der Welt, von den Guten und Schlechten, von Männern und Frauen, von Aufrichtigen und Listigen, von Offenherzigen und Falschen umgeben ist - wenn er des Abends zu seinem Meister zurückkehren kann und nur nötig hat, seine Füße zu waschen. Wie viele von denen, die am Morgen freudig, belebt und friedevoll *a latere* Jesu ausgegangen sind, sind am Abend zurückgekehrt, niedergeschlagen und traurig mit dem Bewusstsein vieler, eines Dieners und eines Freundes unwürdigen Handlungen. Dennoch bleibt er immer derselbe. Wir wanken und ändern und sind betrübt und verlieren unser Morgenlicht. Ein Schatten und eine Kälte kommt über uns. Er aber bleibt unveränderlich in Liebe, Erbarmung und Verzeihung. Ehe wir uns zur Ruhe niederlegen, spricht er uns los von den Mängeln und Unbeständigkeiten des Tages. Dieses Bewusstsein gegenseitiger Diensterweisung befestigt das Band, welches Freunde vereinigt.

4. Ferner ist Freundschaft auch langmütig; aber hierin besteht zwischen uns und unserm göttlichen Freunde keine Gegenseitigkeit. Die Langmut ist einzig auf seiner Seite, und seine Geduld ist unerschöpflich. Sein Verhalten ändert sich nie. Sein Herz ist stets voll von Liebe. Wenn wir zu ihm zurückkommen, ist er derselbe geblieben, wie wir ihn verließen, denn in ihm ist weder Veränderlichkeit noch ein Schatten von Wechsel. Die ewige Liebe ist unveränderlich, das vergöttlichte Menschenherz kann nie sich ändern. Wie er die Streitigkeiten, Nebenbuhlerei, den Ehrgeiz und die Glaubensträgheiten in seinen ersten Jüngern ertrug, so tut er es mit uns. Nur waren sie damals keine Priester, und wir sind es. Nach ihrer Weihe waren sie bald gestärkt und über sich selbst erhoben. Wir beginnen unsere priesterliche und seelsorgliche Laufbahn und sind dennoch mit vielen Fehlern behaftet, welche sie hatten, ehe sie ihre übernatürlichen Gewalten erhielten. Und dennoch verbleibt er in unsrer Mitte still und ruhig und sieht alle unsre Fehler und ist nachsichtig gegen dieselben; vergibt sie, wie er dem Petrus vergab mit dem erneuerten Befehl, seine Schafe zu weiden. Seine Geduld ist auch großmütig. Er ist leicht zufrieden gestellt. Ein Wort der Selbstanklage, des Selbsttadels und des Selbstvorwurfs, und alles ist vergessen. Wir können und sollen

unsere unwürdigen Worte und Handlungen nicht vergessen, er aber wirft sie in Vergessenheit. „Das zerknickte Rohr zerbricht er nicht und den rauchenden Docht löscht er nicht aus."[1] Er wartet in Geduld und Hoffnung auf unser Wachstum in der Vollkommenheit. Und er zieht uns zuerst an sich, ehe wir uns entschlossen haben, zu ihm zu kommen. Wir fürchten und zögern aus bewusster Unwürdigkeit, bis ein Antrieb des Willens unser Widerstreben besiegt. Es bedarf eines festen und starken Gewissens, um sich wahrhaft zu erforschen. Wir sehen unsere Fehler, ohne sie zu besehen. Das Besehen ist beunruhigend und demütigend. Es störet unseren Frieden, wo kein Frieden fein soll, ehe wir offenherzig und ehrlich unserm guten Herrn und Meister unser Herz geöffnet haben, der uns leicht vergibt, selbst wo wir uns nicht leicht vergeben.

5. Endlich ist in der Freundschaft gegenseitige Unterhaltung. Wenn Freunde in Liebe verbunden sind, so sind sie vereinigt, selbst dann, wenn sie soweit voneinander entfernt sind wie Aufgang und Untergang der Sonne. Das Bewusstsein vereinten Willens und gegenseitiger Güte, Diensterweisung und liebender Geduld, verbunden mit dem Andenken vergangener Tage der Liebe und des Glückes, bringen den Abwesenden in unsere Nähe, so dass die Ungesehenen sozusagen sichtbar bei uns weilen. Briefe kommen und gehen und Botschaften werden gewechselt, und wir fühlen, dass wir in allem teilnehmen, was sie wünschen; und wir wissen, dass sie teilnehmen an allem, was uns betrifft. Solcher Art ist die menschliche Freundschaft, selbst wenn Freunde getrennt sind. Je näher sie sich sind, desto fühlbarer und tätiger ist dieselbe. Die Mitglieder einer Haushaltung sind nicht immer zusammen, aber alle sind sich bewusst, dass sie unter einem Dach und eines Herzens und Willens sind. Die Freundschaft eines Priesters mit dem Herrn ist über dieses hinaus, sowohl in bewusster Nähe als

---

1 Isaias 42, 3.

auch in bewusster Innigkeit. Wir können uns zu allen Stunden ihm nahen. Wenn er schweigt, kennen wir seine Gedanken und seinen Geist. Er bewillkommnet uns stets, wenn wir zu ihm kommen. Er hört alles an, was wir sagen, und er tröstet uns, indem er unsere Stimme anhört; denn es ist eine Erleichterung, unsere Seele einem Freund auszuschütten, wenn er uns auch kein Wort antwortet. Wir wissen, dass wir seine Sympathien besitzen; dass er mit und für uns fühlt; dass alles, was wir sagen, bemerkt und behalten wird; und dass, wenn er jetzt schweigt, der Tag nicht ferne ist, wo wir ihn sagen hören: „Geh' ein in die Freude des Herrn."

Kein Priester ist deshalb ohne Freund. Wir besitzen immer einen Freund, bei dem wir vollkommene und unveränderliche Ruhe finden. Andere Freunde verursachen uns oft Schmerz und täuschen uns. Ein einziger, göttlicher Freund lässt es nie an sich fehlen. Unser Genuss seiner Freundschaft aber wechselt in dem Maß, in welchem wir unsere Freiheit von ungeordneten menschlichen Anhänglichkeiten aufrecht halten. Wir schulden ihm unser ganzes Herz vom Tag unserer Weihe an; und wenn wir in diesem Gleichgewicht ausharren, werden wir in seiner Freundschaft genug besitzen. Es ist das Verlangen nach menschlicher Sympathie, welches unser Empfindungsvermögen für die göttliche abschwächt. Der hl. Paulus konnte sagen: *Cupio dissolvi et esse cum Christo.* Einige Diener Gottes flehten zu ihm, er möge doch seine Tröstungen vermindern, da sie zu groß seien. Die so beteten, waren von allen Geschöpfen losgesagt. Aber in dem Maße, in dem wir uns von allen lästigen und zudringlichen menschlichen Freundschaften entfernt halten, welche, weil sichtbar, fühlbar und allzu nahe, so leicht das rauben, was unserem göttlichen Freund gehört, in dem Maß werden wir in ihm Ruhe, Süßigkeit und Genüge finden.

Wenn wir aber schwach sind und menschliche Freundschaften suchen, werden wir bald finden, dass es fern von ihm keine Ruhe gibt. Denn alles andere ist zu enge für eine Seele, um auszuruhen;

zu unbeständig, um Vertrauen zu verdienen; zu selbstsüchtig, um uns aufzunehmen. Der Priester, der sich auf menschliche Freundschaft stützt, wie heilig und rein sie auch immer sein mag, wird bald finden, dass er anstatt Ruhe, Unruhe; anstatt Trost, viele und große Besorgnis hat. *Quid enim mihi est in coelo, et a te quid volui super terram? Defecit caro mea et cor meum; Deus cordis mei, et pars mea Deus in aeternum?*[1]

Möge niemand denken, dass ein Priester, der diesen einen göttlichen Freund besitzt, kalt oder herzlos sei oder sorglos um Herde und Freunde, um die Einsamen und Verlassenen. Denn je enger er sich mit seinem Meister vereinigt, desto ähnlicher wird er ihm. Niemand ist so warmherzig, so zartfühlend, so erbarmungsvoll, so unselbstsüchtig, so mitleidsvoll als der Priester, dessen Herz in dem vollen Gleichgewicht der alles überragenden Freundschaft mit Jesus und in gänzlicher Unabhängigkeit von allen menschlichen Anhänglichkeiten erhalten ist. Seine Seele ist offener und weiter für den Einfluss der Liebe Gottes. Wir sind nicht in ihm, sondern in uns selbst gestärkt. Wie unsere Herzen sind, so nehmen wir die Liebe Gottes in uns auf. Wir werden erfüllt in dem Maße, als wir fassen können. Was der hl. Paulus für alle Christen in Ephesus erflehte, gilt besonders von Priestern und Seelsorgern: „Damit ihr mit allen Heiligen begreifen möget, welches die Breite und Länge, die Höhe und Tiefe sei, und erkennen die Liebe Christi, die alles Erkennen übersteigt; damit ihr mit der ganzen Fülle Gottes erfüllet werdet."[2] Kein Mensch ist so ähnlich dem Heiland an Geistesschmerz und menschlichem Mitleiden, die er dreiunddreißig Jahre getragen, als der Priester, in dessen Herz sein göttlicher Meister allein herrscht.

---

1 Ps. 72, 25. 26.

2 Eph. 3, 18. 19.

VIERZEHNTES KAPITEL

Der Priester als Prediger

Das Konzil von Trient lehrt, dass Predigten die Haupt-pflicht des Bischofs sei?[1] Der hl. Paulus sagt von sich selbst: „Gott hat mich nicht gesandt, zu taufen, sondern das Evangelium zu predigen."[2] Denn was heißt predigen? Es heißt im Namen Gottes zu den Menschen reden. Es heißt das Wort Gottes erklären.[3] Es heißt Gesandter Christi sein.[4] Es heißt „das Amt der Versöhnung",[5] das Anbieten der Erlösung an die Menschen. „Denn jeder, der den Namen des Herrn anruft, wird selig werden. Wie sollen sie nun den anrufen, an den sie nicht glauben? oder wie sollen sie an den glauben, von welchem sie nicht gehört haben? Und wie sollen sie hören ohne Prediger? Und wie können sie predigen, wenn sie nicht gesandt worden? Wie geschrieben steht: „Wie schön sind die Füße derer, die den Frieden verkünden, die frohe Botschaft vom Guten bringen."[6] Wie schön sind die Füße der Botschafter, die „auf den Berg" kommen, wie der Prophet schreibt - d. h. welche von den ewigen Hügeln mit einer Botschaft kommen.

Am Anfang predigten die Bischöfe allein. Die Bedürfnisse des Glaubens zwangen sie, dieses ihr Hauptamt den Priestern zu

---

1 Sess. XXIV. De Ref. c, IV.

2 1 Kor. 1, 17.

3 1 Joh. 1, 1 – 3.

4 2 Kor. 5, 20

5 Ibid.

6 Röm. 10, 13 – 15.

übertragen. Dionysius, der Areopagite, nennt sie deshalb Erleuchter. Sie waren die Prediger, Botschafter und Evangelisten. Sie waren keine Kanzelredner.

1. Die Predigt der Apostel war die Stimme ihres göttlichen Lehrmeisters, in ihrer ganzen majestätischen Einfachheit fortgesetzt. Das Volk „staunte über die Worte, welche aus seinem Munde kamen." Sicherlich „kein Mensch redete so wie dieser Mann." Und dennoch konnte ein Kind seine Worte verstehen; sie waren durchsichtig wie das Licht; sie waren kurz, aber überzeugend. Es war der Verstand des menschgewordenen Gottes, der in menschlicher Rede zu den Menschen sprach. Es war die Wahrheit selber, die in Lauten und Worten redete, welche den Verstand der Menschen durchdrangen. Die Worte Jesu sind ein Beispiel der Kürze, Einfachheit und Klarheit für den Prediger, wie sein Leben ein Vorbild ist für den Hirten der Herde. Wir können uns in unserem göttlichen Heiland die studierten Anstrengungen von Rhetorik und Gestikulation nicht denken. Ruhe, Majestät und Gewalt der Wahrheit waren die Eigenschaften seiner Worte an die Menschen.

Die Predigten des hl. Stephanus, des hl. Petrus, des hl. Paulus in den Akten der Apostel setzen seine göttliche Stimme fort. Es kann wahrhaft gesagt werden, dass er in ihnen sein Versprechen erfüllt hat: „Der euch höret, der höret mich." So auch in den Briefen der Apostel Paulus, Petrus und Johannes. Der Charakter eines jeden leuchtet aus seinen Schriften hervor, aber die Kürze, Einfachheit und Klarheit der Lehren ihres Meisters bleibt. Die Abwesenheit aller Kunst, alles selbstbewussten Haschens nach Effekt kommt vom Bewusstsein eines göttlichen Auftrags. Die Pflicht, die ihnen aufgelegt war, hatte alles unwürdige Denken an sich selbst bei Seite geworfen. Der hl. Paulus sagt den Korinthern ausdrücklich, er wolle keine Kraft gebrauchen wie ihre Redner, noch die imponierenden Feinheiten ihrer Philosophen. Es liegt eine unaussprechliche Macht und Größe in seinen wenigen und einfachen Worten: „Auch ich, da ich zu euch kam, Brüder, kam nicht in hoher Rede oder Weisheit, um euch das Zeugnis von Christi zu verkünden: denn ich hatte mir vorgenommen, nichts unter euch zu wissen als allein Jesum und diesen als den Gekreuzigten. Und ich war in Schwachheit, mit Furcht und mit vielem Zittern bei euch. Und meine Rede und meine Predigt bestand nicht in überredenden Worten menschlicher Weisheit, sondern in Erweisung des Geistes und der Kraft: damit euer Glaube nicht auf Weisheit der Menschen, sondern auf Gottes Kraft beruhe."[1] Schwachheit, Furcht und Zittern entsprangen aus dem Bewusstsein einer göttlichen Mission für Leben und Tod. Und seine Furcht vor menschlicher Unterredung entsprang der Betrachtung des Glaubens, die ihn lehrte, dass der göttliche Glaube auf göttlicher Wahrheit fußen müsse und dass die Weisheit der Menschen nicht das Wort Gottes sei. Menschliche Beredsamkeit mag menschlichen Glauben erzeugen. Göttliche Wahrheit hat eine sakramentale Gewalt, welche die Seelen zu Gott bekehrt.

2. Die Apostel sprachen aus einer Fülle des Lichtes und Eifers, welche besonderer Art und unmitteilbar war, und das hatte zwei Gründe. Der erste Grund war der, dass sie das menschgewordene Wort gesehen hatten. „Das Wort ist Fleisch geworden und hat unter uns gewohnt."[2] „Was vom Anfang war, was wir gehört, was wir mit unseren Augen gesehen, was wir geschaut und unsere Hände betastet haben von dem Wort des Lebens. Denn das Leben hat sich geoffenbart, und wir haben es gesehen und verkündigen euch das ewige Leben, welches bei dem Vater war und uns erschienen ist."[3] „Denn wir folgten nicht gelehrten Fabeln, als wir

---

1 1 Kor. 2, 1 - 5.

2 Joh. 1, 14.

3 1 Joh. 1, 1.

euch mit der Kraft und Gegenwart unseres Herrn Jesu Christi bekannt machten, sondern wir waren Augenzeugen seiner Herrlichkeit."[1]

Dieses gab ihnen eine geistige Sinnesverfassung, die wir Realität nennen. Was sie verkündigten, hatten sie gesehen; was sie lehrten, hatten sie von seinen Lippen gehört. Sie konnten nicht zweifeln noch zögern, noch schwanken, noch vor irgendeinem Widerspruch zaudern. Wie der hl. Paulus sagte: „Wenn Gott für uns ist, wer ist wider uns."[2] Ihr persönlicher Umgang mit dem Herrn und ihr direkter Auftrag von ihm gaben ihren Worten und ihrem Leben einen Antrieb, den nichts aufhalten konnte. Ihr Predigen war der Ausfluss ihres unabänderlichen Bewusstseins. Ihre ganze Seele, ihr Verstand, Gewissen, Herz und Wille begleiteten jedes Wort, ihre Predigt war das Zeugnis eines Augen- und Ohrenzeugen. Es hatte unaussprechliche Gewalt in sich. Worte pflegen die Geradheit und Gewalt der Wahrheit eher zu hindern als zu fördern, wenn dieselbe einfach erzählt wird von solchen, die da glauben, was sie sagen. Leute, welche eben von großer Gefahr befreit worden oder welche von einer schrecklichen Todesszene kommen, gebrauchen wenige Worte. Wenn sie viele gebrauchen, dann fühlen wir, dass sie sehr wenig Gefühl haben von dem, was sie gesehen und was sie sagen. Diejenigen, welche auf Golgatha gestanden und während der drei Stunden gewacht hatten, und diejenigen, welche Jesus nach seiner Auferstehung von den Toten gesehen, und der hl. Paulus, der ihn sah, als er von seiner Herrlichkeit geblendet worden, diese mussten ihr ganzes Leben hindurch in jeder Fähigkeit, jedem Sinne und jeder Fiber von der Gegenwart, dem Leiden und der Liebe Jesu durchdrungen sein. Es muss hart für sie gewesen sein, zu schweigen. Sie mussten sich hundert Sprachen, Stimmen und Zungen gewünscht haben, um

---

1 2 Petr. 1, 16.

2 Röm. 8, 31.

jeden Tag hindurch das Leiden am Kreuz, die Herrlichkeit der Auferstehung und den Frieden des Reiches Gottes zu verkünden.

Der andere Grund der besonderen Macht und Gewalt der apostolischen Predigt ist ebenfalls unmitteilbar — nämlich die Erleuchtung am Pfingstfeste. „Sie wurden erfüllt vom Hl. Geist." Die „zerteilten Zungen wie Feuer" waren Zeichen des Lichtes und Eifers, mit welchem sie den Menschen das Wort Gottes verkündeten. „Sind meine Worte nicht wie Feuer und wie ein Hammer, der Felsen zerschmettert."[1] So beschaffen waren die Worte der Apostel, wohin immer sie auch in der Welt gehen mochten.

Wir können uns diese Botschafter des Reiches Gottes nicht denken, wie sie arbeiten, um ihre Rede aufzusetzen, oder wie sie die Regeln und Kunstgriffe des Stils studieren. Die Berichte ihrer Predigt im Neuen Testamente sind kunstlos und einfach wie die Erzeugnisse der Natur in einem Wald, welche die Macht und Schönheit Gottes offenbaren. Ihre Worte und Schriften sind majestätisch in ihrer Hoheit, ihrer Tiefe, ihrem Pathos, ihrer ungeschminkten Schönheit wie die Weite und Einfachheit der See und des Himmels. Ihr ganzes Wesen war durchdrungen von den göttlichen Taten und Wahrheiten, deren ewige Realitäten sie verkündeten. Sie bedurften keiner Vorbereitung, keines Studiums, nicht einmal des Nachdenkens. Sie redeten, wie ihr Meister vor ihnen geredet hatte. „Wir reden, was wir wissen, und wir bezeugen, was wir gesehen haben."[2]

3. Vielleicht wird man aber antworten, dass unser Stand dem ihrigen so ungleich und von demselben so entfernt ist, dass unser Predigen das Resultat von Vorbereitung, Studium und geistiger Anstrengung sein muss. Darauf kann man Ja oder Nein antwor-

---

1 Jerem. 23, 29.

2 Joh. 3, 11.

ten. Zuerst: Ja. Nicht nur ist Vorbereitung für den Prediger notwendig, sondern eine solche Vorbereitung, die vielleicht noch den Gedanken des Einwurfs übersteigt. Unter Vorbereitung versteht man gewöhnlich einen sorgfältig geschriebenen Aufsatz, dem Gedächtnis sorgfältig eingeprägt. Es wäre gut, wenn alle Priester eine solche Vorbereitung sorgfältig machten. Aber die Vorbereitung, welche für einen Prediger erfordert ist, geht weiter zurück und ist tiefer. Die Vorbereitung des Mannes, nicht der Predigt ist erforderlich. Es ist die entfernte, nicht die nähere Vorbereitung, die am meisten notwendig ist. Der Mann predigt, nicht die Predigt, und die Predigt ist wie der Mann. Der heilige Paulus sagt: „Wir verkündigen nicht uns selbst, sondern Jesum Christum unfern Herrn."[1] Diejenigen können nur so predigen, die von seinem Geist und seiner Gegenwart erfüllt sind, andere nicht. Die meisten Menschen predigen sich selbst - d. h. ihren natürlichen Geist - und das Maß und die Art ihrer Gaben und Errungenschaften kommen zum Vorschein und färben und bestimmen auf diese Weise ihre Predigt. Die Beredten predigen beredt, die Gelehrten gelehrt, die Pedanten pedantisch, die Ruhmsüchtigen ruhmsüchtig, die Leeren leer, die Streitsüchtigen streitsüchtig, die Kalten kalt, die Nachlässigen nachlässig. Und wie viel vom Wort Gottes wird wohl in solchen Predigten zu hören sein? Kann man sagen, dass solche Menschen nicht „sich selbst predigen, sondern Jesum Christum, unsern Herrn?" Wenn unsere Predigten sind, was wir sind, dann müssen wir in unserer Vorbereitung weit zurückgehen. Der Knabe muss predigen, der Jüngling muss predigen und der Mann muss predigen. Man könnte antworten, der hl. Augustinus sei einer der größten Prediger gewesen, obgleich er spät begonnen habe. Der hl. Augustinus, gleich dem hl. Paulus, gehört zu einer besonderen Kategorie, von der wir nachher sprechen werden. Die Kirche wünscht im Konzil von Trient, dass vom zwölften Jahr an - dem heiligen Alter des göttlichen Predigers im

---

1 2 Kor. 4, 5.

Tempel - Knaben mit Tonsur und Soutane, „dem Gewand der Religion",[1] in den Seminaren auferzogen werden sollten. Von diesen wollen wir zuerst reden; und wir können sogleich sagen, dass wir in unserm Verhältnis bedürfen, was die Apostel in Fülle besaßen. Wären wir von den Taten und den Wahrheiten des Glaubens erfüllt, wie wir es sein sollten, dann würde es uns nie an Stoff fehlen; und wären wir in Herzen und Willen mit unserm göttlichen Meister vereinigt, wie wir es sein sollten, würden wir nie des Lichtes noch der Glut ermangeln.

Kehren wir auf die Vorbereitung zurück. Wenn es der Mann ist, der predigt, dann ist die Vorbereitung ein Leben, sie muss früh anfangen. In dem Knabenalter müssen wir unsere Muttersprache erlernen - keine harte Aufgabe, wenn die, welche uns lehren, sie selbst kennen; wir müssen auch früh lernen, unsren Verstand zu gebrauchen. Es gibt nichts Tiefes oder Schwieriges in der Logik, das Knaben nicht sogleich mit ihrer Grammatik erlernen könnten. Diese entfernte Vorbereitung ist naturnotwendig und wesentlich, dann kommt zu gehöriger Zeit die Kenntnis der Hl. Schrift dazu, welche den Katechismus erklärt; und die Theologie, welche den Katechismus zur Glaubenswissenschaft entfaltet und entwickelt. Diese vorbereitenden Studien können nicht erst dann erworben werden, wenn die Gelegenheit sie fordert. Sie müssen dem Verstande durch beständige und fortschreitende Bildung eingeprägt sein.

Für jedes Gesetz gibt es immer Ausnahmen; selbst in der Natur. Unter den Sehenden gibt es Kurzsichtige; unter denen, die hören, solche, welche kein Ohr haben für Musik; so auch kann es geschehen, dass unter denjenigen, die wissen, manche außerstande sind, in Worten auszudrücken, was sie in Gedanken wissen. Diese aber sind Ausnahmen und kann man davon absehen. Nervöse Aufregung, Mangel an Selbstbeherrschung, Furcht,

---

1 Pontif. Rom. de Clerico faciendo.

Angst, die Sucht nach Erfolg und ähnliches sind oft die Ursachen, dass Menschen ihr Gleichgewicht verlieren. Dann fangen sie an zu stottern und zu vergessen. Aber als ein Gesetz unseres Geistes können wir es betrachten, dass man alles, was man wirklich weiß, mit Sicherheit sagen kann. *Verbaque praevisam rem non invita sequentur.* Wir denken in Worten und jeder Gedanke wird eingekleidet, wie er in dem Geiste aufsteigt. Wenn wir daher die Gewohnheit des Denkens uns erwerben, so sollen wir auch zu gleicher Zeit die geistige Äußerung in Worten uns angewöhnen, und die Äußerung mit der Zunge folgt naturgemäß. Das Haupthindernis für dieses ist der Mangel des Denkens. Wir lesen oder kopieren die Gedanken anderer, welche deshalb nicht unsere eigenen sind: wir eignen uns dieselben durch das Gedächtnis an. Aber Gedächtnis ist nicht Gedanke: - und gleichzeitig zu denken und sich zu erinnern, ist eine Sache, die Wenige zustande bringen. Wir können entweder dem Gedächtnis oder der Denkkraft ganz vertrauen; aber diese zwei geistigen Prozesse lähmen sich gegenseitig und können gleichzeitig nicht wohl verbunden werden. Während man sich erinnert, hört das Denken auf; und während man denkt, hört das Gedächtnis auf. Und wozu bedarf auch ein Mann des Gedächtnisses, wenn er aus der Fülle jenes Bewusstseins redet? Es ist ein Sprichwort, dass jedermann in seinem eigenen Thema beredt ist. Staatsmänner, Advokaten, Männer der Wissenschaft, Dichter, Soldaten, Handelsleute, ein jeder in seiner Weise spricht fertig und fließend bei jeder, wenn auch noch so plötzlich eintretenden Gelegenheit. Sie reden mit Leichtigkeit und Fülle. Die beständigen Gedanken eines jeden sind auf seinen Beruf, seine Arbeit, sein Gewerbe gerichtet, und in diesem Augenblick ist er bereit, richtig und fertig, ohne Vorbereitung zu reden. Woher kommt es denn, dass ein Priester nicht ohne Vorbereitung für Gott und sein Königreich, für Gottes Wahrheit und sein Gesetz reden kann? Wenn wir von diesen Dingen erfüllt wären, wenn wir in denselben wahrhaft lebten wie in den Überzeugungen unseres Verstandes und in den Neigungen unseres Herzens, dann wäre es für uns eine Erleichterung, davon zu reden. Wir ermüden nicht und sind nicht verlegen, von den Personen oder Dingen zu reden, die wir lieben. In dem Maße, in dem wir die Glaubenswelt, die ewigen Wahrheiten, die Natur der Sünde, die Liebe für die Seelen, die Gefahren ihres Untergangs vor Augen haben, werden wir keine Schwierigkeiten finden, einfach und aufrichtig darüber zu reden. Es ist der Wunsch, beredt zu sein und als Redner zu glänzen, der Unwahrheit, Ruhmsucht und Leere verursacht.[1] Wenn wir nur uns selbst vergessen könnten, um ernsthaft für Gott zu reden, würden wir weniger Schwierigkeiten im Predigen finden; und das Volk würde uns gerne zuhören, weil es glauben würde, dass wir wirklich überzeugt sind von dem, was wir sagen. Sie nehmen schnell wahr, wir können sagen, sie fühlen, ob ein Priester von Herzen oder nur mit den Lippen redet. Die Homilien der ersten Kirchenväter sind unprahlerisch und voll Schriftworten.[2] Der Stil des hl. Chrysostomus kann ein blumiger genannt werden; aber es ist nicht die selbstbewusste und künstliche Deklamation, die als Kanzelberedsamkeit gepriesen wird. Und der hl. Johannes Chrysostomus spricht in dem Stil des hl. Paulus; und sein Geist war dem des Apostels so ähnlich, dass man allgemein glaubte, er schreibe und spreche mit einem besonderen Beistand des hl. Paulus. Zu jeder Zeit waren die Prediger unter der Versuchung der Selbsterhebung. Man erzählt, Satan habe eines Tages dem hl. Bernard während der Predigt gesagt: „Du hast in beredten Worten gepredigt"; und der hl. Bernard habe geantwortet: „Ich habe nicht für dich angefangen und werde auch nicht wegen dir aufhören." Wir lesen auch in dem Leben des hl. Vincenz Ferrer, dass, als er vor dem König Frankreichs predigen musste, er seine Predigt ausgearbeitet habe. Sie schlug fehl und war schal.

---

1 „Conturbatus qui siccatus: siccatus quia exaltatus." – Aug. Serm. 131, tom. V. p. 642

2 Der hl. Hieronymus sagt: „Sermo Sacrarum Scripturarum lectione conditus sit. Nolo te declamatorem esse et rabulam." – Ep. ad Nepot. tom. IV. p. 262.

Am nächsten Tage predigte er wieder, aber mit wenig Vorbereitung. Der König sagte zu ihm: „Gestern habe ich den Bruder Vincentius predigen gehört: heute den hl. Geist!" Man kann wahrhaft behaupten, die Kanzelberedsamkeit sei mit dem Wiederaufleben des Heidentums entstanden, welches man gottloser Weise Renaissance nannte; die Köpfe vieler waren durch literarische Eitelkeit verdreht. Der Ehrgeiz und das Streben, die römischen Redner in Stil, Vortrag und Gebärde nachzuahmen, zerstörten die Einfachheit des christlichen Predigers, und es erwuchs eine Rasse pomphafter, kalter, anspruchsvoller, hochtrabender Rhetoriker. Das Übel, einmal in Tätigkeit, breitete sich aus und wurde vererbt. Heilige haben vergebens dagegen gearbeitet. - Der hl. Ignatius mit seiner energischen Einfachheit, der hl. Philipp mit dem täglichen Verkünden des Wortes Gottes, der hl. Karl mit seiner *virilis simplicitas* - seiner männlichen Einfachheit. Aber die Flut war eingetreten und warf jeden Widerstand nieder. Die Welt läuft den Kanzelrednern nach. Sie gefallen dem Ohr und beunruhigen das Gewissen nicht. Sie bewegen das Gemüt, aber ändern den Willen nicht. Die Welt verliert durch sie nichts; sie ist nicht verdemütigt noch verwundet. Wir haben in der Tat unseren göttlichen Meister nicht gesehen, noch auch haben wir seine Stimme gehört: wenn wir aber durch Glauben und Betrachtung seine Gegenwart, seine Wahrheit, seinen Willen und unseren Auftrag in seinem Namen zu reden uns vorstellen, werden wir erfüllt sein mit dem Bewusstsein der unsichtbaren Welt und ihrer Wahrheit, und aus dieser Fülle werden wir reden. Wir bedürfen zwar einer sorgfältigen und genauen Vorbereitung auf das, was wir reden. Aber wenn wir einen klaren Umriss in unserem Verstand haben, werden die Worte, dem Naturgesetz gemäß, dem Laufe unserer Gedanken folgen. Zu diesem Zweck ist eine genaue Vorbereitung des Gegenstandes mit Feder und Tinte absolut notwendig; er muss logisch analysiert und eingeteilt sein, mit gut definierten Ausdrücken und Sätzen. Denn dieser Umriss oder diese Skizze muss gut durchdacht und eingeprägt werden, nicht dem Gedächtnis, sondern dem Verstande, so dass das Ganze mit allen seinen Teilen und in seiner Reihenfolge dem Verstande gegenwärtig ist, nicht durch Erinnerung, sondern durch das Denken. Diese Art der Vorbereitung erfordert mehr Nachdenken und geistige Anstrengung als das Fertigschreiben eines Aufsatzes und das Auswendiglernen desselben. Der Unterschied zwischen den zwei Verfahren ist dieser: die geschriebene Predigt ist, was wir dachten, als wir sie schrieben: die gesprochene Predigt ist, - was wir denken in dem Augenblick des Sprechens. Es ist die gegenwärtige Überzeugung unseres Geistes und das Gefühl unseres Herzens: deshalb ist es reell, und die Zuhörer fühlen es als solches. Glücklich diejenigen, die durch eine solche geistige und moralische Zucht ihr Wort mit dem Worte Gottes identifizieren und dieses verkündigen, als wäre es das ihrige.

Wir werden zwar nicht inspiriert sein, aber wir kennen nicht die Grenze des Lichtes und der Gnade, die Gott denen gibt, die ihn darum bitten. Er wird uns *os et sapientiam* geben, einen Mund und eine Weisheit, in seinem Namen zu der Welt zu reden. Er arbeitet durch uns zur Erreichung seiner Zwecke. Wir wissen nicht, an wen die Botschaft gesandt ist. Es geschieht oft, dass Jahre vorübergehen, ehe wir erst erfahren, dass an solchen Tagen und an solcher Stelle irgendeines unserer Worte ein Gewissen getroffen, ein Herz gerührt, einen Willen bewegt und eine Seele zu Gott gebracht hat. Aber wir werden nie in diesem Leben alles wissen, was Gott getan haben mag, während wir uns dessen unbewusst waren. Darum „Schicke dein Brot übers vorbeifließende Wasser, so wirst du es nach langer Zeit wieder finden."[1] Wenn wir die ganze Vorbereitung, von der wir gesprochen, gemacht, so ist die letzte Vorbereitung, indem wir vor unserem göttlichen Herrn im allerheiligsten Sakramente niederknien und mit dem Zeichen des

---

1 Eccles. 11, I.

Kreuzes unsere Lippen bezeichnen zu Ehren des heiligen Mundes, der geredet, wie nie ein Mensch geredet; ihm unsere Beschämung aufopfernd, wenn es ihm gefallen sollte, uns irgendwie zu demütigen; und ihn anflehend, sein Werk zu tun durch seine Worte, obschon sie durch unsere Lippen gesprochen werden. Die Worte „der euch höret, höret mich" geben uns einen Anteil an dem Versprechen, das er sich selbst in der Prophezeiung gemacht hat: „Mein Geist, der in dir ist und meine Worte, die ich in deinen Mund gegeben, werden nicht weichen von deinem Mund, und von dem Mund deines Samens, und von dem Mund des Samens deines Samens von nun an bis in Ewigkeit."[1] Deshalb: „Am Morgen säe deinen Samen, und auch am Abend lass deine Hand nicht ruhen; denn du weißt nicht, was mehr gerate, dieses oder jenes: und wenn beides zugleich geriete, wäre es desto besser."[2]

Mit diesen Worten vor uns, was sollen wir sagen von einem Priester, der eine alte Predigt nimmt entweder über die Menschwerdung am Dreifaltigkeitssonntags, oder über Ohrenbläserei am Christfest, oder über himmlische Freuden in der Fastenzeit; oder noch schlimmer, der auf die Kanzel steigt ohne Vorbereitung, weder nähere noch entfernte, ohne Gebet und ohne Betrachtung; der seinen Text im Augenblick selbst wählt im Vertrauen auf eine redefertige Zunge und eine Reihe von gewöhnlichen Phrasen? Kann in der Seele eines solchen Priesters heilige Furcht sein, ein Gefühl der Heiligkeit Gottes, der Verantwortung, die er für jedes eitle Wort geben muss, oder Liebe für die Seelen, ein Verlangen, die Ehre Gottes zu fördern, oder das Bewusstsein, dass er den Hl. Geist betrübt?

---

1 Isaias 59, 21.

2 Eccles. 11, 6.

FÜNFZEHNTES KAPITEL
Die Freiheit des Priesters

Hat ein Priester mehr Freiheit als ein Laie? Beim ersten Gedanken sagen wir: Ja; weil das Amt des Priestertums ihn an Privilegien über die anderen erhebt und ihn zu ihrem Richter und Führer macht. Ferner ist er der Rektor seiner Mission oder Pfarrei und hat in allen Dingen große Rechte; er ist der unbeschränkte Herr seines Hauses, seiner Stunden, seiner Gewohnheiten, und die Erfüllung seiner geistigen Pflichten ausgenommen, hat er eine absolute Aufsicht und Verfügung über sein ganzes Leben. Er kann gehen, wohin immer er will, bleiben, solange er will und seine eigene Gesellschaft wählen. Es ist den ganzen Tag niemand da, seine Freiheit einzuschränken oder zu durchkreuzen, und unbeschränkte Freiheit wird leicht Zügellosigkeit. Er ist vollständig unabhängig, ausgenommen von seinem Bischof, und dieser ist in der Ferne. Ein Priester ist daher, wenn eine Schwierigkeit entsteht, sein eigener Richter. Er entscheidet und wendet das Gesetz auf sich selbst an. Dieses ist in der Tat eine große und gefährliche Freiheit, weit hinausgehend über die eines Laien.

Dennoch hat der Priester Verpflichtungen, von denen der Laie frei ist. Er ist in besonderem Grade durch die göttliche Tradition des Glaubens und der Sitten gebunden, und zwar nicht nur, sie selbst zu beobachten, sondern auch andere zur Beobachtung derselben anzuhalten. Er ist gebunden durch die Disziplin der katholischen Kirche, durch das Pontifikalgesetz, welches teils ein allgemeines, teils Lokal-Gesetz der Diözese ist, zu welcher er gehört. Aber neben diesem ist er durch drei Hauptverpflichtungen gebunden - d. i. durch das Gesetz der Keuschheit, welches einem Gelübde gleich ist. Diese Verpflichtung bedeutet Trennung und

Enthaltung von allem, was die innere Reinheit seiner Seele berühren oder sein Herz der vollkommensten Liebe seines göttlichen Meisters entziehen könnte. Er kann keine ungeregelte, menschliche Anhänglichkeiten haben. Er ist auch zum Geiste der Armut und deshalb zu einem Leben im Geiste der Armut verpflichtet. Er mag ein großes Patrimonium oder ein reiches Benefizium besitzen. Er ist nicht durch das Gesetz verpflichtet, sein Patrimonium den Armen zu geben. Er kann es gesetzmäßig auf sich und sein Haus verwenden. Aber alle erlaubten Dinge sind deshalb nicht angemessen oder priesterlich. Von seinem Benefizium kann er alles zu seinem Unterhalt Notwendige gebrauchen; aber alles Übrige soll zu frommen Werken gebraucht werden. Er mag reich sein, wenn er aber als Priester leben will, muss er wie ein armer Mann leben. Wenn er das Leben eines Reichen führt, so lebt er dennoch nicht wie sein Meister, wenn er auch keine Sünde begeht. Und der Diener soll nicht über seinen Herrn sein. In dem Maß, in welchem er ihn liebt, wünscht er auch ihm gleich zu sein und wählt dessen Los.

Drittens ist er zum Gehorsam verpflichtet. Und dieser Gehorsam ist in den Gesetzen der Kirche und des Bistums niedergelegt, hat aber seinen Beweggrund in der Liebe für Gott und die Seelen, und seine Verpflichtung entspringt dem Versprechen, das er am Ordinationstag in die Hände seines Bischofs abgelegt hat.

Nebst diesen Verpflichtungen aber, welche dem freiwilligen Kontrakt entspringen, den wir beim Empfang des Priestertums eingehen, gibt es noch ein Gesetz und eine Verpflichtung, welche jedes Glied des mystischen Leibes Christi, besonders aber die Hauptglieder dieses Leibes - die Bischöfe und die Priester der Kirche - bindet, nämlich das Gesetz der Freiheit. Der hl. Jakobus sagt: „Redet und handelt als solche, die durch das Gesetz der Freiheit gerichtet werden sollen."[1] Dieses Gesetz geht allen anderen Gesetzen, Verpflichtungen und Gelübden voraus; es ist allgemein und bindet jede wiedergeborene Seele. Es ist das Oberste und Höchste und hat keine Grenzen in seinen Forderungen, ausgenommen die Gewalt, die wir haben, es zu erfüllen.

Der hl. Paulus in seinem Brief an die Galater nennt das Gesetz Moses das Gesetz der Sklaverei und das Evangelium das Gesetz der Freiheit. In seinem Brief an die Römer sagt er, das Gesetz der Sklaverei sei das Gesetz der Sünde und des Todes. Die Worte des hl. Jakobus aber haben eine tiefere Bedeutung.

1. Dieses Gesetz der Freiheit ist zunächst das Gesetz Gottes, bei unserer Wiedergeburt in unser Herz eingeschrieben. Durch unsere erste Geburt wurden wir in der Sklaverei der Sünde und des Todes geboren. Die Kenntnis des Gesetzes, ja selbst des Daseins Gottes war in uns verdunkelt. Durch unsere Wiedergeburt erhielten wir vom Hl. Geiste die Tugenden des Glaubens, der Hoffnung und der Liebe. Taufe wurde φωτισμός und die Getauften Erleuchtete genannt.[2] Die Kenntnis Gottes und seines Gesetzes wurde uns wiedergegeben. Der Wille, durch die Erbsünde verwundet und geschwächt, wurde von den Fesseln der Schwachheit befreit und zu seiner ursprünglichen Freiheit wiederhergestellt. Dieses war es, was Gott versprach, als er sagte: „Dies ist der Bund, den ich mit ihnen schließen will nach diesen Tagen, spricht der Herr: Ich will mein Gesetz in ihre Herzen und ihren Sinn schreiben."[3]

Durch unsere Wiedergeburt sind wir Söhne Gottes geworden. Durch die Eingießung und das Innewohnen des Hl. Geistes wird der Wille gehoben und befähigt, den Willen Gottes zu erfüllen. Durch unsere erste Geburt war er des Hl. Geistes beraubt. Durch

---

1 Jak. 2, 12.

2 Hebr. 10, 32.

3 Ibid. 10, 16.

unsere zweite Geburt wird der Wille von neuem mit übernatürlicher Kraft begleitet. „Allen, die ihn aufnahmen, gab er Macht, Kinder Gottes zu werden." Die Schwäche des Willens und die Kraft der Leidenschaft brachte den Willen in Knechtschaft. Er besaß zwar immer seine Freiheit, aber er war durch seine niedrigen Anhänglichkeiten bestochen worden, sich selbst zu verraten. Durch unsere Wiedergeburt erlangen wir die Freiheit der Söhne Gottes. Der hl. Paulus beschreibt dieses in folgenden Worten: „Demnach gibt es nun keine Verdammnis mehr für die, welche in Christo Jesu sind, die nicht nach dem Fleische wandeln. Denn das Gesetz des Geistes, der da lebendig macht in Christo Jesu, hat mich vom Gesetz der Sünde und des Todes befreit."[1] Sie sind von der Schuld der Erbsünde befreit: von ihrer Macht und ihren Anlockungen. Die Hauptgefahr der Sünde ist die Süßigkeit und List derselben. Sie bezaubert und betrügt die Seele. Sie lockt an durch Begierde und trügt durch Verstellungen. Es gibt keine Pflicht eines Sohnes Gottes, die der Getaufte nicht erfüllen kann, wenn er den Willen hat. Sie besitzen sowohl die Kraft als auch die Freiheit. Dies also ist der erste Schritt der Kinder Gottes in der Freiheit. Sie sind frei vom ewigen Tod. Er hat kein Anspruchsrecht noch Macht über sie; noch kann er auch die Gewalt wieder erlangen, sofern sie nicht sich selbst verraten.

2. Ferner besteht das Gesetz der Freiheit in dem durch die Liebe Gottes erhobenen Willen. Gott zu dienen, ist herrschen. Gott zu lieben, ist vollkommene Freiheit, *Ubi spiritus Domini, ibi libertas.*[2] *Charitas Dei diffusa est in cordibus nostris per spiritum sanctum, qui datus est nobis.*[3] Wo der Geist ist, da ist Freiheit; denn der Geist Gottes ist Liebe, und wo die Liebe ist, da ist Freiheit. Da, wo die Liebe nicht ist, kann keine Freiheit sein. Wo die Liebe Gottes nicht

---

1 Röm. 8, 1. 2.

2 2 Kor. 3,17.

3 Röm. 5, 6.

ist, da herrscht die Liebe der Geschöpfe und die niedrigste Liebe der Geschöpfe, die Liebe seiner selbst. Größere Sklaverei als diese kann es nicht geben. Die Liebe für die Geschöpfe bringt Eifersucht, Enttäuschungen, Groll und mannigfache Versuchungen mit sich. Der Priester, der seine Freiheit durch irgendeine ungeregelte Anhänglichkeit verloren hat, ist in Knechtschaft. Sein Glück und sein Frieden hängt von etwas ab, das niedriger als Gott, und deshalb wechselnd, unsicher und vorübergehend ist. Der hl. Augustinus beschreibt seinen Zustand, ehe die vollkommene Liebe Gottes ihn befreite, als eine Sklaverei von eisernen Ketten, nicht durch die Hand anderer Menschen, sondern durch seinen eigenen eisernen Willen geschmiedet.

Als er aber später zur Freiheit der Söhne Gottes erlöst worden war, sagte er: „Liebet und tut was ihr wollt." Denn der Wille Gottes ist alsdann unser Wille. Wir haben keinen andern Willen als den seinigen, und indem wir seinen Willen erfüllen, erfüllen wir den unsrigen. Denn die Liebe ist der Wille, und der Wille ist die Liebe. *Pondus voluntatis amor.* Wie wir lieben, so wollen wir. Liebe lenkt den Willen und gibt demselben Bewegung und Sporn. Durch Liebe hangen wir Gott an. *Qui adhaeret Domino, unus spiritus est.*[1] Einheit ist Willenseinheit. Und es ist uns bekannt und wird der Welt durch viele sichere und offenbare Zeichen bewiesen. Zuerst verändert es alle unsere Ziele im Leben. Früher strebten wir nach vielen Dingen unter Gott, Dingen, vielleicht böse und gefährlich oder auch unschuldig und gesetzmäßig, aber unter Gott. Wir waren davon erfüllt, und wir richteten unser Leben so ein, dass wir uns derselben versicherten. Jetzt haben wir ganz neue Endzwecke. Unser Streben geht nicht auf diese, sondern auf die jenseitige Welt. Das Reich Gottes und Gott selbst: die Anschauung Gottes und die Vereinigung mit ihm: dies sind die Ziele, die unser Leben regieren.

---

1 1 Kor. 6, 17.

Und wie unsere Ziele, so auch unsere Bestrebungen – d. h. die herrschenden Wünsche unseres täglichen Lebens und Arbeitens. Ehemals strebten wir nach den lockenden, unschuldigen und erlaubten Dingen dieser Welt - denn von anderen, schlechteren Dingen sprechen wir jetzt nicht - für viele Dinge lebten, arbeiteten und rieben wir unsere Kräfte auf, bis ein höheres Licht auf uns fiel und die Liebe Gottes in unserem Herzen aufging. Von da an richteten wir unseren Geist und Willen auf höhere und ernstere Werke. Die Rettung der Seelen, die Verbreitung des Glaubens, die Ausbreitung des Reiches Gottes, die Heiligung seines Namens, die Herrschaft seines Willens in allen, die uns umgeben - dieses wurden die Bestrebungen, welche alle unsere Gedanken und Anstrengung in Anspruch nahmen. Wir hörten auf, zu denen zu gehören, die das ihrige suchen, und gehörten zu denjenigen, welche „die Sache Jesu Christi"[1] suchen.

Zu diesen neuen Zielen und neuen Bestrebungen kommen auch neue Empfindungen; d. h. neue innere und geistige Wahrnehmungen von Freude und Lust in solchen Dingen, welche früher für uns keine Süßigkeit und Anziehung besaßen; wie z. B. Gebet, Lesen der Heiligen Schrift, die heilige Messe, die Einsamkeit des Heiligtums, wenn wir allein in seiner Gegenwart sind; oder auch in irgendetwas, das wir für ihn tun können, mag es auch noch so geringfügig sein; oder in Selbstverleugnung, wenn wir größere Anstrengungen in seinem Dienste tun können. Dieses sind die Dinge des Geistes Gottes, welche Eitelkeit sind für die Geister, welche durch Sinn und Verstand allein urteilen. Alles, vor dem wir zurückschreckten, wird für uns anziehend. Kreuz, Enttäuschung, Kummer, Verlust, welche ein leichtes Verkosten der Schärfe und des Schmerzes seines Kreuzes sind, werden für uns Unterpfänder seiner Liebe und Beweise unserer Treue gegen ihn.

---

1 Phil. 2, 21.

3. Endlich ist das Gesetz der Freiheit der selbst zu seinem Gesetz gewordene Wille. „Das Gesetz war nicht gegeben für den Gerechten,"[1] sondern für die Ungehorsamen. „Die Liebe ist die Erfüllung des Gesetzes."[2] „Wer den Nächsten liebt, hat das Gesetz erfüllt."[3] Die Liebe kommt allen Befehlen zuvor. Sie tut instinktmäßig, bereitwillig und ganz, was das Gesetz die Unwilligen zu tun anhält.

Der hl. Johannes sagt: „Jeder, der aus Gott geboren ist, tut keine Sünde, weil sein Same in ihm bleibt, und er kann nicht sündigen, weil er aus Gott geboren ist,"[4] d. h. der Hl. Geist, der Heiligmacher, wohnt und herrscht in ihm; und seine ganze neue Natur, welche geistig und übernatürlich ist, empört sich gegen die Sünde in allen ihren Gestalten und Lockungsformen. Ohne Gewalttätigkeit und Vergewaltigung seines ganzen Geistes könnte er nicht sündigen: dies wäre nicht nur gegen Gott, sondern auch gegen seinen eigenen Willen. Würde man einem so bestellten Willen die Wahl geben, eine Todsünde zu begehen oder zu sterben, so würde er bereitwillig sterben. Hätte er zwischen einer freiwilligen, lässlichen Sünde und dem Tode zu wählen, er würde lieber sterben. Wäre es ihm gegeben, im Leben ein Los mit gleicher Hoffnung der Erlösung zu wählen, das eine mit, das andere ohne Kreuz, so würde er den Kreuzesweg wählen aus Verlangen nach größerer Ähnlichkeit mit seinem Meister, aus Dankbarkeit für seine für uns getragenen Leiden und aus großmütiger Liebe zu ihm.

Das Gesetz der Freiheit war es denn, welches Gott *liberrimo consilio* durch den freien Rat seiner Weisheit bewog, uns zu erschaffen[5] und uns seinen Sohn zu unserer Erlösung zu geben. Er bewog

---

1 1 Tim. 1, 9.

2 Röm. 13, 10

3 Ibid. 13, 8.

4 1 Joh. 3, 9.

5 Concil. Vat. Const. Dogm. De Fide Cat. C. 1.

den Sohn, unsere Menschheit anzunehmen und sich selbst aus eigenem Willen für uns auf dem Kreuze zu opfern. *Oblatus est quia ipse voluit* [1] Es war das Gesetz der Freiheit, welches die Allerheiligste Dreifaltigkeit bewog, uns vorherzubestimmen, zu berufen, zu rechtfertigen und zu verherrlichen durch unsere Annahme als Söhne; uns zum Priesterstand zu berufen, uns zu Erstlingsfrüchten über alle andere Erstlingsfrüchte des Hl. Geistes zu machen. Wie alles zu seiner Verherrlichung ist, so hat er auch uns zu seiner größeren und zu seiner größten Ehre geweiht. Alles dieses war nicht aus Notwendigkeit oder Zwang. Es wurde einzig und allein aus Gottes freiem Willen getan; denn der Wille Gottes ist seine Weisheit und seine Liebe in einem einzigen vollkommenen Akt, und seine Weisheit und Liebe sind sein Gesetz. Er ist sich selbst Gesetz. Gesetz und Freiheit sind verschieden, aber unteilbar. Und dieses Gesetz der Freiheit wurde der Welt in der Menschwerdung geoffenbart. In Jesu Christo sehen wir einen Willen, der sich selbst Gesetz ist, und alle, welche in dem Maße ihrer Ähnlichkeit ihm gleich werden, sind ihr eigenes Gesetz in dem Gebrauch ihrer Freiheit. Dieses Gesetz lässt alle Buchstabengebote hinter sich, ebenso wie der Gelehrte sich des Alphabetes und der erfahrene Sänger der Oktave unbewusst wird. Es ist ein Gesetz, das mehr einschränkt als alle Gebote. Es bewegt das Herz, drängt das Gewissen und treibt den Willen an durch einen beständigen Zug. Durch dieses Gesetz werden wir alle gerichtet, besonders aber wird der Priester nach dem Maßstab desselben sich zu verantworten haben.[2]

Wir sollen deshalb auch nach demselben leben. Haben wir in unserem ganzen Leben nie gefehlt, wo wir hätten gut handeln können: die Freiheit und die Kraft waren in uns. Ferner haben wir

---

1 Isaias 53, 7.

2 „Si reddenda est ratio de iis quae quisque gessit in corpore suo, quid fiet de iis quae quisque gessit in corpore Christi quod est Ecclesia." – Inter Opp. Sti. Bern. Ad Praelatos in Concilio.

nie Gutes unterlassen, das wir hätten tun können? Haben wir nie Gutes getan, das wir hätten noch besser tun können. Wir entsprechen einigen Gnaden aus der großen Menge der uns gegebenen, und das mit mangelhafter Treue und abwechselnden Anstrengungen. Dies alles sind Unterlassungen im Gesetze der Freiheit.

Welcher Beweggrund fehlt daher einem Priester, um ihn zum Trachten nach dem Höchsten zu zwingen? Durch das Naturgesetz sind wir alle verpflichtet, unserem Schöpfer mit den äußersten Kräften und Gemütsbewegungen unseres ganzen Wesens zu gehorchen; durch die Erlösung, unseren Erlöser zu verherrlichen, denn er hat uns für sich erkauft. Durch unsere Taufe sind wir verpflichtet, dem Hl. Geiste als Söhne Gottes zu gehorchen; durch den Glauben, dem geoffenbarten Gesetz Gottes; durch die Hoffnung, alle Mittel zur Erreichung des ewigen Lebens zu gebrauchen; durch die Liebe, ihn *super omnia*, aus unserer ganzen Seele und aus allen unseren Kräften zu lieben. Dieses gilt für alle. Aber die Priester sind mehr verpflichtet als alle anderen Menschen - wegen ihrer hohen Vorherbestimmung, ihrer größeren Gnade, der Kirche und des Charakters ihres Priestertums, ihrer Teilnahme am Charakter und Priestertum des Sohnes Gottes, ihres Auftrages und des Befehles, der ihnen gegeben wurde, und der Versprechen, die sie ihm gemacht, ihrer Liebe als Jünger und Freunde, ihrer Dankbarkeit und Großmut - ihre Freiheit nicht widerwillig oder gezwungen zu gebrauchen, sondern mit Freude, Lust und Selbstaufopferung, ja selbst, wenn erforderlich, mit Selbstverleugnung und Selbstaufopferung in ihren schönsten und unschuldigsten Formen, so dass sie ihm vollkommener dienen können in der Errettung der Seelen, für welche er gestorben ist. „Alle Dinge sind mir erlaubt", aber ich will deshalb nicht alles Erlaubte tun oder genießen, denn „alle Dinge sind nicht ratsam." Sie werden weder meine Rettung, noch meine Heiligung, noch meine priesterliche Vollkommenheit befördern. „Alle Dinge sind mir erlaubt, aber alle Dinge erbauen nicht." Sollte ich durch mein Beispiel irgendjemanden irreführen oder ihn antreiben, mit Gefahr für sich zu tun, was für mich keine Gefahr ist, oder wenn ich seine Ausdauer ermäßige, oder sein Streben abschwäche, oder aber, wenn ich durch meinen unbewussten Einfluss wieder vernichte, was ich andere zu lehren bemüht war, oder aber auch ihnen Ärgernis gebe, dann wird der Gebrauch meiner Freiheit, wenn auch erlaubt, dennoch nicht ratsam sein, sondern ein Hindernis für ihre Erlösung, und noch mehr für meine eigene.

Glücklich der Priester, der seine ganze Freiheit seinem Meister darbringt, und sie großmütig in seiner Berührung mit der Welt beschränkt. Wenn wir in die Welt hinaus müssen, sollten wir beständig die Worte in unseren Ohren haben: *Quid hic agis, Elia?* Der Priester, der am seltensten in Gesellschaft gesehen wird, ist derjenige, den die Leute am liebsten an ihrem Sterbebett haben. Der hl. Hieronymus sagt von den Priestern: *Si quis saepe invitatus ad convivia non recusat, facile contemnitur.* Unser Heiland ist zwar zum Hause des Simon und zur Hochzeit zu Kana gegangen, aber er war überall der Sohn Gottes. Er ist nirgendwo hingegangen, als nur aus göttlicher Nächstenliebe. Wenn wir unsere Freiheit für ihn gebrauchen, wie er die seine für uns gebraucht, so werden wir in der Welt leben, um sie zu retten, aber außer derselben, um uns zu erretten. Priester und Seelsorger bedürfen eines besonderen Schutzes und auch eines besonderen Versprechens der Sicherheit, solange sie ihre Freiheit mit großmütiger Selbstverleugnung zu seiner Ehre anwenden: „Heiliger Vater, erhalte sie in deinem Namen, die du mir gegeben hast, damit sie eins seien, wie wir es sind. Als ich bei ihnen war, erhielt ich sie in deinem Namen. Die du mir gegeben hast, habe ich bewahrt, und keiner von ihnen ist verloren, außer der Sohn des Verderbens. Ich bitte nicht, dass du sie von der Welt wegnehmest, sondern dass du sie vor den Bösen bewahrest."[1]

---

1 Joh. 17; 11, 12, 15.

Unser göttlicher Heiland benützte seine Freiheit, um für uns zu sterben. Und dieses tat er, uns zu erlösen und um unsere Liebe wiederzugewinnen. Wir benutzen unsere Freiheit, um für uns selbst zu leben. Der hl. Paulus beschrieb die gefahrvolle Zeit der letzten Tage in einer Aufzählung von Sünden, besonders geistigen, und endet, indem er sagt, „dass die Menschen voll Eigenliebe sein werden und die Lüste mehr liebend als Gott."[1] An einer anderen Stelle sagt er: „Alle suchen das Ihrige, nicht die Sache Jesu Christi"[2] d. h. sie sind Sünder und übergehen die Gebote Gottes; oder Weltgesinnte, die keine Liebe für den Vater haben, oder Selbstsüchtige, die in allem einen Zweck haben, sei es in hochfliegendem Ehrgeiz oder in kleinem Gewinn; oder Eigennützige, die mit Sektierergeiste nichts nach anderen fragen - das Bruderverhältnis Kains, der zuerst sagte: „Bin ich denn der Hüter meines Bruders?" So lange solch Gesinnte in der Kirche einen Sitz haben; und ihre Beichten gehört bekommen, bekümmern sie sich nicht um die Schafe der Herde Christi. Seelen mögen in ihrer Umgebung zu Grunde gehen, aber es rührt sie nicht. Endlich sind unter den Selbstsüchtigen auch die geistig Schweigseligen, welche beständig nach den Tröstungen und Freuden der Religion verlangen, die sie aber rasch aufgeben würden, wären sie nicht wie Kinder angezogen. Diejenigen, welche die Dinge Jesu Christi suchen, sind die Unschuldigen und die Büßenden, die Uneigennützigen, die sich selbst verleugnen, die guten Soldaten, welche die Beschwerden und das Kreuz aushalten im Eifer für die Seelen, die Kirche und das Priestertum. Die ersteren gebrauchen die Freiheit für sich selbst, die letzteren für ihren Meister. Zu einer dieser zwei Klassen wird jeder Priester gehören; denn es gibt keine Neutralität da, wo Loyalität Pflicht ist; und zwischen warm und kalt gibt es nur Lauheit.

---

1 Tim. 3, 4.

2 Phil. 2, 21.

Fünf Zeichen gibt es, die den weisen und großmütigen Gebrauch unserer Freiheit bekunden.

1. Das erste ist, dass wir nicht zufrieden sind, bis wir Liebe mit Liebe vergelten. Er hat uns mit immerwährender Liebe geliebt, selbst ehe wir waren; mit persönlicher Liebe, als wir in diese Welt kamen: mit erlösender Liebe, als wir getauft wurden; und mit Freundesliebe, seit wir ihn kennen und lieben. Welche Liebe können wir ihm dagegen geben, wenn nicht eine Liebe über alles mit ganzer Seele und aus allen Kräften! Und wie können wir dieser Zufriedenheit uns selbstbewusst sein, wenn wir lesen: „Wenn jemand nicht lieb hat unseren Herrn Jesum Christum, der sei Anathema Maranatha?"[1] Und wiederum: „Niemand kann sagen: Herr Jesus, außer im Heiligen Geist."[2] Seine Liebe und sein Dienst sind hohe und strenge Wirklichkeiten.

2. Das zweite Kennzeichen ist unser Eifer für ihn, d. h. ein unablässiges, heißes Verlangen alle Zeit, Kräfte und Mittel zu gebrauchen, um seinen Willen zu erfüllen, seine Wahrheiten zu verbreiten, seinen Namen zu ehren und seiner Kirche in der Errettung der Seelen zu dienen.

3. Das dritte ist das Leiden mit ihm und für ihn wegen der Sünden, die von solchen begangen werden, die ihn nicht kennen, und besonders von solchen, die ihn kennen, Sünden gegen den Glauben, gegen die Einheit der Kirche und ihre Autorität, gegen seine durch Undankbarkeit misshandelte Liebe, gegen seine Person durch Gottesraub, gegen seine Hirtensorge durch Ärgernisse, welche die Seelen verderben, für die er starb. Der Anblick von Seelen, welche in und außerhalb der Kirche zu Grunde gehen, muss für solche, die Liebe und Eifer besitzen, ein täglicher Schmerz sein.

---

1 1 Kor. 16, 22.

2 Ibid. 12, 3.

4. Das vierte ist die Großmut, mit welcher wir uns und unsere ganze Freiheit aufgeben in allem, was wir für ihn tun oder opfern wollen, und mit welcher wir unsere Arbeit und uns selbst für die Auserwählten hingeben.[1]

5. Das fünfte ist die Freude am Kreuze. Unsere Leiden mögen dreifach sein. Erstens diejenigen, die wir für unsere Fehler, Unvollkommenheiten und vergangenen Sünden verdient haben. Zweitens solche, die wir nicht verdient haben, wie falsche Anklage, Verachtung und unbegründeter Hass. Drittens die freiwilligen, d. h. solche, welche wir zu leiden haben für irgendwelche Handlung oder Einschränkung unserer Freiheit, wodurch solche beleidigt werden, die von ihrer Freiheit einen zu weiten Gebrauch machen.

Der Strom der ganzen christlichen Welt dieser Tage ist auf eine Freiheit gerichtet, die in Zügellosigkeit endet. Es ist der Zeitgeist, die abschüssige Bahn der letzten Tage. Wir sind so an ein sanftes, selbstschonendes Leben gewöhnt, dass wir selbst die Worte des Hl. Geistes verdrehen, bis sie farblos und metaphorisch werden. Wer nimmt jetzt als Lebensregel die Worte an: „Es sei aber fern von mir, mich zu rühmen, außer in dem Kreuze unseres Herrn Jesu Christi, durch welchen mir die Welt gekreuzigt ist und ich der Welt?"[2] Welches Zeichen der Kreuzigung findet man in unserem tadellosen, weichen Leben? Oder wiederum: „Mit Christi bin ich an das Kreuz geheftet; ich lebe, aber doch nicht ich, sondern Christus lebt in mir. Was ich aber nun lebe im Fleische, das lebe ich im Glauben an den Sohn Gottes, der mich geliebt und sich selbst für mich dargegeben hat."[3]

---

1 2 Kor. 12, 15.

2 Gal. 6, 14.

3 Ibid. 2, 19. 20.

Welche Zeichen der Nägel findet man in unserem freien Leben und welches Zeichen, dass Christus in uns lebt und durch uns in allen unseren Worten und Handlungen? Es scheint, dass wir das Gesetz der Freiheit rückwärts lesen: „Redet und handelt als solche, welche, wenn sie auch nicht freiwillig sündigen, dennoch nicht nötig haben, sich irgendetwas zu entsagen;" anstatt „Redet und handelt als solche, welche ihre Freiheit in allen Dingen zu beschränken suchen, auf dass sie dem Sohn Gottes ähnlich werden, der sich für uns verleugnet hat."

SECHSZEHNTES KAPITEL
Des Priesters Gehorsam

Wir haben jetzt des Priesters Freiheit gesehen. Solange er die Verpflichtungen des Priesterstandes und die Disziplin der Kirche nicht Übertritt, besitzt er so viel Freiheit, wie jeder andere Mensch. Wenn er aber seine Freiheit gebraucht wie die anderen, kann er nicht zu seiner Herde sagen: „Seid meine Nachfolger, gleich wie ich Christi Nachfolger bin."[1] Ein Priester, der lebt, soviel ihm seine Freiheit erlaubt, ist ein lauer Priester, und ein lauer Priester ist ein unglücklicher Mensch. Er ist von allen Seiten von Einschränkungen umgeben und sie erbittern ihn, weil er sie nicht liebt. Er hat das Joch des Priestertums auf sich, und es drückt ihn, weil es nicht seine Freude ist. Der glücklichste der Priester ist der strenge Priester, dem das Joch des Priestertums süß ist, für den die Schranken desselben geringer sind als die Begrenzung, die er aus eigenem Willen sich auflegt. Was ist es nun, das selbst unter

---

1 1 Kor. 4, 16.

guten Männern einen Priester vom Priester unterscheidet? Sie haben alle gleich den Charakter als Söhne, Soldaten und Priester Jesu Christi, und sie besitzen in ihrem Maß und Verhältnis die sakramentalen Gnaden, die daher fließen. Worin unterscheiden sie sich also? Es möchte scheinen, als bestände der Unterschied in dem Gebrauch, den der eine macht, und der andere nicht macht von den sieben Gaben des Hl. Geistes, die in ihm sind. Die Tugenden des Glaubens, der Hoffnung und der Liebe sind Gewohnheiten; die Gaben aber sind Fähigkeiten oder Vermögenheiten, welche diese Tugenden wachrufen und vervollkommnen. Drei der Gaben - Furcht, Frömmigkeit und Stärke - vervollkommnen den Willen; vier den Verstand: Verstand und Wissenschaft den spekulativen Verstand, Rat und Weisheit den praktischen Verstand. Diese sieben Gaben, wenn gänzlich entfaltet, machen aus den Menschen Heilige: teilweise und ungleich entfaltet, bringen sie die verschiedenen Grade von Heiligkeit hervor, die man in der Kirche sieht; d. h. gute, aber nicht vollkommene Christen. In dem Maß, in welchem sie entfaltet werden, geben sie dem Geist einen besonderen Charakter. Einige Priester sind geschickt zum Ratgeben, andere in geistiger Schärfe, wieder andere in Stärke, andere wiederum in Frömmigkeit usw. Wir sehen selten die sieben Gaben gleichmäßig in demselben Charakter entfaltet, denn dies würde einen heiligmäßigen Geist bilden, und heiligmäßige Geister sind wenige. Dies aber gibt uns den Schlüssel zu der großen Mannigfaltigkeit unter guten Priestern. Viele sind weise, aber nicht gelehrt; andere gelehrt, aber nicht fromm; wieder andere fromm, aber nicht kraftvoll. Nun aber sagen die Theologen uns, es sei der Verlust dieser Gaben, welcher die Menschen töricht mache. Wenn sowohl Verstand als Wille unvollkommen entfaltet sind, so zeigt es sich im ganzen Charakter. Einige Etymologisten leiten *stultitia* von *stupor* ab, und sie sagen uns *stultitia* sei die *filia luxuriae*, die Folge eines bequemen und weichlichen Lebens. Selbst in guten Priestern, deren Leben von keinen besonderen An-

strengungen belastet, sondern bequem, leicht, regelmäßig und tadellos ist, sehen wir oft einen Hang zur Trägheit und Langsamkeit
des Geistes.

Dasselbe bemerkt man auch an Leuten in der Welt. Der Geis-
tesstolz, die Ungelehrigkeit und Unabhängigkeit in praktischen
sowohl als spekulativen Dingen kommt von der Vernachlässigung des Verstandes und des Rates. Männer der Wissenschaft
sind besonders diesem verkrüppelten und verdrehten Geisteszu-
stand ausgesetzt. Wir handeln aber jetzt nicht von diesen: wir
sprechen von Priestern - d. h. von uns selbst. Die Ursache, warum
Priester oft anspruchsvoll, hoffärtig, verachtend und kritisierend
sind, und ihr Predigen unüberzeugend und uneindringlich ist,
entspringt demselben Grund. Wie der Verlust der sieben Gaben
wenigstens in geistigen Sachen Geisteserstarrung hervorbringt,
so erzeugt die Verhinderung derselben in ihrer Entwickelung, wie
die Vernachlässigung derselben in ihrer Ausübung, Unempfindlichkeit und Ungenauigkeit. Heilige Furcht ist der Anfang der
Weisheit. Es ist eine große Gabe und beschützt uns vor dem Bösen; aber ohne Frömmigkeit werden wir wenigstens kalt und hart
für andere sein. Kindliche Liebe ist die liebende und zarte Anhänglichkeit eines Sohnes, aber ohne Starkmut wird sie weichlich
und unbeständig. Wenn diese Gaben, welche den Willen vervollkommnen und lenken, in ihrer Wirksamkeit geschwächt oder ge-
stört werden, dann wird ein Priester eine schwache Hilfe sein für
diejenigen, welche seiner Hilfe bedürfen. Desgleichen wird er ein
unzuverlässiger Lehrer seiner Herde sein, wenn sein praktischer
Verstand verkehrt oder verdunkelt wird; und ist sein spekulativer
Verstand getrübt, dann ist er ein unsicherer Führer der Unschuldigen, der Bußfertigen und der Schwankenden.

Fünf Dinge pflegen und entfalten in uns die Wirksamkeit der
sieben Gaben. Das erste ist ein Geist der Buße - dieser entfernt alle
Hindernisse, welche das Werk des Hl. Geistes hemmen und zerstören; das zweite ist das beständige Studium der Hl. Schrift,

denn in ihr spricht der Hl. Geist und vervollkommnet sein eigenes Werk in uns; das dritte ist ein tägliches Gebet um Erleuchtung beim Beginnen des Tages, unseres Studiums oder wichtiger Handlungen; viertens kommt die Betrachtung, durch welche unsere bewusste Vereinigung mit Gott und das Bewusstsein seiner Gegenwart in uns lebendig erhalten wird; das fünfte und letzte Moment ist ein Geist der Gelehrigkeit, ein Gefühl des Vertrauens auf Gott, dass er uns Licht, Leitung, Kraft, Schutz und Sicherheit gibt, und ein Ohr, seine Stimme in unserem Gewissen zu hören mit der Bereitwilligkeit zu gehorchen, wenn wir seine Stimme hören. Ein folgsamer Geist sagt immer: „Mein Herz ist bereit, mein Herz ist bereit;" „Sprich, Herr, dein Diener hört." Diese fünf Gewohnheiten werden die sieben Gaben in unserem Verstand und unserem Willen beständig entfalten und in uns eine Gewohnheit geistigen Gehorsams ausbilden, das *obsequium rationabile*, ohne welches kein Priester ein alter Christus oder das Ebenbild seines Meisters sein kann.

Wir wollen darum versuchen, genauer einzusehen, worin dieser geistige Gehorsam besteht.

1. Erstens besteht derselbe in einem liebenden Gehorsam gegen die Kirche. Gehorsam ohne Liebe ist eine Maske, keine lebendige Wirklichkeit. Es ist nicht genug zu gehorchen, weil wir müssen, oder zu gehorchen aus Furcht vor Strafen oder Zensuren. Der Gehorsam unseres Heilandes bei seiner Taufe ist unser Beispiel. Warum wurde er, der sündlose Sohn Gottes, mit der Taufe des Sünders getauft? Warum wurde er, der Hohe vom Geringeren, der Herr vom Diener getauft? Warum wurde er im Angesicht seiner Feinde getauft, als wäre er das, was sie von ihm dachten - ein Sünder und ein Freund der Sünder? Es geschah, damit er alle Gerechtigkeit erfülle; damit Demut und Gehorsam gegen seinen himmlischen Vater sein Werk vervollkommnen möchten. Welche Entschuldigung kann dann je ein Priester für Ungehorsam finden? Er mag sagen, die Regel oder die Einschärfung sei unnötig,

lästig, dem Missverständnis ausgesetzt, entspringe einer partei-ischen oder schlecht informierten Autorität. Das alles mag sein, wie es will; die Pflicht und die Gnade des Gehorsams bleiben dennoch unverändert, und ein gelehriger Geist gehorcht. Diejenigen, welche die Autorität kritisieren, sind nicht folgsam. Selbst wenn sie gehorchen, so verlieren sie die Gnade des Gehorsams; wenn sie nicht gehorchen, so müssen sie Gott darüber Rechenschaft geben. Der Geist Jesu Christi war der Geist des Gehorsams; und der Geist des göttlichen Hauptes durchdringt den Leib Christi. Das Axiom, *sentire cum Ecclesia*, bedeutet mit der Kirche glauben, mit der Kirche lieben und deshalb auch mit der Kirche gehorchen. Ein Priester ist vor allem *vir obedientiarum*, ein Mann von vielen Verpflichtungen des Gehorsams. Er gehorcht dem Vater als Sohn, dem Sohn als Priester, dem Hl. Geist als Jünger, der Kirche als seiner Mutter, dem Bischof als dem sichtbaren Zeugen und Stellvertreter aller dieser, welcher im Namen Gottes seinen Gehorsam in der Person Jesu Christi empfängt. Solch ein Gehorsam ehrt einen Priester. Es ist der höchste Akt seines Willens. Es kommt nicht darauf an, ob der Gehorsam in kleinen oder in großen Dingen geschieht. Dieselbe Autorität geht durch alle Gebote und Disziplinargesetze und spricht zu uns durch die lebendige Stimme desjenigen, dem wir Gehorsam versprochen haben. Klugheit ist seine Pflicht, Gehorsam die unserige. Geistiger Gehorsam argumentiert, widerspricht und kritisiert nicht. Er gehorcht; und in seinem Gehorsam ist der Priester von einer göttlichen Gegenwart umgeben, die ihn segnet. Die Abwesenheit dieses geistigen Gehorsams verrät die Abwesenheit der Gabe der Weisheit.

2. Ein anderes Zeichen geistigen Gehorsams und geistiger Willigkeit ist die Andacht zu den Heiligen. Sie sind unsere Vorbilder. Ihre Ratschläge, Aussprüche und Instinkte sind unsere Regel und Ermahnung. Der hl. Philipp fordert uns auf, Autoren zu lesen, die ein S vor ihrem Namen haben. Sie waren einst, was wir jetzt sind, schwach, bekämpft, versucht, bußfertig und sogar sündvoll. Harren wir bis zum Ende aus, so werden wir nach diesem Leben sein,

was sie jetzt sind. Ihre Beispiele werden in jedem Stand und in jedem Augenblick unseres geistigen Lebens auf uns wirken. Sie stehen an unserem Pfad entlang, aus jedem Alter und jedem Rang des menschlichen Lebens, als unsere Führer und Ermahner. In ihrem Leben sehen wir die Gebote, die Vorschriften und die Räte verkörpert. Jeder fromme Priester hat seine Patrone. Ein Priester ohne inniges Verhältnis mit seinem Schutzheiligen hat kaum die übernatürliche Ordnung vor Augen, in welcher wir leben, noch die Gemeinschaft „mit den Geistern der vollendeten Gerechten."[1] Verehrung für unsere göttliche Mutter zu haben, ist nicht genügend für den Priester. Sie ist nicht die Patronin irgendeiner besonderen Person, da Sie ja die Mutter aller ist. Unser Verhältnis zu ihr ist notwendig, nicht freiwillig. Wir können Gott nicht zum Vater haben, ohne die Kirche zu unserer Mutter zu haben; und wir können auch Gott nicht zu unserem Vater haben, ohne auch seine allerheiligste Mutter zu unserer Mutter zu haben. Wir erwählen sie nicht zu unserer Patronin. Wir sind ihre Kinder von unserer Taufe an, ehe wir sie kennen, in der übernatürlichen Verwandtschaft der Menschwerdung. Ebenso erwählen wir uns kaum den hl. Joseph zum Patron; denn er ist der Patron der ganzen Kirche. Wir sind deshalb seine Pflegekinder durch die Mutterschaft der fleckenlosen Jungfrau Maria. Unsere Patrone sind unsere eigene Wahl. Und der Priester muss einen sonderbaren, gedankenlosen Geist haben, welcher da nicht in vielfachem Verhältnisse sich befindet, „zur Gemeinde der Erstgeborenen, welche in den Himmeln aufgezeichnet sind."[2] Der Tag und der Ort unserer Geburt, unser Fallen, unsere Fehler, unsere Bedürfnisse und unsere Arbeiten, alle rufen uns viele ins Gedächtnis zurück, welche im Kampf hienieden ebenso versucht wurden wie wir. Der Zustand des Geistes, der sich an die Heiligen wendet, ist eine folgsame Ehrerbietung;

---

1 Hebr. 12, 23.

2 Hebr. 12, 23.

der Zustand des sich von ihnen abwendenden Geistes ist ein unfolgsames und ungelehriges Sichselbstgenügen. Andacht und bewusstes Verhältnis zu den Heiligen ist ein Teil der Gabe der Frömmigkeit. Es ist die Gemütsbewegung des Geistes, mit welchem wir die Allerheiligste Dreifaltigkeit mit ganzer Seele und aus allen Kräften anbeten; denn Liebe und Anbetung sind dieselben Gemütsbewegungen, mag der Gegenstand unendlich und ungeschaffen, oder endlich und ein Geschöpf sein. Diese Liebe aber ist unendlich verschieden in ihrem Beweggrund und Maß. Die Gottesverehrung hat kein Maß, ausgenommen unsere begrenzte Natur; denn sie ist unermesslich. Die Heiligenverehrung ist begrenzt, denn die Heiligen sind Geschöpfe. Die Liebe des Nächsten beginnt mit unseresgleichen und steigt beständig heran von der Erde bis zum Himmel, von unseren Häusern bis zum himmlischen Hofe. Einer, der die Wahrheit zum Teil erkannte, hat richtig bemerkt, dass „die größte Schule gegenseitiger Achtung die katholische Kirche sei." Er sah wohl, dass die Ehrfurcht der Kinder zu ihren Eltern, der Untertanen zu ihren Herrschern, des Volkes zu seinen Priestern, der Priester zu ihren Bischöfen und der Bischöfe zu dem Haupte der Kirche nur eine und dieselbe Gewohnheit des Geistes sei, doch abweichend an Maß und zufälliger Verschiedenheit. In sich selbst ist alles nur eine Gewohnheit kindlicher Frömmigkeit. Ein Priester, der für die Heiligen Andacht hat, wird kaum unehrerbietig und widerspenstig sein oder gegen seine Obern kritisierend und murrend. Frankreich ist von einem Spottgeist gegen alle Autorität, geistliche und weltliche, angesteckt und heimgesucht. England ist bis jetzt davon freigeblieben. Aber überall gibt es Unzufriedene, Murrsinnige, Kritikaster, Zensoren und Herabsetzer, die niemanden verschonen und am wenigsten diejenigen, welche sie am meisten ehren sollten, und wenn dieses auch nicht geschieht ihrer Person wegen, so geschieht es wenigstens des Amtes wegen, das sie bekleiden. Solche Geister rufen ihre eigene Nemesis herab. Keine Priester werden mehr kritisiert als die, welche ihre Brüder bekritteln; keine werden so lächerlich gemacht als die, welche sich über ihre Oberen lustig machen. Der Hang des Tadels verrät in einem Priester die Abwesenheit des Geistes der Frömmigkeit.

3. Ein drittes Zeichen des geistigen Gehorsams ist Ehrfurcht vor den Theologen. Es ist wahr, wir sind nur dann der Häresie schuldig, wenn wir den Glauben angreifen; aber wir sind schuldig des Irrtums, der Vermessenheit und des Ärgernisses für fromme Ohren, wenn wir Meinungen verwerfen, welche nicht geradezu dem göttlichen oder katholischen Glauben zugehören. Privaturteil, vor 300 Jahren zum Gesetz, und sogar zu einer Religion erhoben, hat die Atmosphäre verdorben, in welcher die katholische Kirche zu leben und zu atmen gezwungen ist. Es ist wahr, dass die Lehren von Theologen, selbst einstimmig, keine Glaubensartikel sind; aber ihre Übereinstimmung bildet eine geistige Tradition, gegen welche niemand ohne Vermessenheit sein Urteil erheben darf. Wir wären vermessen, wenn wir uns mit irgendeinem von ihnen auf gleichen Fuß stellen würden; wir wären mehr als vermessen, wollten wir uns gegen ihr einstimmiges Urteil erheben. Die einstimmige Erklärung der Väter bildet eine Regel, um den Sinn der Hl. Schrift festzustellen, die besser ist als jedes Privaturteil. Die einstimmige Lehre der Theologen ist das Maximum oder ein hoher Grad menschlicher Gewissheit in Sachen der offenbaren und unoffenbaren Wahrheit. Wenn wir unserer individuellen Vernunft trauen, müssen wir nicht vielmehr ihrer Gesamtvernunft trauen? Wenn wir glauben, dass das Licht des Geistes der Wahrheit uns geführt hat, leitet er sie nicht ebenfalls? Und ist ihre Übereinstimmung nicht das Resultat einer kollektiven Leitung und eines Zusammenflusses von Licht? Ihr verbundenes und vereintes Licht macht unsere isolierte Meinung verschwinden, wie die Mittagssonne alle geringeren Lichter unsichtbar macht. Die Gewohnheit, andere zu lehren, erzeigt auch eine Gewohnheit, unsere eigene Meinung zu bilden und zu hegen. Wir sind gesandt, zu behaupten und zu verteidigen, und dies erzeigt

leicht in uns einen Geist, sich selbst geltend zu machen. Lehrer des Dogmas werden leicht dogmatisch. Priester treffen weniger Widerspruch an als andere Menschen und tragen denselben oft mit weniger Geduld. Männer in der Welt, wie z. B. in den Gerichtshöfen oder in den Parlamenten, werden durch beständigen Widerspruch zu Höflichkeit und Nachsicht gebildet. Sie sind oft ein Beispiel und ein Vorwurf für uns. Es ist die Abwesenheit der Gabe des Rates, die uns starrsinnig und ungeduldig macht.

4. Ein anderes Zeichen von Gehorsam oder Folgsamkeit des Geistes ist eine Furcht und ein Verdacht vor Neuerungen in Lehre, Übung und Andacht. Die Theologie oder Gotteswissenschaft ist eine göttliche Tradition, vom Anfang uns zufließend, sich immer ausbreitend und heranwachsend in ihrer Einheit und Symmetrie bis zur Vollkommenheit. Sie bildet sich in der Tat auf aus alten und neuen Dingen, aber die neuen sind, wie Vincenz von Lerin sagt, *non nova sed nove.* Die Münzen des römischen, byzantinischen, britischen Reiches haben neue und verschiedene Bildnisse und Inschriften, aber das Gold ist immer dasselbe. So können auch die Definitionen der Wahrheiten neu sein, aber die Wahrheit ist alt. Es ist die ruhelose See menschlicher Vernunft, die da Schmutz und Schatten aufwirft und die Kirche zwingt, neue Dämme zu errichten und den Glauben mit neuen Definitionen zu schützen. Aber viele Geister sind der alten Wahrheiten, Ausdrücke, Redensarten, Lehrweise, Gebete und Andachten überdrüssig. Sie bedürfen des Reizmittels der Neuheit: neuer Farben, Formen und Weisen, die alten Lehren auszudrücken. Es geht mit der Lehre wie mit den Moden: sie müssen immer wechseln. Kritiker und Autoren, Professoren und Prediger haben oft ein Verlangen nach Originalität. Ihren Vorfahren zu gleichen, heißt gewöhnlich sein; neue Richtungen, neue Wege auszufinden, die alten Wahrheiten einzukleiden, erzeugt einen Ruf. Die Kirche allein kann die hl. Terminologie des Glaubens umändern. Sie allein „kann neue und alte Dinge hervorbringen.“ Alle anderen Neuerungen sind Abweichungen von dem betretenen Weg, der da sicher ist, weil er

betreten, und betreten, weil er der Weg unserer Vorväter im Glauben ist. Was von der Theologie gilt, gilt auch offenbar von der Erklärung der Hl. Schrift. Die Liebe zur Neuerung ist beständig beschäftigt, einen neuen Sinn zu finden; und die Kritik liebt nicht die Einschränkung. Wir leben in einem Zeitalter grenzenloser intellektueller Freiheit. Priester lesen ohne Skrupel oder Bedenken Bücher und Schriften, welche unter das Verbot des Index fallen. Die Gewohnheit geistiger Unabhängigkeit entsteht leicht. Wir sind von Gnostikern und Agnostikern umgeben: von solchen, die aus eigenem Bewusstsein weiser sind als die Kirche, und von anderen, die das, was man wissen kann, nach dem bemessen, was sie wissen. Katholiken würden wissentlich keiner dieser Schulen des Irrtums angehören; und dennoch nehmen sie beständig und unbewusst ihre falschen Prämissen und Prinzipien und Anmaßungen an in ihrer täglichen Berührung mit der Welt. In Bezug auf falsche Theologie und falsche Erklärung der Schrift würden sie sich wohl hüten; aber sie sind nicht auf der Hut gegen falsche Philosophie und öffnen willig ihre Ohren und ihren Verstand den Verirrungen moderner Metaphysiker. Sie glauben, weil es in der Philosophie keine Häresie gebe, habe man nicht nötig, zu fürchten. Falsche Philosophie aber untergräbt den Glauben, und ein einziger philosophischer Irrtum wird, gleich einem verfaulten Balken, das ganze Gebäude der Theologie lockern. Unter allen Menschen müssen Priester sich hüten, denn sie sind die Führer und Lehrer der Gläubigen. Es ist gefährlich, den geringsten intellektuellen Irrtum aufzunehmen und zu verbreiten. Wir müssen in großer Wachsamkeit leben gegen das, was man als „moderne Denkart" verherrlicht. Der Gedanke der modernen Welt entfernt sich stetig von Gott. Die Liebe zur Neuerung ist eines seiner Kennzeichen, und das einzige wirksame Besserungsmittel ist das *donum scientiae,* die Gabe der Wissenschaft oder Erkenntnis, welche Gott in allen Dingen und alle Dinge in Gott sieht. Mit diesem Licht können wir die ganze Welt abstrakter oder angewendeter Wissenschaft sonder Furcht oder Bedenken durchschreiten.

5. Es bleibt uns noch ein Zeichen übrig; und das ist das Misstrauen in sich selbst, in jeder Beziehung, besonders in unsere geistige und moralische Urteile. Dieses Selbstmisstrauen uns anzueignen, müssen wir drei Dinge bedenken: Erstens, wie oft wir in unseren Meinungen geirrt haben; zweitens, wie wenig wir gelesen haben; wie wenig wir studiert haben. Lesen ist ein Punkt, Studieren ein anderer. Kein gewissenhafter Priester wird seine Bücher schließen; kein weiser Priester wird in wichtigen Sachen antworten, ohne sie zu konsultieren; kein Priester, der sich selbst misstraut, wird drucken lassen und veröffentlichen, ohne sein Buch der Durchsicht anderer Augen und Geister zu unterbreiten; und je mehr er das tut, desto bester. Wir müssen vor allem wissen, wie wir lernen, ehe wir lehren. Und wir müssen erst gehorchen lernen, ehe wir leiten. Dieses Misstrauen unserer selbst entspringt der Gabe der kindlichen Furcht - d. h. der Furcht, Gott zu beleidigen entweder in seinen Gesetzen oder in seiner Wahrheit durch irgendeine sorglose Handlung oder irgendein eitles Wort.

Das Wort des hl. Johannes ist nachdrücklich auf die Priester anzuwenden: „Ihr habt eine Weihe von den Heiligen, und ihr wisset alle Dinge." Und unter diesen Dingen sind erstlich und vor allem die Kenntnis Gottes und seiner selbst, aus denen das Selbstmisstrauen entspringt. Von unserem göttlichen Heiland, dessen Priestertum wir teilen, prophezeite Isaias: „Der Geist des Herrn wird auf ihm ruhen; der Geist der Weisheit und des Verstandes, der Geist des Rates und der Stärke, der Geist der Wissenschaft und der Frömmigkeit, und der Geist der Furcht des Herrn wird ihn erfüllen."[1] Von dieser Weihe empfängt jeder Priester, und in dem Maße, in welchem diese sieben Gaben durch bewussten Gehorsam gepflegt werden, wird er seinem göttlichen Meister ähnlich.

---

1 Isaias 11, 2. 3.

SIEBENZEHNTES KAPITEL

Des Priesters Belohnungen

Der Prophet Isaias hat von dem Mann der Schmerzen vorhergesagt, er werde inmitten seiner Leiden seinen Trost haben: „Dafür, dass seine Seele gearbeitet, wird er schauen und satt werden";[1] d. h. er wird die Frucht seiner Mühen und Tränen selbst hier auf Erden sehen. Desgleichen auch seine Diener. Inmitten aller seiner Schmerzen und Arbeiten, Besorgnisse und Enttäuschungen hat ein Priester eine große Fülle des Trostes; selbst in diesem Leben empfängt er großen Lohn. Gott lässt sich nicht an Großmut übertreffen. Wer immer seinetwegen etwas verlässt, dem wird er hundertfältig es wieder erstatten. Was der hl. Paulus allen Gläubigen sagt, ist besonders wahr vom Priester. Diejenigen, welche sich um Christi willen von allem entblößen, werden reich werden in dem Maße, in welchem sie arm sind: *Nihil habentes, omnia possidentes.*[2] Wiederum sagt er: „Alles ist euer. Ihr aber seid Christi, Christus aber Gottes."[3] Die gesetzlichen irdischen Rechte der Reichen in dieser Welt verhindern keineswegs den Genuss für die Gläubigen. „Des Herrn ist die Erde und was sie erfüllt."[4] Und durch „den Erben aller Dinge" erben wir alle Dinge. Die Erde, das Meer und das Firmament waren geschaffen, ehe die menschlichen Eigentumsgesetze bestanden. Ein Priester, der nichts hat als seinen einfachen Unterhalt, genießt ohne Last und Verantwortung alle Werke der Natur in ihrer Schöne und Süßigkeit, und das vielleicht in einer höheren Gnade als der Herr des

---

1 Isaias 53, 11.

2 2 Kor. 6, 10.

3 1 Kor. 3, 23.

4 Ps. 23, 1.

Besitztums selbst. Die Schönheit der Welt ist ein gemeinsames Erbe, und keine erfreuen sich desselben so sehr als diejenigen, welche durch das *donum scientiae* Gott in allem und alles in Gott sehen.[1] Die ganze Welt ist für sie, wie der Busch, der auf dem Berge Horeb brannte. Die Gegenwart und Herrlichkeit Gottes sind überall. „Alles" ist ihnen; und dieses schließt die ganze Offenbarung Gottes und die ganze Wiedergeburt des Menschengeschlechtes in sich ein. Ein Priester beginnt den Tag am Altare hinter dem Vorhang, umgeben von der göttlichen Gegenwart und dem himmlischen Hofe. Das Gesicht des Glaubens, bewusst oder unbewusst, wird zur zweiten Natur. Er sieht stets die unsichtbare Welt. Ihre Schönheit, ihre Süßigkeit und ihr Wohlgeruch sind einem inneren Sinne wahrnehmbar. Der Weihrauch der hl. Messe am Morgen und des Segens am Abend ist ein Wohlgeruch von den ewigen Hügeln. Ein Priester, dessen Sinn mit dieser Welt gefüllt ist, muss öfters, wenn nicht immer, verzagt und traurig sein. Ein Priester, dessen Geist mit der ewigen Welt erfüllt ist, wird immer - habituell, virtuell und öfters aktuell - mit dem Licht, dem Frieden und der Freude derselben erfüllt sein. Das Versprechen Gottes, das er durch den Propheten gegeben, wird erfüllt. „Und Ruhe wird dir geben der Herr auf immer," selbst in den Störnissen dieser geräuschvollen Welt, „und deine Seele mit Glanz erfüllen," *implebit splendoribus animam tuam;* in der außenherrschenden Finsternis wird seine Seele mit dem Glanz der Welt des Lichtes erfüllt werden. „Und du wirst sein wie ein bewässerter Garten", ein Garten der Ordnung und der Schönheit, von Gott selbst gepflegt und mit fortwährenden Strömen getränkt: „und wie ein Wasserbrunnen, dessen Wasser nicht abnehmen."[2] Er wird nicht allein selbst die Ströme von „der Quelle des lebendigen Wassers" erhalten, welche Gott selbst ist, sondern er wird auch selbst eine

---

1 „Fidelis homo cujus totus mundus divitiarum est, et quasi nihil habens omnia possidet inhaerendo tibi cui serviunt omnia." - Aug. Confess. lib. V, 4.

2 Isaias 58, 11.

Quelle stets fließenden Wassers sein, von welcher Ströme ausfließen, nicht nur in sein eigenes Innere, sondern auch nach außen auf alle, die ihn umgeben -Ströme des Lichtes, der Liebe, des Trostes und der rettenden Arznei - denn die sakramentale Gnade seines Priestertums und der sieben Gaben des Hl. Geistes werden immer und überall, in allen Gefahren und Verführungen sein *fons aquae salientis in vitam aeternam.*[1]

Dieses allein würde ein reichlicher Lohn sein für den eifrigen Priester, der sein ganzes Leben hindurch sich selbst für die Auserwählten geopfert hat. Aber er erhält auch andere Belohnungen.

1. Zuerst ist es die Freude eines Seelsorgers über die Seelen seiner Herde. Das Verhältnis von Seelsorger und Herde ist ein dreifaches - gegenseitiges Kennen, gegenseitige Anhänglichkeit und gegenseitige Nächstenliebe. Die gegenseitige Kenntnis besteht darin, dass er die Zahl, den Namen und die Bedürfnisse eines jeden einzelnen seiner Herde kennt, und von ihnen als Vater, Freund und Führer anerkannt wird: gegenseitige Nächstenliebe besteht darin, dass er sie liebt um Christi und ihretwillen als Erben des ewigen Lebens und seine geistigen Kinder in Jesu Christo: und die gegenseitige Diensterweisung besteht darin, dass er Sorge, Arbeit, Zeit, Kraft und Gesundheit auf sie verwendet, und selbst wenn nötig, sein eigenes Leben gibt; und dass sie dagegen ihm den Dienst kindlichen Großmuts und kindlichen Gehorsams erweisen. Wenn Hirt und Herde so vereint sind, dann erfüllen sich die Worte des hl. Johannes: „Eine größere Freude habe ich nicht als die, dass ich höre, meine Kinder wandeln in der Wahrheit."[2] In dem Maße, in welchem Liebe zu den Seelen in dem Herzen eines Priesters herrscht, wird er diese Freude verstehen, und seine Freude wird dem Maße seiner Liebe gleich sein. Die Liebe zu den Seelen aber ist ein sechster Sinn. Einige Menschen besitzen davon

---

1 Joh. 4, 14.

2 3 Joh. 4

so wenig, dass es scheint, als besäßen sie davon nichts; andere so viel, dass derselbe ihr ganzes Leben beherrscht. Manche Priester haben zwar eine Liebe für die Seelen, und dennoch eine so schwache und zwanglose, dass sie wenig Freude und eine kleine Belohnung in ihrer Arbeit haben. Diejenigen aber, in denen das Feuer entzündet ist, haben drei besondere Freuden, so verschieden, dass man sie nicht vergleichen kann, und dennoch so ähnlich, dass sie derselben Quelle entspringen.

Die erste ist die Freude über die Unschuldigen - d. h. über die Kinder, die noch frisch in ihrer Taufgnade stehen; noch mehr aber über die, welche in der Unschuld der Kindheit bis zum Jünglings-, Mannes- oder Frauenalter herangewachsen sind: Es kann keinen herrlicheren Anblick in dieser Welt geben als der einer Seele im Stande der Gnade. Im Reiche ihres Vaters werden sie leuchten wie die Sonne [1]: in dieser Welt schon im Angesichte Gottes tragen sie so sein Ebenbild und Gleichnis an sich, dass der Glanz derselben durch keine Wolke freiwilliger Sünde überschattet ist. Sie sind die Herzensreinen, die Gott schauen, und die Friedfertigen, die Kinder Gottes sind. Die Demut, Reinheit, Aufrichtigkeit und Nächstenliebe solcher Seelen in allen ihren Lebensverhältnissen, und besonders in ihrem Verhältnis zu dem, welcher der Leiter ihrer Jugend und ihr Vater und Freund in Gott war, ist für einen Priester ein Siegel und ein Zeichen, dass sein Werk von unserem göttlichen Heilande aufgenommen worden ist.

Aber ein anderer und besonderer Lohn aller Mühen, Sorgen und Arbeiten schöpft der Priester aus der Bekehrung von Sündern und in deren Rückkehr zu Gott. Die Freude des guten Hirten über verlorene Schafe wird nach zwei Dingen bemessen - nach der Gefahr, in welcher die Seele sich befindet, und nach der Mühe, die deren Aufsuchung erfordert. Öfters fällt einer, der lange in

---

1 Mt. 13, 13.

Unschuld verharrte, wie ein Blitz vom Himmel. Gestern war er mit Gott vereinigt, heute ist er abgeschnitten und tot. Alle Gnaden seiner Kindheit und Jugend sind fort, und sein Glanz hat sich in Tod verwandelt. Und eine tote Seele, gleich einem toten Körper, verweset bald. Eine Sünde öffnet die Schleusen, und die Schnelligkeit des Stromes geht über die Kräfte der Natur. Einmal gefallen, verfällt man einer Leichtigkeit des Falles, nicht durch Gewohnheit, sondern durch einen neuen und seltsamen Antrieb, den man zuvor nicht gekannt. Dann kommt sorgloses Fortfahren in der Sünde, dann Verzweiflung; und Verzweiflung macht die Seele blind und taub. Jeder Priester hatte, oder wird früher oder später diesen Schmerz haben; und er wird der Gebete und Anstrengungen, der Hoffnungen und Enttäuschungen vielleicht von Jahren gedenken, ehe die verlorene Seele wiedergefunden und zu Gott zurückgebracht wurde. Der hl. Augustinus gibt das Beispiel von dreien, die vom Tode zum Leben zurückgebracht wurden. Die Tochter des Jairus, eben gestorben, ehe die Verwesung eintrat; der Sohn der Witwe, tot und schon zu Grabe getragen, tot und schon unter dem Gesetze der Verwesung; und Lazarus, tot und schon vier Tage im Grabe, ins Leichentuch gehüllt und die Augen mit dem Kopftuche verbunden, ein Bild der Sünde, die tötet, blendet und Gewohnheit geworden ist. Die Freude über solche Auferstehungen vom Tode kann keiner bemessen als der Priester, der seine Verstorbenen „durch Auferstehung wieder erhielt."[1]

Endlich ist es ein Trost, obgleich auch ein Trost voll Trauer und Besorgnis, wenn diejenigen, die wieder und wiederum gefallen sind, wieder und wiederum zurückkehren und von neuem wieder aufgenommen werden. Es ist eine Freude unter Zittern. Denn „deren wir uns mit Furcht erbarmen," „indem wir sie dem Feuer entreißen,"[2] die fahren fort während einer langen Zeit, vielleicht

---

1 Hebr. 11, 35.
2 Jud. 23.

für immer, für uns eine Ursache beständiger Furcht zu sein. Nichtsdestoweniger kann der Seelenhirt, wenn er alles für sie getan hat, in Hoffnung bleiben. Wenn Seelen nicht gerettet werden wollen, so kann er sie nicht retten. Gott selbst achtet die Freiheit, die er geschaffen und ihnen gegeben hat. Sie können sich selbst zerstören. In dem Maße, wie das Leben vorangeht, und die Arbeit eines Priesters inmitten seiner Herde ihn mit den Guten und den Bösen, den Unschuldigen und den Büßenden in Berührung gebracht hat, kann er um sich blicken wie der Sämann beim Ausgang des Sommers, wenn das Korn reift, auf das Erntefeld schaut. Er sieht den Mehltau und den Brand, und hier und dort oft ist mancher Halm, vom Wind und Regen geknickt, bleich und krank; das Feld aber ist voll Leben, und die Sonne glänzt auf den rötlichen Ähren, die bald für die große Heimernte geschnitten werden sollen. Und inmitten vieler Leiden kann der Priester sich freuen wie der Sämann bei der Ernte: *Laetabuntur coram te sicut, qui laetantur in messe.*[1]

2. Ein anderer Lohn für den eifrigen Priester ist die Dankbarkeit seiner Herde. Er kann sagen. „Demnach, meine geliebtesten und ersehntesten Brüder, meine Freude und meine Krone."[2] „Und wenn ich auch ein Schlachtopfer werde über dem Opfer und Dienst eures Glaubens, so freue ich mich und frohlocke mit euch allen. Und deswegen sollet auch ihr euch erfreuen und mit mir frohlocken."[3] „Ihr kennet uns zum Teil, dass wir euer Ruhm sind, gleichwie auch ihr der unsrige am Tage unseres Herrn Jesu Christi."[4] „Denn, wer ist unsere Hoffnung oder Freude oder Ehrenkrone? Seid es nicht ihr vor unserem Herrn Jesu Christo bei

---

1 Isaias 9, 3.

2 Phil. 4, 1.

3 Ibid. 2, 17. 18.

4.2 Kor. 1, 14.

seiner Ankunft?"[1] „Denn nun leben wir auf, wenn ihr feststehet im Herrn. Denn welchen Dank können wir Gott für euch darbringen bei aller Freude, mit der wir uns freuen, eurethalben vor unserem Gott?"[2] Wenn er seine Schafe aufzählt, so kann er immer sagen, *Corona mea, gaudium meum.* Wenn er die Sünder aufzählt und die Unbußfertigen, die zerstörten Heimstätten, welche zu retten er gearbeitet, dann wird er sich erinnern, wie er sich bemüht und gebetet hat, wie er zu ihrer Rettung „die ganze Nacht" im Dunkeln gearbeitet mit kaum einem Strahl der Hoffnung, „und nichts gefangen hat," wiederum bereit, die Netze auf des Herrn Geheiß auszuwerfen und wiederum hinaus in die Tiefe zu fahren, und wie alle seine Bemühungen und alle seine Gebete sie dennoch nicht aus derselben errettet haben. Dies muss uns begegnen in unserer täglichen Arbeit, wie es unserem göttlichen Heiland begegnet. Wenn wir auf sie schauen, teilen wir die Geistesqualen unseres Herrn und Meisters hier auf Erden; wenn wir dann von ihnen weg unseren Blick auf das Feld werfen, weiß und bereit für die Ernte, dann gibt er uns Anteil an seiner Freude im Himmel.

Fünf verschiedene Klassen hat der Priester in seiner Gemeinde, die ihn in diesem Leben schon belohnen. Erstlich hat jede büßende Seele eine Geschichte, voll von der Sünde des Menschen und von der Liebe Gottes. Einige waren beinahe in der Sünde versunken, und andere wurden dem Feuer entrissen. Wir kannten sie vorher nicht; sie kamen durch Zufall zu uns. Sie glaubten unseren Beichtstuhl zu vermeiden, als sie in denselben kamen; sie glaubten uns zu entrinnen, als sie unbewusst selbst in das Netz fielen, welches ihnen gestellt worden, nicht durch uns, die wir sie nicht kannten, sondern durch die Hand Gottes. Seelen zu Gott zurückzubringen und das Ebenbild Gottes wieder aus der Finsternis ihrer Vergangenheit hervorleuchten zu sehen und über ihre stetige

---

1 1 Thess. 2, 19. 20.

2 Ibid. 3, 8. 9.

Ausdauer auf dem Wege des Lebens zu wachen, ist eine Belohnung, die alle Mühen übertrifft.

Nach diesen kommen die Trauernden.

Der hl. Barnabas hatte einen Titel, der glänzender war als eine Krone. Er war *Filius Consolationis*, ein Sohn des Trostes für Israel und ein Bote der frohen Botschaft des Guten; und das, weil er „voll des Hl. Geistes" war, ein Jünger des Parakleten, des göttlichen Trösters. Das Amt des Priesters ist ein zweifaches. Er ist Arzt, um sowohl die Sünde als auch den Schmerz zu heilen; diese sind zwar verschieden, aber unzertrennbar, und ein jedes bedarf einer besonderen Behandlung. Viele, welche die Sünde zu behandeln im Stande sind, sind ungeschickt in der Behandlung des Schmerzes. Mit Sündern zu verfahren, macht uns zuweilen hart, als ob der Schmerz ein eingebildeter wäre. Kein Mensch aber kann ein Sohn des Trostes sein, der nicht den Schmerz für seine eigene Sünde gekannt hat, Schmerz in Reue, Schmerz für die Sünden anderer, Schmerz für die Zerstörung, die der Tod über die Welt gebracht hat. Die Seligkeit, „selig sind die Trauernden, denn sie werden getröstet werden," ist ein Versprechen, dass Gott sie trösten wird, nicht nur durch den Hl. Geist, sondern auch durch diejenigen, welche geweiht sind zu „Söhnen des Trostes" - die Priester und Seelsorger, die Amt, Zärtlichkeit und das Mitleiden unseres großen Hohenpriesters teilen, des Mannes der Schmerzen und der Quelle allen Trostes.

Und nach den Trauernden kommt eine Menge von kleinen Kindern.

Unter den vielen Belohnungen eines treuen Priesters ist die Liebe und Freude zu den Kindern. Durch den Glauben, der ihnen in der hl. Taufe eingegossen, erkennen sie in dem Priester eine geistige Vaterschaft. Kinder umringen den Priester nicht nur durch einen natürlichen Instinkt, durch Güte angezogen, sondern durch einen übernatürlichen Instinkt, wie zu jemanden, der ihnen rechtmäßig angehört. Die Liebe der Kinder für einen Priester ist die uneigennützigste Liebe auf Erden, und solange sie unschuldig sind, bindet sie dieselben an ihn mit einem Vertrauen, das die Furcht entfernt. Die Furchtsamsten und Bedenklichsten kommen zu ihm um Trost und Schutz. Sie sagen ihm alles - ihre Hoffnungen und Befürchtungen, ihre Sorgen und Fehler - mit einem zweifellosen Vertrauen in seine Liebe und Sorgfalt. Kein Priester hat größere Freude als der Priester, der seine Schulen liebt und mit seiner eigenen Aufsicht und Sorgfalt die Knaben erzieht, die ihn am Altare umgeben. Es ist eines der Zeichen seiner Gleichförmigkeit mit seinem göttlichen Meister.

Nach ihnen kommen die Armen. Ein Priester ist Gottes Almosengeber. Wenn er selber nichts besitzt, erhält er Almosen aus der Hand seines Meisters und verteilt sie wieder an die Armen. Die Alten, Hilflosen und Entblößten wenden sich an ihn als an ihre letzte Hoffnung. Was Job in seiner tiefsten Demut gesagt hat, wird kein Priester zu sagen wagen; dennoch würde jeder wahre Priester wünschen, dass man nach seinem Tode von ihm sagen könne: „Das Ohr, das mich hörte, pries mich selig, und das Auge, das mich sah, gab mir Zeugnis. Dieweil ich den Armen errettete, der schrie, und den Waisen, der keinen Helfer hatte, der Segen dessen, der sonst zugrunde gegangen wäre, kam über mich, und das Herz der Witwen tröstete ich. Auge war ich dem Blinden und Fuß dem Lahmen. Vater war ich den Armen, und welche Sache ich nicht wusste, die erforschte ich aufs fleißigste."[1] Der ärmste Mensch soll keine Furcht haben, zu einem Priester zu kommen, denn ein Priester gehört sich nicht selbst an - er gehört seiner Herde, und jeder hat ein Recht auf ihn und auf seine Dienste in der Liebe Jesu Christi. Von den Armen geliebt zu sein, ist das sicherste Zeichen für einen Priester, dass er seinem Meister nicht unähnlich ist. Denn das Volk hörte ihn mit Freude. Ihre Liebe ist

---

1 Job 29, 11 – 16.

ein großer Lohn. Wenn die Welt schwarz und feindlich ist, hat ein Priester sein Heiligtum unter den Armen. Fast sämtliche Große in Kirche und Staat waren gegen den hl. Thomas von Canterbury, aber die armen Priester und das arme Volk waren immer mit ihm.

Endlich gibt es eine Klasse, die nicht wie die anderen Tag für Tag in der Nähe des Priesters sind - das sind die Kranken und die Sterbenden. Die zwei Hauptarbeiten eines Priesters bestehen in der Vorbereitung der Kinder für den Kampf des Lebens und in der Vorbereitung der Kranken für den letzten Kampf im Tode. Schule und Krankenzimmer sind die zwei Hauptfelder der Liebe und des Eifers eines Priesters. Krankheit lastet schwer auf Herz und Sinn. Die Kranken sind oft traurig und niedergeschlagen durch das Bewusstsein der Sünde sowohl von dem Bösen, das sie getan, als von dem Guten, das sie unterlassen, und in ihrer Schwachheit sind sie unfähig, diese Last abzuwerfen. Oft sagen sie, dass sie nicht beten und nicht denken können - dass sie nur ruhig daliegen und leiden können. Zu solcher Zeit soll der Priester für sie denken und ihre Gedanken in Tätigkeit rufen. Ist er wirklich „eine Quelle, deren Wasser nie fehlt", dann wird er die Seele erfrischen, die durch Leiden vertrocknet und durch geistige Angst verdorrt ist. Und was von den Kranken gilt, gilt noch mehr von den Sterbenden. In den letzten Stunden ist die Stimme eines guten Priesters wie die Stimme eines Boten von Gott - d. h. von Gott selbst. Der zugeflüsterte Name Jesus und die Akte des Glaubens, der Hoffnung, der Liebe und der Reue, gehaucht in das Ohr, das bald nicht mehr hören wird, sind das Ende seiner hirtlichen Sorge. Das geheiligte Leiden der Kranken und der heiligmäßige Übergang der Sterbenden; der Dank der Kranken und der scheidenden Seelen, selbst in gebrochenen Worten oder im letzten vorübergehenden Glanz eines friedevollen und dankbaren Blickes, sind eine Belohnung, die jeden irdischen Lohn übertrifft.

Wenn die Büßenden und die Trauernden und die Kinder und die Armen einen Priester lieben und umringen, besitzt er das sicherste Unterpfand der Liebe seines Meisters. Die besonderen Freunde Jesu sind seine Freunde, und in ihm sehen sie den Diener und den Herrn zugleich.

3. Die letzte Belohnung eines guten Priesters ist ein glücklicher Tod. Ein ruhiges Gewissen, in Liebe mit allen Menschen, ist das Zeugnis des Werkes Gottes in ihm. Der Priester kann sagen: „Ich vertraue hierin, dass der, welcher in euch das Werk angefangen, es vollenden werde, bis auf den Tag Jesu Christi."[1] *Ipse perficiet.* „Wir wissen, dass wir vom Tod ins Leben übergegangen sind, weil wir Brüder lieben."[2] Wir glauben und hoffen nicht nur, sondern wir wissen. Wir wissen, dass da, wo ein Strom ist, auch eine Quelle sein muss. Wir wissen, dass die Bruderliebe aus der Liebe Gottes fließt. Wer Gott liebt, ist mit ihm vereinigt, und der zweite Tod hat keine Gewalt über die, die ihm angehören. Ein guter Priester spricht: „Ich bin mir zwar nichts bewusst, aber darum noch nicht gerechtfertigt. Der mich richtet, ist der Herr."[3] Seinen Urteilsspruch erwarte ich. Nichtsdestoweniger, „wenn unser Herz uns nicht anklagt, so haben wir Zuversicht zu Gott."[4]

Und wenn seine Stunde gekommen ist, dann wird aus jedem Hause, aus jedem Herzen seiner Herde und von vielen, welche seine geistigen Kinder sind und in der Welt zerstreut, eine Menge unablässiger Gebete für ihn zum Himmel steigen. Niemand stirbt so glücklich oder von so großer und heißer Liebe umgeben als der Seelsorger. Sein Leben war ein Leben der Liebe zu den Büßern, Trauernden, den Kindern und den Armen, und sie können ihn nicht anders belohnen als mit Gebeten, und ihre Gebete haben

---

1 Phil. 1, 6.

2 1 Joh. 3, 14.

3 1 Kor. 4, 4.

4 1 Joh. 3, 21.

eine große Macht bei Gott. Sie werden sein Haus in seinen letzten Augenblicken umgeben. Und die Gegenwart Jesu wird sein Sterbebett umgeben. Er hat in engem und beständigem Verhältnis mit seinem göttlichen Meister während vielen Jahren gelebt; und jetzt kommt er, ihn zur ewigen Ruhe zu rufen und zu dem überaus großen Lohne, der Herrlichkeit und Krone, die ihm gegeben wird.

In dem Zustande der Erwartung und Buße werden tägliche Gebete und Messen für ihn geopfert. Was er für andere getan hat. wird auch jetzt seine Herde für ihn tun. Dann kommt der Übergang zur wesentlichen Herrlichkeit, welche nach dem Verdienste, das er im Leben aufgehäuft hat, bemessen wird. Aber das Verdienst wird in Liebe gemessen. Wie er Gott in diesem Leben geliebt hat, so wird er Gott sehen mit einer größeren Intensität in der seligen Anschauung; und wie er in Nächstenliebe mit allen Menschen gelebt hat, so wird seine Seligkeit in Gemeinschaft der Heiligen sein. Man denke dazu an die akzidentale Herrlichkeit, die immer wachsende Seligkeit und Freude über Sünder, die sich bekehren, und Seelen, die ausharren nach seinem Tod, aber durch die Mühen seines Lebens. Obschon tot, wird er dennoch reden: die Erbschaft seiner Mühen lebt fort. Das Andenken seines Namens breitet sich aus, und nach vielen Tagen, wenn er im ewigen Königreich ist, wird die Erstsaat, die er ausgestreut, fort und fort aufsprießen. Das Böse, das wir tun, lebt nach uns und erzeugt sich wieder: so auch durch Gottes Barmherzigkeit das Gute. Die Saat, die in die Furche gestreut und neben alle Gewässer gesät wurde am Abend wie am Morgen, wird Frucht bringen und durch andere Hände geerntet; der Lohn bleibt dennoch sein.

Wenn nun dieses die Belohnungen des Priesters sind, in diesem Leben entspringend und bis zum himmlischen Hofe aufsteigend, mit welch' großer Liebe sollen wir denn nicht unser Werk lieben! Die Seelsorge muss überall geliebt werden, weil sie der Probestein und der Beweis unserer Liebe für unseren göttlichen

Heiland ist. Sie ist auch die vollkommenste Übung der Nächstenliebe, die durchdrungenste Selbstverleugnung, das großmütigste
Opfer aller Dinge und unserer Selbst zum Heil der Seelen. Sie ist
ferner die vollste Quelle der Heiligung, und wie wir in der Übung
der Nächstenliebe leben, so gewinnt auch jeder Akt derselben
seine Erhöhung. Muss das Seelsorgeramt überall geliebt werden,
so muss es am meisten und besonders in England geliebt werden.
Wir sind Hirten der Armen und selbst arm, getrennt von Hof- und
Ehrenstellen, verachtet und beiseite gesetzt, in apostolischer Freiheit, in Glauben und Arbeit unabhängig von jeder menschlichen
Behörde, eng und lebendig mit dem Stuhle Petri und der Kirche
der ganzen Welt verbunden: Erben der Märtyrer, Heiligen und
Bekenner aller Zeiten, vom hl. Augustinus bis zum heutigen Tage.
Ihre Namen und ihre Erinnerungen leben in den Städten und Ge-
filden Englands. Wie in den ersten Zeiten, als die Kirche bei ihrem
Anfang in Privathäusern begann, bis sie, befreit von den Strafge-
setzen, aus ihrem Verstecke heraus in die Öffentlichkeit trat, so ist
es auch jetzt mit uns. Alles dieses verbindet die Hirten und das
Volk Englands in einer gegenseitigen Abhängigkeit und in erst-
christlicher Liebe, über welche die Welt ihren verdorrenden
Hauch noch nicht verbreitet hat.

Glücklich der Priester, der das Seelsorgeramt liebt und ganz in
demselben lebt. Tag für Tag die geringen und verachteten Akte
der Nächstenliebe erfüllend an allen, die seiner Seelsorge bedürfen, und der sich so unbewusst im Himmel den Goldstaub eines
demütigen Lebens aufhäuft, indem er nur nach himmlischem
Lohne trachtet!

ACHTZEHNTES KAPITEL

Des Priesters Haus

Das vierte Provinzial-Konzil von Westminster beschließt wie folgt:

1. „Die Pfarrhäuser sollen wahre Heimstätten des Friedens, der Nächstenliebe, der Nüchternheit und der Bescheidenheit sein; ein sichtbares Beispiel in allen Dingen für die Gläubigen, „damit der Widersacher nichts Böses von uns zu sagen habe."[1] Einfachheit soll ihr Schmuck sein; nichts soll sich darin finden an Möblierung oder Zierrat, was auf Weichlichkeit oder Weltsinn gerichtet ist. Es sollen dort keine spaßhaften oder närrischen Gemälde sein; oder andere, die sich nicht geziemen für das Auge des Priesters; in jedem Zimmer sei ein Kruzifix oder das Bild der heiligen Mutter Gottes, oder der Heiligen, oder Bilder, die das Leben unseres Heilandes oder Szenen aus der Hl. Schrift vorstellen."

Die Möblierung eines Pfarrhauses soll einfach und solid sein - einfach, d. h. ungleich der fantastischen und kostspieligen Möblierung von Wohnhäusern; solid, damit sie Generationen hindurch nachfolgenden Priestern dienen kann. So viel als möglich soll sie in allen Zimmern dieselbe sein. Gleichheit ist ein Teil brüderlicher Nächstenliebe. Der hl. Paulus warnt die Korinther, welche „Häuser zum Essen und Trinken" hatten, die nicht zu „beschämen, welche nichts hatten"[2]. Wenn ein Priester Geld und ein anderer keins hat, so ist es ein Moment der Nächstenliebe, in dem Reicheren, dem Armen in allen solchen Stücken, wie Möbel und

---

1 Tit. 2, 8.

2 1 Kor. 11, 22.

dergleichen, ähnlich zu sein. Kontraste sind verletzend und für diejenigen, die Geld haben, eine Versuchung.

Die Entfernung von närrischen und ungeziemenden Bildern bedarf keines Kommentars. Die Gegenwart des Kreuzes und der Heiligenbilder trägt sehr zu unserer geistigen Zucht bei und ist ein stummer Zeuge für die Welt. Ein Pfarrhaus kann nicht dem Hause eines Laien gleichen, ohne den Anschein zu haben, als schämten wir uns unseres Meisters.

Das Konzil von Karthago sagt: „Der Bischof habe arme und wohlfeile Möbelierung und Nahrung und suche die Autorität seiner Würde in dem Verdienste seines Glaubens und Lebens."[1] Wenn dieses für Bischöfe gilt, dann auch für Priester.

2. „In allen Dingen soll Regelmäßigkeit beobachtet werden. Der Priester soll zu einer bestimmten Stunde Messe lesen. Und obschon er zu jeder Stunde bereit sein soll, Beichte zu hören, soll er dennoch besonders pünktlich im Beichtstuhl sein oder wenigstens in der Kirche an den zur Beichte bestimmten Tagen und Stunden, aus Furcht, es möge wegen des Mangels an Ordnung und Regelmäßigkeit für die Seelen Anstoß und Nachteil werden. Halte Ordnung, und die Ordnung hält dich."

Mangel an Pünktlichkeit, besonders an Wochentagen, ist ein gewöhnlicher Fehler und eine beständige Klage der Gläubigen, besonders von Geschäftsleuten, welche dadurch der Messe beraubt werden, oder Schaden erleiden. Der Verlust der Seelen, der durch unregelmäßiges Versehen des Beichtstuhls entsteht, oder durch die Verweigerung der Beichte zu ungehörigen Stunden oder während des Mittagessens, der Erholungszeit und des Abendessens, wird niemals in dieser Welt bekannt werden. Wir sollen uns fürchten, der Bitte von Personen, die beichten wollen, nicht

---

1 Conc. Carthag. Vide Conc. Trid. Sess. XXV, c. I, de Ref.

nachzukommen, es müsste denn sein, dass wir sichere und vorhergehende Gewissheit haben, dass dieselbe nicht nötig ist. Wer aber könnte dessen gewiss sein?

3. „Keine Frauenzimmer sollen in dem Pfarrhaus wohnen ohne Erlaubnis des Ordinariates. Lehrerinnen oder Lehrerkandidatinnen, die da an Kenntnis und Charakter mehr verfeinert und deshalb den Verleumderzungen mehr ausgesetzt sind, dürfen gar nicht in dem Pfarrhaus mit dem Klerus zusammenwohnen, es sei denn aus einem Grund, der dem Bischof bekannt und von ihm schriftlich approbiert ist. „Die Mägde, welche die Priester bedienen, sollen vorgerückten Alters sein, bescheiden, klug und von tadellosem Lebenswandel, geprüft durch Erfahrung, damit die Einschärfungen der Kanones befolgt werden."[1] Die Priester mögen deshalb unter allen Umständen sich vor gewissen Weibspersonen hüten, die durch Herrschsucht und Verachtung für die Armen Christi und durch Zwietracht stiftende Ohrenbläserei eine wahre Pest für die Pfarrei sind. Ferner verbieten wir dem Klerus zu gestatten, dass Lehrerinnen, Lehrerkandidatinnen oder Dienstmägde des Hauses mit ihnen zu Tische sitzen."

Dieser Paragraph könnte durch etwaige Kommentare nur verdunkelt werden.

4. „Kein Priester soll in einem gemieteten oder Privathaus residieren ohne die vorherige Erlaubnis des Bischofs."[2]

5. „Wer über eine Kirche gesetzt ist, sei er einfacher Missionar oder Missionsrektor, steht da als Verwalter an Gottes Statt, dem ein Teil des Weinbergs des Herrn anvertraut ist. Er soll daher nutzbringend und treu sein, in allen Dingen arbeitsam und stets eingedenk, dass Sicherheit und Gefahr des Schiffskapitäns und

---

1 I. Conc. Westm. Decr. XXIV, 4.

2 Synod. Thurles. De Vita et Hon. Clericorum, n. 16, p.33

derer, die an Bord sind, dieselben sind. Wo daher zwei oder mehrere Priester in einer Mission wirken, soll nur einer, der von allen, ausgenommen von dem Bischof, unabhängig ist, das ihm anvertraute Amt ausüben und alle andere in Abhängigkeit von ihm. Die Hilfspriester erhalten ihre Vollmachten vom Bischof, aber der Ordnung wegen befehlen wir ihnen, diese Fakultäten nicht anders als unter der Leitung des Rektors der Kirche auszuüben, zu welchem Zweck folgende oder ähnliche Worte in die Formel der Fakultäten eingeschaltet werden sollen: „In Abhängigkeit vom Rektor der Kirche, an der sie angestellt sind."[1] Der Hauptpriester einer jeden Kirche hat die alleinige Verwaltung und Administration. Er hängt nur von dem Bischof ab und seine Gehilfen von ihm. Dieses ist ausgedrückt in den Fakultäten, die ein jeder erhält. Dem Hauptpriester also steht die Entscheidung jeder Frage zu; und das Konzil befiehlt den Hilfspriestern, selbst ihre Fakultäten in Abhängigkeit von ihm - d. h. in Gehorsam gegen ihn - zu gebrauchen.

6. „Dem Rektor oder Hauptpriester sind Kirche und Volk, Schulen und Presbyterium, alle Güter der Mission und endlich der Klerus selbst, der der Kirche dient, anvertraut; deshalb muss er allein und ausschließlich über alles dies dem Bischof Rechenschaft ablegen. Ferner wohnen durch Gesetz oder Gebrauch alle, Rektoren und ihre Hilfspriester, in demselben Presbyterium; aber das Presbyterium gehört so lange dem Rektor an, als er das Amt vom Rektor ausübt und Diözesan-Fakultäten besitzt. Ihm allein gehört das Recht, dasselbe zu verwalten und zu regieren; und dieses ist nicht bloß ein Recht, sondern auch eine Verpflichtung. „Wenn aber jemand seinem eigenen Hause nicht vorzustehen weiß, wie soll er für die Kirche Gottes sorgen?"[2] Er möge daher

---

1 I. Conc. Westm. Decr. XXV.

2 1 Tim. 3, 5.

wissen, wessen Geistes er selbst ist, und wie unter Priestern gegenseitige Liebe und Ehrfurcht des Herzens beständig sichtbar sein soll. Er soll daher, wie der ältere unter seinen Assistenten, nicht wie ein Herrscher unter seinen Assistenten sein, nicht wie ein Herrscher über die Geistlichen, sondern als ihr Vater oder vielmehr als ihr älterer Bruder. Denn sie sollen als Diener des guten Hirten erzogen und gelehrt werden, Missionen zu verwalten. Fernerhin sollen die Hilfsgeistlichen, obgleich die Seelsorge hauptsächlich den Rektoren der Missionen anvertraut ist, nicht denken, dass sie von einer so großen Last frei sind; sie sollen, jeder für seinen Anteil, in Abhängigkeit von dem Rektor ihm helfen, d. h. in Predigt, in Beichthören, in der christlichen Lehre an die Kinder, im Krankenbesuch, in Spendung der Sakramente und in Erfüllung der übrigen Dienste der Missionare."

In diesem Paragraphen sind folgende Prinzipien ausgedrückt:

1) Dass der Rektor oder der Hauptpriester die Verantwortlichkeit hat über die ganze Mission, die Kirche, das Volk, die Schule, das Presbyterium, das Vermögen und den Klerus. Der letzte Punkt ist der einzige, den wir hier zu beachten haben. Der Rektor ist für seine geistlichen Mitbrüder, für ihr persönliches, priesterliches und seelsorgliches Leben verantwortlich. Er ist für dieselben verantwortlich dem Bischof. Und sie sind verpflichtet, diese Verantwortlichkeit anzuerkennen. Wie sie sich gegen ihn benehmen, so werden eines Tages ihre Assistenten sich auch gegen sie benehmen.

2) Ferner, dass alle unter einem Dach zusammenleben sollen. Priester, die allein wohnen, sind in einem abnormalen, unkirchlichen, unpriesterlichen Zustand, welcher öfters große Gefahren hat und nie von vielen Nachteilen frei ist. Die Freiheit, allein zu leben, ist nicht zuträglich; und der Verlust der täglichen Übung der Selbstverleugnung, die im Zusammenleben mit anderen liegt, heißt manches Gute entbehren.

3) Dass der Rektor durch die größten Verpflichtungen der Liebe und Rücksicht gegen seine Untergebenen verpflichtet ist; und dass sie dagegen durch die Pflicht des Gehorsams, der brüderlichen Liebe und der gegenseitigen Achtung gegen ihn gebunden sind wie Königssöhne gegen einander und besonders gegen ihn.

4) Dass das Presbyterium ein Pastoral-Seminar sein soll, um die Erziehung, die sie in der Jugend erhalten, aufrecht zu halten und dieselbe in der Reife ihres Mannesalters und ihres Priestertums zu vervollkommnen, so dass sie auch eines Tages als Ältere und Obere die jungen Priester, die ihnen anvertraut werden, erziehen und lehren können.

5) Dass sie, obschon der Rektor die Hauptseelsorge hat, ebenfalls verantwortlich sind, natürlich in Abhängigkeit von dem Rektor, für alle Arbeit, alles Misslingen und alle Unterlassungen von Arbeit in der Mission.

6) „Die Mensa oder der gemeinsame Tisch im Presbyterium ist das Zeichen und Unterpfand brüderlicher Liebe, die durch Abwesenheit vermindert wird. Wenn wir oft abwesend sind, wird die Bruderliebe ganz gelockert. Sie mögen deshalb selten auswärts zu Tisch gehen, viel weniger fremde Gastmahler häufig besuchen; da wir selber Nahrung und Kleidung haben, lasset uns damit zufrieden sein."[1]

In dem Maße, in welchem wir brüderliche Liebe haben, werden wir die Bedeutung und Wirkung der *Mensa Communis* verstehen. In dem Maße, in welchem wir die Zucht des gemeinsamen Tisches missachten, mögen wir denken und sogar gewiss sein, dass unsere brüderliche Liebe in ihrer Glut gesunken und in ihrem Blicke getrübt ist. Die wahrhaft heilbringende Gleichheit des christlichen Bruderverhältnisses wird anerkannt und erhalten

---

1 1 Tim. 6, 8.

durch Zufriedenheit und Selbstverleugnung, in welcher diejenigen, die Geld, reiche Verwandten oder viele Freunde haben, sich selbst entsagen zugunsten derjenigen, die keine haben. Es ist eine Gefahr für einen Priester, „viele Häuser zu haben, in denen er essen und trinken kann," und es ist eine Gnade für andere, keine zu haben.

Diejenigen Missionshäuser sind die glücklichsten, in welchen alles, so weit als möglich, gemeinsam ist, wo ein jeder zufrieden ist mit seinem *honorarium* und mit seinem Anteil an den Osteropfern, und mit all den Gaben, die in eine Summe zusammenfließen, so dass unweise Parteilichkeit des Volkes und zuweilen auch Versuchungen für die Priester selbst ausgeschlossen sind.

7. Es ist wünschenswert, dass die gemeinschaftlichen Rekreationen der Priester in der Regel lieber zu Hause als auswärts stattfinden. „Wie gut und wie schön ist es, wenn Brüder zusammen wohnen." Denn bei der gemeinschaftlichen Rekreation zugegen zu sein, stärkt und befestigt die Bruderliebe und gibt uns Tag für Tag Gelegenheit, dieselbe in Wort und Tat zu üben.

Die Menschen lernt man kaum kennen, bis sie sich zwanglos zeigen. Offizielle Beziehungen sind zurückhaltend und künstlich. In der Rekreation erkennt man in dem Priester den Menschen. Einen größeren Prüfstein der Demut, Nächstenliebe und menschlichen Leutseligkeit gibt es nicht. Stolz, hochtrabende Manieren, hoffärtiges Herabsehen, Verschmähung, Verachtung derer, die man unter sich dünkt, Kritisiergeist und Gewohnheit, solche, die an Geburt, Bildung oder Verfeinerung geringer stehen, zu verachten, werden in der Rekreation - d. h. in der freien Unterhaltung bei und nach dem Tische - wie durch ein chemisches Prüfmittel entdeckt. Rekreation ist der Pranger des Stolzes. Sie zeigt den Übeltäter und bringt ihn zur Strafe.

8. „Priester sollen von allen Aufziehungen, die der Geistlichen unwürdig sind, sich fern halten, von dem Gelärm der Jagd mit

Pferd und Hunden, von öffentlichen Tanzvergnügen und verbotenen Spielen und von Festen, die bis zu ungeziemlichen Stunden in der Nacht sich hinausdehnen."[1] „Wir verbieten ferner allen Klerikern in den hl. Weihen, den Vorstellungen in öffentlichem Theater oder an Orten, welche für eine Zeit als öffentliche Theater dienen, beizuwohnen und belegen die Übertreter mit der Strafe der *Suspension ipso facto,* die bis jetzt in England bestanden hat, und welche den jeweiligen Ordinarien reserviert ist."

Möge diese weise und heilsame Tradition unserer Vorväter niemals gelockert werden. Das Theater ihrer Zeit war hoch, geistreich und rein im Vergleich mit der modernen Bühne und ihrem moralischen Fall.

In der Epistel an den Donatus verdammt der hl. Cyprian die Theater als: *poenitenda contagia…. Adulterium discitur dum videtur, et lenocinante ad vitia publicae auctoritatis malo.*[2] Der hl. Johannes Chrysostomus nennt die Väter, welche ihre Söhne zu Theatern führen, παιδοκτόνους.[3] Man könnte uns aber sagen, das gelte von der heidnischen Bühne. Im Jahre 1596 dekretierte das Konzil von Aguilea: *Ad spectacula comoediorum, sive ad bancos circulatorum et bufforum in plateis, qui alias exemplum esse debent maturitatis et prudentiae accedere et assistere clericos non decet.*[4] Das Konzil von Trient dekretiert wie folgt: „Die hl. Synode befiehlt, dass all die Sachen, welche zu anderen Zeiten von den Päpsten und hl. Konzilien dekretiert wurden in Bezug auf das Leben, die Würde, die Bildung, die Lehre der Kleriker beibehalten werden sollen; sowie auch die

---

1 Conc. Westm. Decr. XXIV, 1.

2 Cypr. Ep. 1. p. 4. ed Rigalt.

3 Homil. cont. Lud. et Scen., Opp. tom. VI, p.274

4 Conc. Aquil. cap. XI.

Dekrete bezüglich der Spiele, Feste, Tänze, Würfel und Belustigungen und Vergehen aller Art; sowie auch die Enthaltung von weltlichen Geschäften."[1]

9. „Das goldene Axiom des Priesterlebens vor Augen haltend, das uns der Apostel gegeben, „alles ist mir gegeben, aber nicht alles frommt,"[2] und wiederum, „alles ist mir erlaubt, aber nicht alles erbaut":[3] sollen die Priester alle Dinge zum Wohle der anderen tun und zum Gewinne größerer Gnaden. Sie sollen daher nicht zu leicht und nicht zu oft an Orte öffentlicher Rekreation oder zu Versammlungen gehen, obschon dieselben ehrbar sind, aus Furcht, man möge sie wegen der Zeitverschleuderung eines unpriesterlichen Geistes verdächtigen. Ausgenommen in Fällen, wo die Pflichten der Notwendigkeit oder Nächstenliebe obwalten, sollen sie rechtzeitig beim Hereinbrechen der Nacht ins Presbyterium zurückkehren. Von unerlaubten Dingen sich zu enthalten, ist ein geringes, wenn wir in eifrigem Streben nach besseren Gaben es verstehen, erlaubte Dinge selten und mit Erbauung zu gebrauchen.[4] Wir bitten deshalb in der Liebe des Herrn unseren geliebten Klerus, die vorhergehenden Vorschriften nicht nur dem Buchstaben, sondern auch dem Geiste nach zu befolgen, indem sie dieselben pietätvoll auslegen.

Zu diesen *minora moralia* ist wenig zu bemerken, ohne dass man ihre Beredsamkeit schwächt. Ein Punkt jedoch muss noch beachtet werden. Wir werden ermahnt, diese Verbote zu beobachten

---

1 Sess. XXIII, c. I.

2 1 Kor. 6, 12.

3 Ibid 10, 23

4 „Habent sancti viri hoc proprium ut quo semper ab illicitis longe sit a se, plerumque etiam licita abscindant." Greg. M. Dialog. 1. IV, c. XI.

secundum spiritum - wie solche, die von unserem göttlichen Meister nach dem „Gesetz der Freiheit" gerichtet werden; und nicht nur dies, sondern *pie interpretantes*, d. h. ihre innerste, tiefste Bedeutung auslegend, mit dem liebenden Wunsche, dieselbe zu erfüllen, und selbst, wenn wir noch weitergehen können, mehr zu tun, als was sie buchstäblich verlangen. Der laue Diener, der misstrauende, der grollende und der kaltherzige beobachten den Buchstaben und suchen nach probabeln Meinungen, um demselben auszuweichen, *littera occidet*. Und so wird unser großmütiger Meister ungroßmütig bedient.

10. „Ein harter und mürrischer Geist geziemt nicht dem Priester, der in der Mitte des Volkes arbeitet; ein bescheidener Frohsinn, sofern derselbe nur passend, ist nicht zu tadeln, sondern lobenswürdig. Wir loben daher die Missionare, welche nach dem Beispiel der Heiligen sich bemühen, die Jugend durch unschuldige Rekreationen von gefährlichen Vorstellungen wegzuziehen. Und indem sie dies tun, sollen sie stets Sorge tragen, die Geister derselben zu erfrischen und nicht zu lockern und sich ebenso wenig selbst zu schaden, indem sie anderen Vergnügen bereiten. Dieses ist besonders zu beobachten in der Behandlung von Frauensodalitäten. Der Priester soll so weit als tunlich ihre Rekreationen lieber durch ein Mitglied der Sodalität leiten als in eigener Person, um den Zungen der Verleumder keinen Anlass zu bieten. Die Priester sollen den Missbrauch unterdrücken, der an manchen Orten aufgekommen ist, nämlich Bälle abzuhalten, um für Schulen oder andere fromme Werke Geld zu erlangen.

„Was die öffentlichen Rekreationen betrifft, welche man A u s - f l ü g e nennt, so haben wir mit Schmerz von vielen Übeln vernommen, welche daraus entstehen. Wir erachten daher, dass dieselben eher zu unterdrücken als zu fördern sind. Jedoch in der Besorgnis, man möchte uns für zu streng in erlaubten Dingen halten, ermahnen wir die Seelsorger, sich der Förderung von Ausflügen zu enthalten, es sei denn, dass sie seitens des Generalvikars Erlaubnis besitzen."

11. „Die Kleidung der Kleriker soll derart sein, dass sie von Laien gänzlich verschieden und zugleich mit heterodoxen Predigern nicht zu verwechseln sind. Sie soll daher von schwarzer oder dunkler Farbe sein; und nie sollen sie, unter dem Vorwand der Reise, zu weltlicher Kleidung zurückkehren. Wir empfehlen die Art der Kleidung, welche vor einigen Jahren der Weltklerus zu tragen angefangen hat. Zu Hause geziemt es sich, dass sie die Soutane tragen, oder wenn man will die sogenannte Zimarra und das Biret."

„Aber insofern das besondere Zeichen des katholischen Klerus in der ganzen Welt der sogenannte römische Kragen ist, welcher als solcher auch von allen Protestanten unter uns erkannt wird, ohne Schimpf oder Anstoß zu veranlassen, so wollen wir, dass alle Priester denselben in der Ausübung ihres heiligen Ministeriums tragen, es sei denn, dass wegen Umständen die Bischöfe für eine Zeit eine andere Anordnung treffen."

12. „Die vierte Synode hält es für angezeigt, zu diesen Dekreten noch einige Zusätze zu machen. Wir befehlen daher, dass jeder Priester den römischen Kragen trägt, nicht nur in der Ausübung seines Amtes, sondern beständig, so dass er von allen als Priester gekannt wird. Wir dekretieren daher auch, dass der römische Gebrauch von allen Klerikern beobachtet wird - nämlich keinen Bart zu tragen."

13. „Und sollte ein Priester die geistliche Kleidung so ändern - es sei denn in dem seltensten und von dem Bischof approbierten Fall - dass er nicht von allen als ein Priester unserer Provinz erkannt werden kann, oder gar so, dass er den Gläubigen Anlass zu

Verdacht oder Ärgernis gibt, so soll er nicht in das Heiligtum zugelassen werden weder zu Messelesen noch zur Assistenz bei den anderen Offizien."

14. „Unsere Vorväter erklärten im Jahre 1248 auf dem Konzilium von London, dass es ein großer und leichtsinniger Missbrauch sei, das geistliche Kleid abzulegen, weil dadurch Gott verspottet, die Ehre der Kirche verdunkelt und die Würde des Priesterstandes herabgesetzt wird; wenn seine Soldaten andere Kleidung tragen, wird Christus verlassen; die Ehre und Würde der Kirche ist befleckt, wenn der Zuschauer den Kleriker nicht beim ersten Blick von einem Laien unterscheiden kann, und so wird der Priester ein Ärgernis und von allen verachtet, die wahrhaft gläubig sind."

15. „Der Bischof von Chalcedon, der zweite Ordinarius für England und Schottland nach dem Sturz der Hierarchie in diesen Königreichen, ermahnte unsere Vorfahren, die Gefährten der Märtyrer und selbst wahrhafte Bekenner des Glaubens, mit folgenden Worten: „Missionare sollen zufrieden sein mit der Nahrung, die man ihnen vorsetzt. Sie sollen nach nichts Außergewöhnliches verlangen, es sei denn die Gesundheit erforderte es. In Kleidung sollen sie nichts tragen, was den Anschein von Eitelkeit oder Kostspieligkeit hat; sie sollen sich von ausgelassenem Lachen enthalten und von jeder Bewegung des Körpers, die den Anschein von Leichtsinn hat; da sie für gewiss wissen, wie Ekklesiastikus sagt, dass die Kleidung des Leibes und das Lachen der Zähne und der Gang eines Mannes uns andeuten, was er ist.

„Sie sollen Müßiggang vermeiden als die sicherste Wurzel der Versuchung zum Bösen; und zu diesem Zweck sollen sie wenigstens die hl. Schrift bei sich haben, über welche sie beständig betrachten können.

„Sie sollen nicht mit einem anderen Priester zanken, besonders nicht mit älteren Priestern, denen sie immer Ehrfurcht und Ehrerbietung erweisen sollen, auf dass sie durch ihr Beispiel den Laien zeigen, wie sie sich gegen Priester betragen sollen.

„Sie sollen sich in Acht nehmen vor der Gewohnheit, allzu sehr zu widersprechen oder zu opponieren gegen das, was andere sagen, wie man es in der Schule zur Übung tat. Im familiären Umgang mit den Leuten ist diese Gewohnheit im höchsten Grade gehässig. Sie sollen nicht leicht Übles glauben von ihren Mitbrüdern, noch auf irgendeiner Weise es veröffentlichen oder denen ihr Ohr leihen, die solches tun."

Über alle diese weisen und wichtigen Lehren, so hoch in ihrem Zweck und so eingehend in ihren Vorschriften, brauchen wir nur ein Wort zu sagen. Es wird gut für uns sein, wenn auch wir wenigstens die hl. Schrift bei uns haben und beständig darin betrachten. Der hl. Karl nennt die hl. Schrift den Garten des Bischofs. Wenige wandeln darin, und noch weniger pflegen ihn. Und aus diesem Grunde wird so viel Menschenwort und so wenig von dem Worte Gottes dem Volk gepredigt. Die hl. Theresia sagte, dass die Hauptursache der Übel ihrer Zeit die Unkenntnis in der hl. Schrift sei. *„Sal etenim terrae non sumus si corda audientium non condimus. Quia dum nos ab orationis et eruditionis sanctae usu cessamus, sal infatuatum est."*[1] Aber wo liegt die Schuld hiervon, wenn nicht bei den Priestern, die das Wort Gottes nicht studieren und es deshalb dem Volke nicht verkündigen. Haben wir nicht Grund zu fragen: „Herr, bin ich es?"

---

1 Greg. M. in Evang. tom. I, pp. 1396 – 1399.

NEUNZEHNTES KAPITEL

Des Priesters Leben

Das vierte Provinzial-Konzil hat auch in seinem zwölften Dekret in folgenden Worten ausgedrückt, was des Priesters Leben sein soll:

1. „Die nicht heilig sind, sollen an heilige Dinge nicht die Hand legen."[1] Alle Gläubigen Christi, wie der Apostel bezeugt, sind berufen, Heilige zu sein.[2] Aber Priester sollen bis zur Vollendung der Heiligkeit emporsteigen. „Denn derjenige, der durch die Notwendigkeit seiner Stellung gezwungen ist, die erhabensten Dinge zu lehren, ist durch dieselbe Notwendigkeit verpflichtet, sie in sich selbst darzustellen."[3] Die Warnung ist eine durchaus furchtbare: „Kein Mensch soll sich unbesonnen darbieten, andern als Führer in dem göttlichen Licht zu dienen, der in seinem ganzen Zustand und Wesen nicht Gott sehr ähnlich ist."[4] „Denn diejenigen, die zum göttlichen Dienst bestimmt sind, gelangen zu einer königlichen Würde und sollen in der Tugend vollkommen sein."[5] Denn so werden wir von der katholischen Kirche in ihrem feierlichen Ritual und bei dem Akte der Priesterweihe selbst gelehrt. Wie Gott dem Moses befahl, „siebzig Männer aus dem ganzen Volke zu seinen Helfern auszuwählen, denen der Hl. Geist seine Gaben austeile," so wählte unser Heiland Priester der zweiten Ordnung aus, um seinen Aposteln zu helfen - d. h. den katholischen Bischöfen - damit er seine Kirche lehre, sowohl durch Wort

---

1 Conc. Karthago

2 1 Kor. 1, 2.

3 Greg. Cura Past. P. II, c. III

4 De Eccl. Hier. c. V.

5 Tom. lib. IV. Sent. Suppl. ad B. I. quaest. IV.

wie durch Tat, dass die Diener seiner Kirche vollkommen sein sollen in Glaube und Werken - d. h. begründet in der Tugend der zweifachen Liebe Gottes und des Nächsten."[1] Denn Priester sind von Gott gewählt, damit sie, empfohlen durch himmlische Weisheit, reine Sitten und eine dauernde Beobachtung der Gerechtigkeit und Haltung der zehn Gebote des Gesetzes, vermöge des siebenfachen Geistes, aufrichtig und reif sein sollen in Wissenschaft und Tat; und dann in ihnen, durch Bewahrung ihrer Sitten in der Reinheit eines keuschen und heiligen Lebens, das Muster aller Gerechtigkeit hervorleuchten soll."[2]

2. „Die Priester sollen daher wohl vor Augen haben, dass Heiligkeit für sie eine vorausgesetzte Forderung ist, dass zum Empfang der hl. Weihen die einfache heiligmachende Gnade keineswegs genügt; sondern dass über dieselbe hinaus auch innere Vollkommenheit erforderlich ist, wie es bezeugt ist durch das einstimmige Urteil der Väter und Kirchenlehrer, welche dieselbe wie aus einem Munde verlangen."[3] Kein Grad von Heiligkeit wird daher von der Kirche Gottes und von Gott selbst, dem Urheber des Priestertums, als ein der priesterlichen Vollkommenheit angemessener erachtet[4], als derjenige, welcher einige Ähnlichkeit hat mit dem großen Hohenpriester, Jesus Christus unserm Herrn. Denn der Priester ist gesetzt vor das Angesicht der Welt, um ein lebendiges Bild des Lebens Jesu zu sein, in der Einsamkeit arbeiten und in den Beschwerden der Armut sowie auch den Widerspruch der Menschen erleidend."

Dieses lehrt uns drei Dinge: erstens, dass innere Vollkommenheit vor der Ordination erfordert ist und als eine Vorbedingung der hl. Weihen; zweitens, dass der Priesterstand ein Stand der

1 Pontif. Rom. In Ordin. Presbyteri.

2 Ibid.

3 Alphon. Theol. Moral. de Sacr. Ord. lib VI, 57

4 Greg. Naz. orat. II, LXVII.

Vollkommenheit ist; drittens, dass der Priester verpflichtet ist, sich selbst in diesem Stand zu bewahren und bis zum Ende in demselben auszuharren.

Die Vollkommenheit des Menschen wird vom hl. Bernhard in folgenden Worten definiert: *Haec hominis est perfectio similitudo Dei.* Gott aber ist die Liebe. Deshalb besteht Vollkommenheit wesentlich in dieser *gemina Dei et proximi dilectione.* Die wesentliche Vollkommenheit ist eine Eigenschaft der Person. Der Stand, in welchem eine Person steht, ist die instrumentale Vollkommenheit.

Die Vollkommenheit der Liebe wird durch ihre Ausdehnung bestimmt.

Die erste Ausdehnung betrifft Personen, Freunde und Feinde. Die zweite die Handlungen - d. h. die Erfüllung der Gebote und der Räte.

Das neue Gebot aber, welches zweifach ist, schließt alle Gebote und Räte in sich ein.

Diese persönliche Vollkommenheit bedeutet nicht einen sündenlosen Zustand und ist verträglich mit der Schwachheit und den Begegnungen der Schwachheit, wo kein überlegter Wille zu sündigen vorliegt.

Der hl. Bernhard sagt: *Indefessum proficiendi studium, et jugis conatus ad perfectionem perfectio reputatur. Studere perfectioni, esse perfectum est; profecto nolle proficere deficere est.*[1]

Solcher Art also ist die Natur der Vollkommenheit, zu welcher wir berufen sind. Und diese sollen, wie das Konzil lehrt, alle diejenigen, welche in das Priestertum eintreten wollen, vor der Weihe erreicht haben.

---

1 Ep. CCLIV. tom. I. p. 534.

3. Aus diesem Grunde fließt die Würde des Priestertums aus zweifacher Quelle. Priester sind die geliebten Begleiter Jesu und erhalten einen Anteil an seiner eigenen Sendung, die er vom Vater erhalten hat. „Wie mich der Vater gesandt hat, so sende ich euch."[1] Denn sie sind Teilnehmer am Priestertums Jesu Christi und haben Anteil an der zweifachen Jurisdiktion über seinen natürlichen und seinen mystischen Leib. Durch die hl. Weihen sind sie gesandt „zu den höchsten Ämtern, durch welche Christus selbst im Altarssakrament gedient wird: ein Dienst, zu welchem größere innere Vollkommenheit erfordert ist als selbst im Ordensberufe."[2] Ferner sind sie Freunde, denen er mit vertrauter Liebe gesagt, „ich werde euch nicht Diener nennen, sondern meine Freunde, denn ihr habt alle Dinge erkannt, die ich in eurer Mitte getan habe."[3] Und insofern als die Austeilung der erlösenden Gnade so geordnet ist, dass die Diener Gottes die Hilfe des Hl. Geistes erhalten, und zwar nach der Erhabenheit ihrer Würde oder der schwierigen Größe ihres Amtes, so wird niemanden reichlichere Gnaden gegeben werden als den Freunden und Teilnehmern an dem Priestertum und der Sendung Jesu Christi, unseres Erlösers.

Wir haben gesehen, welche Heiligkeit erfordert ist durch die vielfachen Beziehungen, in welchen ein Priester zur Person seines göttlichen Meisters steht. Der hl. Thomas sagt uns, dass es die größte innere Heiligkeit sei, die in irgendeinem Stande auf Erden erfordert ist. Und da diese Heiligkeit durch den Stand selbst erfordert wird, so ist es gewiss, dass die Gnade und der Beistand des Hl. Geistes immer ein angemessener ist und stets zu unserer Hilfe gegenwärtig. Wir sagen immer den Leuten in der Welt, dass, wenn sie fehlen, es nicht geschieht, weil Gott ihnen ermangelt,

---

1 Joh. 20, 21.

2 Thom. Summa Theol. 2da 2dae, q. 184, a. 8.

3 Pontif. Rom. §. 1.

sondern weil sie sich selbst ermangeln; dass sie immer und überall die Gnade besitzen, die ihrem Stande in allen Nöten und Gefahren notwendig ist. Und mit wie viel mehr Recht und Wahrheit
dürfen sie uns diesen Rat zurückgeben, wenn wir Priester fehlen.
Wir sind gesetzt, zuerst das Muster der allgenügenden, göttlichen
Gnade zu sein. Deshalb ist ein Priester nicht zu entschuldigen, der
die Ursache seiner Unvollkommenheit anderswo als in sich selbst
sucht.

4. „Welch große Liebe Gottes und der Seelen sollte daher in
unseren Herzen flammen, und mit welchem Feuer sollten unsere
Herzen brennen. „Die Flamme des Seelenhirten," sagt der
hl. Bernhard, „ist das Licht der Herde." Denn in dem Priester soll
das göttliche Herz Jesu, der Ursprung und die Quelle der Liebe
und des Eifers, leben und herrschen. Unsere Missionare von Eifer
für die Seelen brennend, werden sich bemühen, dem ihnen anvertrauten Volk durch eine wahre und treue Auslegung das Gebot
Gottes zu predigen, „hoch hervorragend" an Fülle und Heiligkeit.
Sie seien deshalb auf ihrer Hut, dass sie nicht, die Finsternis für
Licht haltend, es für genügend halten, die Gläubigen Christi vor
der Todsünde zu bewahren."

Der hl. Paulus sagt allen Christen, dass sie gestorben seien und
ihr Leben mit Christo in Gott verborgen sei.[1] Er fordert sie daher
auf, himmlischen Sinnes zu sein. Er verlangt auch, dass sie vollkommen sein sollen;[2] die Dinge, die hinter ihnen liegen, zu vergessen und nach denen zu streben, die vor ihnen liegen, dem Preis
ihres hohen Berufes. Der hl. Judas sagt: „Ihr aber, Geliebteste,
bauet euch fest auf euren allerheiligsten Glauben, betet im heiligen Geiste, erhaltet euch in der Liebe Gottes."[3] Der hl. Paulus wiederum sagt den Ephesern, „er bete, damit sie mit allen Heiligen

---

1 Kol. 3, 1.

2 2 Kor. 13, 11.

3 Jud. 20, 21.

begreifen möchten, welches die Breite und Länge, die Höhe und Tiefe der Liebe Christi sei, und so mit der ganzen Fülle Gottes erfüllt werden möchten."[1] Und trotz all diesem hören wir dennoch sagen, Vollkommenheit sei für Priester, Nonnen und Einsiedler, für alle andern aber sei es genug, wenn sie darnach trachteten, sich vor der Todsünde zu bewahren. Wenige allerdings reden so, aber viele handeln, als ob sie so redeten und als ob sie so glaubten. Wie sehr wird dadurch die Ehre Gottes geschmälert; welcher Heiligkeit werden die Seelen beraubt; für welche Menge lässlicher Sünden sind diejenigen, welche also handeln, verantwortlich; wie viele, die an der Grenzlinie wandeln, mögen dadurch von der lässlichen Sünde zu der Todsünde übergehen, und wie viele Seelen gehen daher durch nachlässige Leitung zu Grunde.

Das Provinzial-Konzil fährt also fort, Folgendes zu lehren:

5. „Denn insofern die Austeilung des Hl. Geistes vielfach und unerforschlich ist, und wie eine Klasse der Gläubigen vor der anderen zu verschiedenen Graden der Vollkommenheit berufen ist, so ist es nicht genügend, dass ein Priester wissenschaftlich zwischen Aussatz und Aussatz zu unterscheiden im Stande ist, sofern er nicht auch zwischen Geist und Geist unterscheiden kann, da er sonst leicht, dem menschlichen Geiste und selbst dem teuflischen Geiste, wie dem Geiste Gottes, sein Ohr leihend, in Irrtum geführt wird und andere mit sich in Irrtum führt. Denn öfters sind nicht nur die Gläubigen von gebildeterem Geiste, sondern auch die Rohen und Einfachen des Volkes zum höchsten Grade der Heiligkeit berufen. Deshalb soll der Führer der Seelen den Aufschwung der Herzen zu Gott und die verschiedenen Gebetsstufen so unterscheiden und kennen, wenn nicht durch eigene Erfahrung, dann wenigstens durch Wissenschaft, dass er imstande sei, Anfänger auf dem Büßerwege zu befestigen. Fortschreitende auf dem Erleuchtungswege und die Vollkommeneren zu höheren Dingen zu

---

1 Eph. 3, 18, 19.

führen auf dem Wege der Vereinigung mit Gott, *Labia enim sacerdotis custodient scientiam, et legem requirent ex ore ejus, quia angelus Domini exercituum est*[1] In jeder Herde befinden sich einige, die von Gott zu dem Leben der evangelischen Räte berufen, die Wissenschaft des geistigen Lebens auf den Lippen des Priesters suchen. Wir sollen daher Acht haben, damit nicht in dem verborgenen Leben Gottes die Schafe vor dem Hirten gehen."

Der Auktor Incertus sagt: „Es ist eine wahrhaft große Beschämung für Priester und Kleriker, wenn Laien gefunden werden, die treuer und gerechter sind als sie. Wie sollte es für sie nicht beschämend sein, unter den Laien zu stehen, wenn es schon beschämend für sie ist, denselben gleich zu sein."[2] Der hl. Ambrosius sagt: „*Vides divisiones? Nihil in sacerdotibus plebium requiri, nihil populare, nihil commune cum studio atque usu et moribus multitudinis. Sobriam a turbis gravitatem, seriam vitam, singulare pondus, dignitas sibi vindicat sacerdotalis. Quo modo enim potest observari a populo, qui nihil habet secretum a populo? dispar a multitudine? Quid enim in te miretur, si sua in te recognoscat? Si nihil in te adspiciat, quod ultra se inveniat? Si quae in se erubescit, in te quem reverendum arbitratur, offendat? Supergrediamur igitur plebeias opiniones, ... ac detritae viae orbitas declinemus.*"[3] Im Alten Bunde war jedem Priester während der Dauer seines Dienstes im Tabernakel verboten, Wein oder starke Getränke zu trinken.[4] Welche Selbstverleugnung geziemt nicht den Priestern des Neuen Bundes, welche keine Unterbrechung ihres Dienstes haben: sie sind beständig, nicht nur im Tabernakel, sondern im Heiligtum, vor dem Gnadenthron der göttlichen Gegenwart.

---

1 Mal. II, 7. Der hl. Hieronymus sagt: „Si sacerdos est, sciat legem: si ignorat legem, ipse se arguit non esse Domini sacerdotem." – In Aggaeum.

2 Auctor Operis Imperfecti inter Opp. Sti Joan. Chrys. Hom. VI.

3 Abros. Classis I. Epist. XXVIII, 2. 3.

4 Levit. 10, 9.

Das Streben des Volkes nach höherer Vollkommenheit ist eine der größten Belohnungen im Leben des Priesters. Ein glaubenseifriges Volk bedeutet einen eifrigen Priester. Der hl. Bernhard sagt richtig, *Flamma pastoris lux gregis*. Wenn der Priester mit dem Feuer des göttlichen Herzens entzündet ist, wird auch sein Volk in einem großen Lichte wandeln. Sie werden die höheren Wege des Reiches Gottes sehen und nach denselben streben. Dann wird er für sie sein *angelus Domini exercituum* - ein Schutz und ein Führer.

6. „Wahrhaft herrlich ist der Ausspruch des Apostels: − „Denn Christus hat mich nicht gesandt, zu taufen, sondern das Evangelium zu predigen."[1] Daher lesen wir im Konzilium von Trient, dass das Hauptamt der Bischöfe darin bestehe, das Wort Gottes den Menschen zu verkündigen. Was aber in den Bischöfen das Höchste ist, muss gewiss für alle von der höchsten Wichtigkeit sein. Wie die einfache und innerliche Predigt des Evangeliums das Heil der Zuhörer ist, so ist eine eitle und aufgeblasene Deklamation für die Gläubigen ein Ärgernis und für den Prediger Zerstörung. Die Geheimnisse des Reiches Gottes dürfen nicht behandelt werden wie rhetorische Übungen und literarische Kunststücke. Der Zeuge des Hl. Geistes bedarf nicht der Überredungsworte menschlicher Weisheit; die Einfachheit göttlicher Wahrheit verachtet und verwirft vielmehr den Stolz unserer Rede, damit unser Glaube nicht auf der Weisheit der Menschen beruhe, sondern in der Kraft Gottes.[2] Mögen daher alle Seelenführer eifrig darauf bedacht sein, dass sie in der Behandlung der Glaubensgeheimnisse und in ihren Ermahnungen an die Gläubigen zur Frömmigkeit sich nichts gestatten, was nicht vollkommen einfach und ernst ist."

---

1 1 Kor. 1, 17.

2 Sess. de Ref. c. 4. XIVX.

7. „Das Leben eines Priesters ist in der Tat ein schwieriges; aber es ist von unzähligen Hilfsmitteln und Stützen zur Erlangung der Vollkommenheit umgeben und beschützt. Denn indem unsere weise Mutter, die Kirche, dem Klerus das Breviergebet zur Pflicht macht, bietet und sichert sie ihren Dienern inmitten ihrer Arbeiten der Nächstenliebe eine Zeit der Ruhe. Siebenmal des Tages fordert sie uns auf, mit Herz und Geist zum König der Heiligen und zum himmlischen Hofe emporzusteigen; und wenn durch eine einzige heilige Kommunion des Leibes und Blutes Jesu aus Menschen Heilige werden können, dann kann den Gefährten, Priestern und Freunden Jesu nichts fehlen, um auch aus ihnen Heilige zu machen, die da durch die tägliche Aufopferung der hl. Messe und durch ihre Teilnahme an dem heiligsten Leibe und Blute Jesu erfrischt werden. Alle Dinge im Priesterleben tragen zu diesem Ende bei - die tägliche Betrachtung der heiligen Dinge; der innigste Dienst des allerheiligsten Sakramentes; kaum unterbrochenes heiliges Studium; der Dienst der Nächstenliebe, welcher den Geist erfrischt, während er die Kräfte aufreibt; auch das Kleid der Religion und Würde; das Zeichen des Königtums und der Vollkommenheit, welches ihnen mit dem Empfang der Tonsur aufgedrückt worden ist."

8. „Ferner werden uns in England im Kampf für das Reich der Wahrheit besondere Hilfsmittel zur Erreichung priesterlicher Vollkommenheit von unserem Herrn gegeben, der mit unseren Schwächen Mitleid hat. Dem Priestertum, mit welchem die Missionare bekleidet sind, ist die Seelsorge anvertraut und deshalb alle Arten geistiger Gaben, die dem Stand der Seelenhirten gegeben sind; ferner sind sie besonders die Hirten der Armen, der Freunde Jesu, „welche nichts haben, womit sie uns belohnen könnten"; und sie sind selbst arm, gespeist und zufrieden mit den Almosen der Armen. Man denke ferner auch die tägliche und fast beständige Selbstverleugnung ihres eigenen Willens, die sie üben, indem sie die Lasten anderer tragen, die Kranken trösten und den

Sterbenden bei Tag und Nacht beistehen. Endlich ist es die besondere Gnade und das besondere Privilegium des Missionsgelübdes, wodurch sie an der Schwelle des Apostolates, den sie erhalten, sich freiwillig als ein lebendiges, tägliches und annehmbares Opfer Gott dem Vater aufgeopfert haben, gleich dem Opfer Jesu am Kreuze."

Das vierte Provinzial-Konzil warnt uns, dass wir unserer Herde verpflichtet seien *multiplici et conscientiae et cordis ligamine* - durch vielfache Bande des Gewissens und des Herzens.

Erstens, sagt es, „empfängt ein Missionar die Gaben der Gläubigen einzig deshalb, weil er Missionar ist;" deshalb ist er verpflichtet, ihnen zu dienen. „Missionspriester sind verpflichtet, ohne Ermüdung zu arbeiten für die Seelen derer, die ihrer Sorge unterworfen sind. Sie sollen sich ins Gedächtnis zurückrufen die feierliche Stunde, in welcher sie, bekleidet mit der unaussprechlichen Würde des Priestertums, vor dem Bischof knieten und dem Ordinarius Gehorsam und Ehrfurcht gelobten. Wenn sie deshalb ausgewählt und gesandt sind vom Bischof, dessen Vorschriften sie sich willigen Geistes unterwarfen, um das Seelsorgeramt über die ihnen anvertraute Herde zu erfüllen, so ist es offenbar, dass sie durch das Gesetz des Gehorsams unter schweren Verpflichtungen stehen, eine so große Pflicht gut zu erfüllen.

„Es wurde ferner durch die Gnade des Apostolischen Stuhls vor 300 Jahren verordnet, dass die Missionspriester in England, durch gottesräuberische Hände alles Unterhaltes beraubt, zu den hl. Weihen auf den Missionstitel zugelassen werden könnten, zur selben Zeit einen wahrhaft apostolischen Eid ablegend für das Wohl der ganzen Kirche in *bonum universalis Ecclesiae* (welchen Alexander VII. in dem Breve *Cum circa juramenti vinculum* am 20. Juli 1660 mit den nötigen Erklärungen begleitet hat) – so dass sie sich für immer verpflichten könnten, soweit es in ihren Kräften steht, die Schafe der englischen Nation aufzusuchen und zu erretten. Aus diesem höchst strengen Gelübde entsprang und stärkte sich, in den vielen Jahren grausamer Verfolgung, jene wunderbare Standhaftigkeit und Geduld, selbst bis zum Märtyrertum, welche die Krone und der Ruhm des englischen Klerus sind. Deswegen ermahnt der Hl. Stuhl, welcher noch immer den Bischöfen Englands die Fakultät, ihre Untergebenen auf den besagten Missionstitel zu weihen, erteilt, unsere Missionare Jahr für Jahr dieses Gelübde an seinem Jahrestage zu erneuern (woran auch ein vollkommener Ablass geknüpft ist), und dass sie ernsthaft betrachten mögen, wie groß die ihnen erwiesene göttliche Güte ist, die sie zu Dienern des Wortes macht, um die Wunder seiner Größe und Macht zu verkündigen; welch' unverwelkliche Krone im Himmel ihnen bereitet ist, wenn sie ihre Pflicht in Heiligkeit erfüllen; und wie aber auch im Gegenteil ein strenges Gericht ihrer wartet, wenn durch ihre Nachlässigkeit oder Trägheit, die Gott verhüte, irgendeine Seele zu Grunde geht.

„Endlich aus allen diesen Verpflichtungen in ihrer Gesamtheit - d. h. aus Gleichheit der priesterlichen Liebe, dem Versprechen des Gehorsams, der Heiligkeit des Gelübdes - entsteht die gegenseitige Verpflichtung zwischen dem Priester und seinem eigenen Bischof, durch welche sie beide glücklich gebunden sind, treu ihre bezüglichen Pflichten auszuüben, miteinander vereinigt, durch gemeinsame Arbeit und gegenseitige Mithilfe."[1]

9. „Wenn es daher, was Gott abwende, jemals geschehen sollte, dass irgendeiner von der vielfachen Gnade dieses Standes abfällt, so möge er wissen, dass diese Dinge, welche in anderen geringfügig sind, an Priestern als schwer erachtet werden müssen. Was für Laien kein Fehler ist, ist oft für solche, die in den hl. Weihen stehen, eine Sünde." Ein Flecken auf eines Laien Rock wird wenig gesehen; ein Flecken auf einer Albe aber bleibt nicht verborgen.

---

1 Conc. Prov. IV. Dec. X. § 3 – 7.

Die Kirche muss die Seelen der Gläubigen und die Heiligkeit des Priestertums und die Ehre des Glaubens der Kirche und unseres göttlichen Meisters behüten.

Scheint dieser Schlusston zu hart, so bedenke man, wie unser Heiland seine letzten Worte beendete, ehe er verraten wurde. Er betete für die, welche er eben zu Priestern geweiht hatte. „Ich bin nicht mehr in der Welt, aber diese sind in der Welt, und ich komme zu dir." „Die du mir gegeben hast, habe ich bewahrt, und keiner von ihnen ist verloren, außer der Sohn des Verderbens." [1] Weizen und Spreu wird stets bis zur Ernte zusammenwachsen, sowohl in der Welt wie im Heiligtum.

ZWANZIGSTES KAPITEL

Des Priesters Tod

Obgleich früher denn später – denn das längste Leben ist am Ende kurz und flüchtig – wird die Nachricht sich verbreiten, dass wir am Sterben liegen. Die Reihe wird an uns sein. Wir, die da lebten, um so vielen Sterbenden zu helfen, gerade als sollten wir ewig leben, wir werden endlich auch selber auf das Sterbebett kommen. Wird dieser Tag unverhofft über uns kommen? Und werden wir Zeit haben, die Sterbesakramente zu empfangen? Priester sterben oft ohne dieselben. Wenn unsere Pfarrkinder krank sind, möge die Krankheit auch noch so plötzlich eintreten, so sind wir stets in der Nähe, um bei ihnen zu wachen; sind wir dagegen krank, ist nicht immer ein Priester zur Stelle. Viele Pries-

---

1 Joh. 17, 11. 12.

ter leben allein in großer Entfernung von ihren Mitbrüdern. Ferner werden die Priester so vertraut mit dem Tod, dass sie oft nicht früh genug beunruhigt sind, und sie haben nicht das Bewusstsein ihrer Gefahr. Es ist seltsam, dass ein Priester, der so lange andere zum Sterben vorbereitet hat, nun selbst dieser Vorbereitung bedarf. Zuweilen ist er zu hoffnungsselig, zuweilen schiebt er auf, und was öfters gesagt wird, ist öfters wahr - er stirbt ohne die letzten Sakramente.

Viele Menschen lieben es nicht, vom Tode zu sprechen. Niemand stirbt davon. Aber viele Geister betrachten es als eine Vorbedeutung, wie z. B. manche ein Leichentuch in jeder Kerze sehen oder andere an die Totenuhr glauben. Sie glauben zwar diese Dinge nicht wirklich, und dennoch empfinden sie einen unvernünftigen Schrecken. Sie schrecken davor zurück, ihr Testament zu machen. Sie haben es in ihrem Zimmer bis zur Unterschrift fertig. Sie verschieben die Unterschrift auf morgen und übermorgen, und endlich verursachen sie der Kirche Verlust und allen anderen Sorgen, dadurch dass sie ohne Testament sterben. Solches sind die Launen des menschlichen Geistes. Ein guter Mann fürchtet nicht in dieser Weise den Tod, und ein weiser Mann wird oft davon reden. Joseph von Arimathäa machte sein Grab in seinem Garten, wo er es jeden Tag sehen konnte. Der hl. Karl sprach beständig von seinem Tod. Würden wir es tun, dann würde es für uns ein vertrauter und freundlicher Gedanke werden, wie Ruhe nach der Arbeit und die Heimat nach den Gefahren, die man zu Lande und zu Meer überstanden. Die Furcht vor dem Tod würde uns vor dem Widerstand gegen den Hl. Geist durch irgendwelche freiwillige Akte bewahren, und wir würden durch den Gedanken an den Tod die Worte verstehen lernen: *Cupio dissolvi et esse cum Christo.*[1]

---

1 Phil. 1, 23.

Mihi vivere Christus, mori lucrum.[1] *Scio enim, cui credidi, et certus sum, quia potens est depositum meum servare in illum diem.*[2]

Wir sagen stets, *A subitanea et improvisa morte libera nos, Domine,* und niemand hat es nötiger als wir; denn unsere Vertrautheit mit dem Tod tötet die Schrecklichkeit des Anblickes, und wir hören vielleicht auf, den Tod zu fürchten und auf denselben uns vorzubereiten. Zu den Seelenhirten sind besonders die Worte gesprochen. Zu einigen: „Ich weiß deine Werke, deine Mühe und deine Geduld und dass du die Bösen nicht tragen kannst." „Aber ich habe gegen dich, dass du deine erste Liebe verlassen. Bedenke also, aus was du herausgesunken bist, und tu' Buße und übe die ersten Werke: wo nicht, so werde ich zu dir kommen und deinen Leuchter von seinem Orte bewegen, wenn du nicht Buße tust."[3] Und wiederum: „Ich kenne deine Werke, du hast den Namen, dass du lebest, und bist tot. Sei wachsam und stärke das übrige, was (sonst) sterben würde: denn ich finde deine Werke nicht vollkommen vor meinem Gott." „Wenn du aber nicht wachest, so werde ich zu dir kommen wie ein Dieb, und du wirst nicht wissen, um welche Stunde ich zu dir kommen werde."[4] Und zu vielen andern unter uns sind diese Worte gesprochen: „Ich weiß deine Werke, dass du weder kalt noch warm bist: o dass du kalt wärest oder warm! Weil du aber lau bist, und weder kalt noch warm, werde ich dich ausspeien aus meinem Munde."[5] Und wie vielen unter uns, welche in Selbstgefallen beruhigt sind, sagt beständig die göttliche Stimme, aber öfters vergebens, denn du sprichst: „Ich bin reich, habe Überfluss und bedarf nichts, und weißt nicht, dass du elend und erbärmlich bist, und arm und blind

---

1 Ibid. 1, 21.

2 2 Tim. 1, 12.

3 Apoc. 2, 2. 4. 5.

4 Ibid. 3, 1 – 3.

5 Apoc. 3, 15. 16.

und nackt. Ich rate dir, von mir Gold zu kaufen, das im Feuer ge-
läutert ist, damit du reich werdest, und weiße Kleider, dass du
dich bedeckest, und die Schande deiner Blöße nicht offenbar
werde; und salbe deine Augen mit Augensalbe, damit du se-
hest."[1] Wenn die Zahl der traurigen Sterbebette, wie hier voraus-
gesetzt, groß ist, so ist es, weil sie mannigfacher Art sind. Jeder
Tod der Büßenden und Eifrigen ist gut: und ein Beispiel genügt.

1. Sprechen wir zuerst von dem Tod des sündigen Priesters; er
stirbt vielleicht ohne die letzten Sakramente als ein Verworfener,
dem mit Recht das genommen ist, was er zu haben scheint; vielleicht auch, was noch schrecklicher ist, mit den Sterbesakramen-
ten, die er aber gottesräuberisch empfangen hat. Der unveränder-
lichen Bosheit Satans am nächsten steht die Verhärtung eines unbußfertigen Priesters. Wenn Priester, die fallen, nicht mit größerer
Leichtigkeit und Eile zu Gott zurückkehren denn andere, so werden sie blinder und verhärteter als alle anderen Sünder.[2] Sie waren so lange mit den ewigen Wahrheiten vertraut, haben dieselben so oft gepredigt, haben alle heiligen Dinge des Heiligtums ge-
handhabt, hatten eine solch große Überfülle von Licht, Warnung
und Mahnrufe zur Buße, hatten eine solch überreiche *gratia status*,
und alles dies vergebens, so dass ihr Ende dem Sterbenden
gleicht, an welchem alle Heilmittel, Arzneien und Anstrengungen
erschöpft worden sind, den aber der Tod so fest ergriffen hat, dass
der Sterbende sterben muss. Wie oft hat er Wahrheiten gepredigt,
welche die Demütigen, die Herzens- und Lebensreinen bekehrt
und geheiligt haben. Aber es war die Predigt eines Toten an die
Lebenden. Wie oft hat er die Messe mit dreifachem Gottesraub

---

1 Ibid. 3, 16. 17.

2 „Quis unquam vidit clericum cito poenitentiam agentem?" –Auct. Inc. in Matthaeum, Hom. XL. tom.
VI, 167.

„Laici delinquentes facile emendantur, clerici autem si semel mali evaserint inemendabiles fiunt." –
S. Bonav. Pharetrae, lib. I. c. XXII.

begangen - in Konsekration, Kommunion und Austeilung der Kommunion an andere. Es war ein Leben von Innen nach Außen mit dem Urteil gegen ihn beschrieben, und ein Leben unwürdiger Handhabung heiliger Dinge. *Sancta non sancte sed perverse, turpiter et ad mortem.* Dann kommt das Ende. Ein Bruderpriester steht neben ihm; aber was ist die Seele in ihm? Ist da eine Lebensregung, eine Herzensbewegung, ein Strahl der Selbsterkenntnis, ein Wille zur Reue? Vielleicht war er einst ein unschuldiger Knabe, ein Jüngling, der zu vielen Hoffnungen berechtigte, ein schneller Lerner, ein aussichtsvoller Seminarist, ein Priester voll tüchtigen Strebens, aufrichtiger Absichten und guter Entschlüsse. Aber es war ein Fehler in seinem Herzen - irgendeine Sünde des Fleisches oder des Geistes, irgendeine Leidenschaft oder ein Stolz. Er kannte denselben vielleicht und hatte ihn lange bekämpft und niedergehalten; in einer bösen Stunde bequemer Gelegenheit, der Lockung, der Schwäche und der starken Versuchung bemeisterte der lauernde Feind seinen Willen, und der Priester wurde ein Sklave. Viele Jahre verflossen; öfteres Fallen, Rückkehren und Zurückfallen; viele Gelegenheiten und Mittel der Bekehrung verlor er durch die Sünde und Eitelkeit anderer; und die Wurzel wurde unvertilgbar, und das Gewissen schwieg zuletzt. Dann kam das Ende. *Recordare, Jesu pie, quod sum causa tuae viae, ne me perdas illa die.*

2. In nächster Reihe steht der Tod eines sorglosen Priesters. Er hatte nur einen Feind, aber den schlimmsten von allen, verräterisch, immer gegenwärtig und immer um ihn - d. i. sich selbst; einen bequemen, nachgiebigen und trägen Willen. Er hat sich keine Feinde gemacht, denn in nichts ist er ernst genug gewesen, um jemanden damit zu beleidigen. Alle Leute sagen Gutes von ihm. Der Charakter des Priestertums hat in ihm keinen sichtbaren und bestimmten Ausdruck. Er ist ein willkommener Besucher, ein gefälliger Gefährte, ein bereitwilliger und ergötzlicher Gast, belesen in den Zeitungen, und eine Chronik der Tagesereignisse. Er ist, was man gewöhnlich nennt, ein allgemein beliebter Mann, der

niemanden etwas zu Leide tut als nur sich selbst, und das so heimlich, dass Gott, sein Schutzengel, sein Beichtvater und vielleicht irgendein unbekannter und wachsamer Freund es allein sehen. Er selbst sieht es gar nicht oder kaum. Seine Vorbereitung zur hl. Messe ist nie ganz unterlassen, aber sie ist kurz und eilig: seine Messe geschieht rasch - etwa in zwanzig Minuten - und mechanisch: seine Danksagung ist kurz und bald vorüber: sein Brevier wird unpünktlich, schnell und mit kleiner geistigen und intellektueller Aufmerksamkeit gebetet. Mitternacht überrascht ihn, ehe er die Prim gebetet hat, und er betet dann den Rosenkranz als ein Missionarsprivilegium, ohne die Arbeit zu haben, die einen Missionspriester entschuldigt. Und dennoch geht er seine Kranken besuchen; öfters werden sie in der Tat vernachlässigt, zuweilen besucht er sie zu spät. Wenn er am Bette eines Sterbenden steht, so erwacht in ihm ein Bewusstsein, dass er als Priester an seiner Stelle ist, nicht aber als Weltmann. Er spendet die Sakramente und rezitiert die Gebete des Rituals. Dann kommt eine Stille. Er weiß nichts zu sagen. Die Gewohnheit seines Lebens und die Richtung seiner Gedanken sind von Tod und Ewigkeit so weit entfernt, dass er wenig zu sagen hat. Die sterbende Seele ist getäuscht, und die Freunde, die gegenwärtig sind, sind traurig und ärgerlich. Wenn der Tod einen solchen Priester überrascht, findet er denselben wenig vorbereitet. Vielleicht hatte er nicht die genügende Vorsicht, einen geistlichen Mitbruder rufen zu lassen, und deshalb kommen, da die Zeit kurz ist, die Sakramente zu spät. Wie soll ein solcher Priester vor dem Urteilsspruch bewahrt werden: „Mein Volk wurde zum Schweigen gebracht," in Gebet und Lob, „dieweil es keine Erkenntnis hatte," durch die Nachlässigkeit ihres Seelenhirten: „weil du die Erkenntnis verworfen hast, verwerfe ich auch dich, dass du nicht mehr mein Priester seiest?"[1]

---

1 Osee 4, 6.

3. Dann kommt der Tod eines laxen Priesters. Der Laxe unterscheidet sich von dem Sorglosen in Folgendem. Ein sorgloser Priester mag sich in seinem Geiste eine hohe Idee bilden und strenge Pflichttheorien aufstellen. Aber durch Sorglosigkeit befolgt er sie nicht in der Tat. Ein laxer Priester erniedrigt seinen Standpunkt und vermindert seine Verpflichtungen. Er verteidigt alle Meinungen, welche die menschliche Freiheit begünstigen, und betrachtet Gewissenhaftigkeit als Strenge und Jansenismus. Er verweilt weitschweifig bei den Worten Pauli *omnia mihi licent,* schreitet aber trockenen Fußes über die Worte *„sed omnia non aedificant".* Er behauptet, dass es nur zwei Stände gibt, den der Freiheit und der drei Gelübde: der Stand der Freiheit sei für die, welche nicht nach Vollkommenheit streben, und der der Gelübde sei für die, welche vollkommen werden wollen. Diejenigen, welche unter seiner Führung stehen, lehrt er zwei Dinge meiden, Sünde und Strenge; das Vermeiden der Sünde, was sich von selbst versteht; aber auch das Vermeiden der Strenge, die zu Skrupeln führe und die Freiheit beeinträchtige. Solche Priester entschuldigen Vieles an ihrer Person mit dem Einwurf: „Ich bin kein Ordensmann", und „ich bin nur Weltpriester". Sie sind nie verlegen um probable Lehren und verschiedene Meinungen. Sie haben eine *communis opinio et sine periculo tenenda* für alles, was sie wünschen. Es wird nie bekannt werden bis zu dem Tag, an welchem das Geheimnis aller Herzen offenbar wird, welche Verheerung solche Männer in dem geistigen Leben derjenigen verursachten, die von ihnen geführt oder beeinflusst wurden. Die direkte Wirkung solcher Laxheit ist die, dass sie das Trachten nach Vollkommenheit unter den Gläubigen entmutigt, deren Los in der Welt ist. Und dennoch sind alle Christen, welchen Standes sie immer sein mögen, zur Vollkommenheit berufen. Sie geben sich zwar Mühe, das Volk vor der Sünde zu bewahren, aber lassen es auf der niederen Stufe eines Lebens, das zwar harmlos, aber „ohne Hunger und Durst nach der Gerechtigkeit" ist. Solch ein Leben, wenn

auch sündenlos, ist oft in der Gelegenheit zur Sünde. Freiheit begibt sich in die Welt und in alle ihre Laxheiten, solange als die Sünde nicht offenbar ist. Aber die Welt ist überspannt mit einem Netz von Gelegenheiten wie ein Schleier, der über alle Nationen ausgebreitet ist. Wo einer entrinnt, werden zwanzig in den Netzen gefangen. Ein Priester, der andere Seelen auf diese Weise unterrichtet, benutzt gewiss zuerst selbst die Freiheit, die er so frei spendet. Und es ist kein Zweifel, dass, wie ein strenger Priester sowohl Frieden als Süßigkeit in der Einschränkung seiner Freiheit findet, ein laxer Priester wenig von beiden in der Freiheit findet, die er sich erlaubt. Die Theologie kann nicht immer gegen das Gewissen vorhalten: früher oder später fängt er an zu zweifeln und einzusehen, dass er mit dem Eifer auch die „Menge von Süßigkeit" verscherzt hat, welche Gott für die verborgen hat, welche ihn fürchten. Er hat aus seinem Priestertum ein Joch gemacht anstatt ein Gesetz der Freiheit. Wenn ein solcher Priester dem Sterben nahe ist, hat er oft wenig Klarheit, Freude oder Vertrauen. Er ist nicht großmütig mit seinem Meister umgegangen, und in seiner letzten Not merkt er, aber zu spät, dass diejenigen Gott am ähnlichsten sind, die sich seinetwegen am meisten verleugnet haben; und dass die am freiesten sind, die ihr Leben durch täglichen Verzicht auf erlaubte Dinge geopfert haben. Ein trauriger Rückblick, wenn das Leben endet: *Erubescit aliquando reus videri, qui semper fuerat judex.*

4. Nach dem laxen Priester kommt der weltlich gesinnte Priester, der wahre Weltpriester dem Namen und Wesen nach. Er findet endlich, dass er dem unrechten Herrn gedient hat und dass er, im Versuch, zwei Herren zu dienen, sich „Lohn erworben hat, den er in einen durchlöcherten Sack gesammelt."[1] Die Welt verschwindet vor ihm und lässt ihn mit leerer Hand zurück, und in

---

1 Aggaeus 1, 6

der ewigen Welt, die sich öffnet, hat er sich geringen Lohn hinterlegt. Ich spreche jetzt nicht von dem weltlich gesinnten Priester früherer Jahrhunderte, sondern von dem Weltsinne, von welchem wir noch jetzt im neunzehnten Jahrhundert angesteckt sein mögen. Ehrgeizige Nebenbuhlerei und Zwiste vergangener Zeiten, wo Priester Hofleute waren und die Kirche reich und geehrt, sind in der Tat vorüber. Aber die Welt hat für die Priester andere Schlingen - Popularität, Schmeichelei und Vergnügen verderben und richten viele zugrunde. Sie verursachen, dass mancher Priester Gesellschaft, Verschwendung, Bequemlichkeit, Zerstreuung, Tischgenüsse, Unterhaltung, die verfeinerten Vergnügungen der Literatur und der Musik und die Künste und Moden des Luxus liebt. Die Wirkung von all diesem macht das Leben des Presbyteriums öde und eintönig, die langen Stunden des Beichtstuhls lästig, den Besuch der Kranken und Armen abstoßend, das Studium der hl. Bücher geschmacklos, die Gesellschaft von Priestern zahm und interessenlos. Die Welt hat das Herz eines solchen Priesters gestohlen. Es ist nicht mehr in seinem stillen Zimmer, noch in der Gesellschaft seiner Brüder, nicht im Heiligtum, noch in seinem Priesterstand. Es ist irgendwo in der Ferne, in einem Haus, in einer Freundschaft oder in einer Vertrautheit. Und wenn ein solcher Priester ans Sterben kommt, dann kann er nicht umhin, seine Rechnung aufzustellen und das Horarium seines Lebens zu machen. Wie viele Stunden habe ich am Altare zugebracht und wie viele in der Welt? wie viele in den Häusern der Armen und wie viele in denen der Reichen? wie viele im Unterricht der kleinen Kinder oder in Trostspendung an die Betrübten oder in Hilfeleistung bei den Sterbenden? und wie viele in Unterhaltungen, an Speisetischen und in den Salons? Wie viele Stunden habe ich verloren, indem ich von Haus zu Haus wanderte, wo ich niemals den Namen Gottes hörte und aussprach? und wie viele Zeit habe ich in der Predigt seines Wortes, dem Hauptzweck meines Priestertums zugebracht? Wie viele Stunden habe ich irgend-

einer besonderen Freundschaft geschenkt und wie viele dem Gebet, der Unterhaltung mit Gott? Rechne diese Stunden zusammen, verwandle sie in Tage und Jahre, und welche Rechnung
wird vor deinen Augen stehen. Aber die Rechnung ist schon gemacht in dem Buche Gottes. Hätte der weltlich gesinnte Priester
die Energie und den Fleiß, welchen er auf die Welt verwendet,
seiner eigenen Vervollkommnung geschenkt, so wäre er vielleicht
ein Heiliger.[1]

5. Endlich - denn wir müssen schließen - kommt der Tod eines
seeleneifrigen Priesters. Die Welt hat ihn nie gekannt und ist an
ihm vorübergegangen wie an einem schwachen Licht, das von
den weltlich gesinnten Priestern angeblich überglänzt wird. Aber
in den Augen Gottes, welcher Gegensatz? Seit seiner Weihe oder
früher, seit seiner zweiten Bekehrung zu Gott hat er sein Gewissen täglich erforscht und hat sich jährlich Rechenschaft abgelegt;
er unterließ nie seine wöchentliche Beichte noch seine tägliche
Messe und betete stets sein Brevier zur rechten Zeit. Er hat gelebt,
als stünde er an der Seite seines göttlichen Meisters, und den Tag
mit ihm beginnend und schließend, hat er alle seine Stunden und
Werke des Tages für seinen Dienst geordnet. Er hat unter seinem
Volk gelebt, und dessen Füße haben die Schwelle seiner Tür ab-
getreten. Endlich kommt sein Tag, und großer Schmerz ergreift
alle Häuser, wenn es heißt, dass der Vater der Herde am Sterben
liegt und die letzten Sakramente ihm gespendet worden sind.
Und dennoch, welcher Friede und welche Ruhe in diesem Sterbe-
zimmer. Er hat schon lange seine Rechnung für sich und seine
Herde gemacht. Er hat lange vertraut vom Tode gesprochen als
wie von einem Freunde, der bald kommt. Er fürchtet denselben
als einen schrecklichen Übergang von dieser Schattenwelt zu dem

---

1 „Ecce mundus sacerdotibus plenus est, sed tamen in messe Dei rarus valde invenitur operator: quia
officium quidem sacerdotale suscipimus, sed opus officii non implemus" - Greg. Hom. VII in
Evangelia.

großen weißen Tor und als ein Sünder, und ein nutzloser Knecht und ein Staubgeschöpf schreckt er zurück; denn der Hl. Geist hat ihn gelehrt, die Heiligkeit Gottes und die Sündhaftigkeit der Sünde zu erkennen. Aber es ist eine Furcht, die alle Furcht verjagt, denn es ist ein Unterpfand, dass der Hl. Geist, der Herr und Lebensspender in der Mitte seiner Seele ist und Licht wirft auf alles, was gebeichtet und bereut werden muss, und die reuige Seele von allen Banden der Sünde und des Todes lospricht. Niemand stirbt so glücklich als Priester, die von ihrer Herde umgeben sind. Wie sie gearbeitet haben, so sind sie geliebt; und wie sie geliebt sind, so sind sie unterstützt durch das Gebet aller derer, die sie zu Gott gebracht haben. Wunderbares Band der Nächstenliebe, inniger und lebensvoller als Verwandtschaft, welches in der Welt des Lichtes verklärt werden wird, und den Hirten und die Herde für alle Ewigkeit vereinigt, wenn die Herde ganz gezählt und die Zahl erfüllt wird und die Hirten sich scharen um den großen Hirten der Schafe auf den ewigen Hügeln.

Wenn der Tod eines eifrigen Priesters solcher Art ist, dann kann er zwar ein plötzlicher, aber nicht ein unvorbereiteter sein. Sein ganzes Leben ist eine Vorbereitung zum Tod. Der hl. Karl sagte, als er verschied, *Ecce venio,* und sein ganzes Leben war eine beständige Annäherung zu Gott. Der hl. Vinzenz von Paul sagte: *Ipse perficiet,* als Gott sein Werk in ihm vollendete. Der hl. Hilarius sagte: „Ich habe einem guten Meister diese siebzig Jahre gedient; warum soll ich fürchten zu gehen und ihn zu sehen?" Der hl. Beda ging hinüber am Vorabend von Christi Himmelfahrt unter dem Abbeten der Antiphone: *O Rex gloriae Domine virtutum;* und der hl. Andreas Avellino starb am Fuße des Altars, als er sagte: *Introibo ad altare Dei.* Ein Diakon in Afrika, in den Tagen der Verfolgung, sang das Oster-Halleluja am Ambo, als ein Pfeil sein Herz durchbohrte, und er endete seine Hallelujas vor dem Throne. Einige fielen nieder, während sie das Wort Gottes predigten. Auch sie waren glücklich. Solch ein Tod, obschon plötzlich, hat keine Furcht, aber großen Segen. Gut ist es, dieses immer vor

Augen zu haben, und dann die Zeit und die Art unseres Endes in den Händen unseres guten Meisters zu lassen. Es würde uns seeleneifriger machen, wenn wir sagen würden, im Augenblick, wo wir zum Altar gehen: „Dieses ist vielleicht meine letzte Messe;" oder bei unserer Beichte: „Dieses ist vielleicht meine letzte Lossprechung;" oder in der Predigt: „Dieses ist vielleicht das letzte Mal, dass ich für Gott spreche;" oder: „Dieses mag mein letzter Krankenbesuch sein - den nächsten Krankenbesuch fordere vielleicht ich selbst." Wie viele Gefährten meiner Kindheit, meines Knaben- und Mannesalters sind tot. Wie viele, die mit mir oder nach mir geweiht worden, sind mir vorausgegangen. *Venire differt, ut minus inveniat quod condemnet.* Wasche mich, o Herr, in Deinem kostbaren Blute; und dann „Komme, Herr Jesus."[1]

---

1 Apoc. 22, 20.